THE DATA-DRIVE MANAGEMENT

数据驱动的管理

王纹　毛彦　著

清华大学出版社
北　京

内 容 简 介

本书揭示了企业管理和企业信息化的一个崭新的方向：数据驱动型管理，以及它的精髓、秘密和迷人之处。本书适合企业各个层面和职能的管理者，尤其是高层管理人员，信息化从业人员，高等院校管理、金融、计算机、统计等专业的教师和学生。

图书在版编目(CIP)数据

数据驱动的管理 / 王纹，毛彦　著. —北京：清华大学出版社，2016(2023.5 重印)
ISBN 978-7-302-44852-5

Ⅰ.①数…　Ⅱ.①王…　②毛…　Ⅲ.①企业管理—数据管理　Ⅳ.①F270.7

中国版本图书馆 CIP 数据核字(2016)第 194408 号

责任编辑： 陈　莉　高　屾
封面设计： 周晓亮
版式设计： 方加青
责任校对： 曹　阳
责任印制： 宋　林

出版发行： 清华大学出版社
网　　址：http://www.tup.com.cn，http://www.wqbook.com
地　　址：北京清华大学学研大厦 A 座　　邮　　编：100084
社 总 机：010-83470000　　邮　　购：010-62786544
投稿与读者服务：010-62776969，c-service@tup.tsinghua.edu.cn
质 量 反 馈：010-62772015，zhiliang@tup.tsinghua.edu.cn
印 装 者： 三河市龙大印装有限公司
经　　销： 全国新华书店
开　　本： 180mm×250mm　　印　　张：17.5　　字　　数：298 千字
版　　次： 2016 年 9 月第 1 版　　印　　次：2023 年 5 月第 6 次印刷
定　　价： 59.00 元

产品编号：070545-03

序言

Preface

我从事企业信息化工作已有20多个年头了，与数据打交道已是家常便饭，数据驱动的管理似乎天天就在我的身边发生。对我个人而言，“数据”已成为企业的一项宝贵战略资产，也是我经营管理企业不可或缺的工具。先前，我在一篇研究论文中读到，相比依靠直觉来实现决策的企业，那些通过数据驱动实现决策的企业拥有更高的生产效率和利润，这类企业的生产效率和利润普遍高于竞争对手5%～6%。显而易见，未来是否拥有数据分析的能力，将决定一家企业是扶摇而上，还是逐渐销声匿迹。

近年来，数据驱动的概念已经被各个行业所认同，但认同与落实之间，还是有一定的距离。我个人从赛意以往服务的客户总结出，这里最大的障碍是技术人员缺乏对业务的理解。业务人员又无法理解和充分利用技术，有数据却不会用、用不好这种问题是非常常见的。面对瞬息万变的市场环境时，这些问题就会导致管理决策效率低，无法做出快速有效的应对。

《数据驱动的管理》这本书是由王纹和毛彦共同编写而成，我与两人也相交多年，非常感谢两人邀请我为此书作开篇序言。我想在这里，两人的生平履历无需过多赘述，都曾担任过世界500强企业SAP的高管，在企业信息化拥有独到且丰富的见解。我仅谈谈个人对于《数据驱动的管理》这本书的观感。

正如简介介绍的那般，本书揭示了企业管理和企业信息化的一个崭新的方向：数据驱动型管理，以及它的精髓、秘密和迷人之处。从开篇就抓人眼球，作者提出管理信息系统从业者及企业客户在管理信息系统建设中的各种困惑。例如，为什么数据录入进去就是无法快速直观展示？为什么有了管理信息系统还是甩不开Excel？

为什么企业高层急需掌控企业方向的数据，及对其有意义的解读、加工、测算、模拟等却无法实现？这些困惑让像我一般的企业信息化工作者感同身受，但针对具体问题却又无法给出体系化的回答。作者通过生动通俗的语言，结合后四篇数据分析、加工、计划、模拟这四大数据驱动管理的形式，帮助读者塑造数据驱动管理的整体概念，从而“拨开云雾见天日”。

让我印象深刻的还有本书中提到管理存在的两种形式：流程驱动管理和数据驱动管理。传统的企业管理非常重视“流程”，企业的信息化更多的也是围绕着“流程”开展，比如ERP、CRM、SRM、MES……但流程真的能够解决所有问题吗？流程与数据是否真的不可兼得？作者在文中提出了这些值得深思的问题，又通过对数据驱动管理的层层剥析，最终延伸出数据是主题，流程是附庸，要以数据驱动管理来促成信息系统的实现，以此满足日益增长的客户需求。

作为帮助企业实现数据驱动，完成数字化转型的践行者，个人亲身经历了从手动跑数据分析的“石器时代”到实时数据分析系统的“蒸汽时代”。我感受到企业管理模式从经验、流程、制度驱动正逐渐转变为数据驱动，数据驱动这套方法不仅可以更好地认知现有业务，更能预测未来和未知。《数据驱动的管理》给人很好的启示，即随着各行业精细化管理的推进，以及科学管理领域的发展和创新，数据与管理的融合大势所趋。阅读此书可以加深对这一趋势的思考，也为后续的企业信息化工作找到一条康庄大道。

互联网技术的普及与提升，使大数据时代如约而至。对于希望提升数据驱动能力的从业者，我认为《数据驱动的管理》这本书是很好的读物，其内容并非晦涩难懂的技术描述，更多是对数据驱动和数据分析的理解。建立正确的认识是做好数据决策的前提，书中所提到的很多问题场景，也是很多从业者经常遇到和面对的，我想值得所有追求数字化转型的企业管理者反复研读。

张成康

广州赛意信息科技股份有限公司董事长、总裁

目 录
CONTENTS

第三篇 加工 65

第四篇 计划 101

第五篇

综合

153

第六篇 特定行业 215

THE DATA-DRIVEN MANAGEMENT

第一篇　总　论

第一章
何谓数据驱动的管理

启示

在我们从事企业信息化工作的近20年间，“数据驱动的管理”就像一直隐藏在迷雾中一样，若隐若现。我们现在终于看清了她的全貌。回想起来，其实她一直在用一些令人苦恼的问题启示着我们。只是我们，乃至整个行业，都太骄傲而急功近利，对这些启示视而不见。

启示一　每个项目都头疼的问题

大型的企业信息化项目(比如ERP项目)，几乎每个都会碰到一些很头疼的问题。比如：

- 财务的合并会计报表、预算编制完全没办法在ERP系统中实现；
- 产品成本核算只有一种以标准成本为核心思想的方法，既没办法实现习惯的实际成本法，也没办法实现更多样更高级的产品成本模拟和预测；
- 真正的销售计划和预测几乎无法实现(只能输入计划的结果)，直接导致说好的产供销一条龙缺了龙头；
- 生产计划的MRP和MRP II，时间上永远算不准，且原因不明，这导致了龙身也断掉了；
- 精细化的利润中心管理，或者阿米巴经营，实际上实现不了。因为内部转移定价、内部交易识别和内部利润核算方面微弱而固化的功能根本满足不了企业个性化极强的需求；
- 和分析、评估有关的一切都意味着要么大工作量的开发，要么两手一摊(无法实现)；

……

这些问题是如此普遍和常见，以至于乙方的专家们都形成了一套“方法论”来对付这些问题。从售前的模棱两可，到合同的精妙措辞，再到实施中的软硬兼施，这套“方法论”帮助大量的企业信息化项目得以顺利上线，从而走出了行业初期甲乙双方经常剑拔弩张的失败泥潭。但是，问题毕竟没有真正解决。

启示二　老板的数据焦虑症

很多老板和企业高层，在信息化大规模投入之后，抱怨说他/她什么都没有看到。早期规划所描绘的美好愿景，比如财务业务一体化、产供销人财物的协同、三流合一、集团企业几纵几横的管控体系等，落到实处的只有操作层面的业务流程。而老板和企业高层所急需的掌控企业方向的数据，及对其有意义的解读、加工和模拟等则杳无音讯。

启示三　令人失望的商务智能(BI)

商务智能(BI)曾被寄予厚望：既然名字这么“拽”，那应该能够解决老板的数据焦虑症了。谁曾想，这其实就是各种各样做报表的工具。不但没有对如何分析的指导，更糟糕的是：“只能看，不能改”。数据的编制、加工、计划、模拟，还是被商务智能挡在了身外。

启示四　最怕听到的几个词

企业信息化从业人员在业务需求分析中最怕听到的几个词如下：分析、评估、修改、调整、计划、预测、模拟、编制、模型……和这几个词沾边的需求，几乎都极难实现。而他们最喜欢听到的，也最常挂在嘴边的词——流程！

启示五　甩不掉的EXCEL

除了那些最怕听到的词，信息化业者最怕碰到的情景是：客户或业务人员拿着一套他们原来用的EXCEL表让你做到新系统中去。这些EXCEL表有可能是财务最后出各种报表的工作底稿，也有可能是销售计划，也有可能是投资模型。无论是什么，大多数情况下，你都无能为力。而对于客户或业务人员来说，上了各种新系统，仍然甩不掉那些EXCEL上的工作。

启示六　行业和个性化需求

有些行业有一些非常好的理念。比如：零售行业的品类管理；地产行业的动态投资模型、目标和动态成本、项目全景计划等；还有些行业有一些新的管理要求和规则，如保险行业的偿二代，银行业的《巴塞尔协议III》等。这些需求，因为不是通用需求(像ERP那样)，所以，要么只能选一些价格高而功能单一的专门软件，要么就索性市场上都没什么好的产品。不通用的管理需求，就不能用通用的软件平台来实现吗？

启示七　CPM(企业绩效管理)是什么

CPM是这团迷雾中的一缕曙光，但也仅仅是一缕曙光。针对“每个项目都头疼的问题”，主要是其中的合并会计报表和全面预算管理，开始出现了专门的软件产品。这两个模块，加上一些其他模块，被统称为“企业绩效管理”(CPM)。这是一个多么牵强的名称和管理软件分类啊！“合并报表+全面预算”，怎么就拼成了“绩效管理”？而且，传统的CPM产品简直就是个大杂烩：就是把各种功能的产品，算到一个“套件”里，连数据都是分开不统一的。但是CPM类的软件产品，展现出了一些独特的、不同于传统企业管理软件的特点，并最终孕育出了数据驱动型软件平台，从而满足了一直被忽略和回避的数据驱动的管理需求。

启示八　大数据解决“小”问题

大数据越来越火。但是你有没有发现：大数据解决的都是“小”问题。其实，严格来说，这些问题都不“小”，但它们都是单点的、局部的问题，比如，销售预测、商品亲缘关系分析、用户偏好分析和推荐算法等。那么谁又应该对企业全局的数据分析负责呢？两者之间又应该是什么关系呢？

两种形式的管理

虽然一直被忽略和回避，但是这些启示越来越清晰地指向了一个共同的问题：

NOTE 管理存在两种形式：一种是流程驱动的；另一种是数据驱动的。在信息化领域，后者被长期忽视。

如图1-1所示，流程驱动型的管理主要应对企业运营层和操作层的业务处理。流程驱动型的软件占据了企业信息化的绝大多数份额。我们耳熟能详的企业应用几乎都属于这个层面，比如ERP(企业资源计划)、CRM(客户关系管理)、SRM(供应商关系管理)、MES(制造执行系统)、TMS(运输管理系统)、WMS(仓库管理系统)、BPM(业务流程管理) 、电商平台、渠道管理系统……

首先将流程驱动型软件(一般是业务处理软件)和数据驱动型软件区分开的是商务智能(BI)的概念和软件平台，后来又有了企业绩效管理(CPM)一族的软件平台。不过很可惜，这些概念和软件，都只是针对比较窄的管理场景，比如BI是“看”报表和图表(驾驶舱)；CPM是合并报表、全面预算管理、披露管理等场景。

但是，数据驱动型的管理，其场景可能是千变万化的。图1-1和以及上文“启示一、四、五、六”都是各种各样形式的数据驱动型的管理场景。

图1-1 “数据驱动型”和“流程驱动型”管理

NOTE 难道就没有一种通用的软件平台和一套完整的方法可以满足和适应所有这些数据驱动型的管理场景吗？如今，答案是肯定的，而这正是本书的目的。

两者的主要区别

在介绍数据驱动型管理之前，我们再简单解释一下这两者的主要区别。

图1-2是一张典型的ERP(企业资源计划)的总体流程图。一个简单的道理是：对于流程驱动型的管理，最好的描述方法就是“流程图”。一套清晰的流程图，就能把这类管理的大部分都描述得七七八八了。虽然，数据对于这种类型的管理来说也是必不可少的，但是，相对来说，数据是处于从属地位的，是流程的“附庸”。而且，在流程驱动的管理中，数据主要体现为一笔一笔的业务交易和它们的“单据”，比如销售订单、采购订单、收货单、发票、会计凭证等。

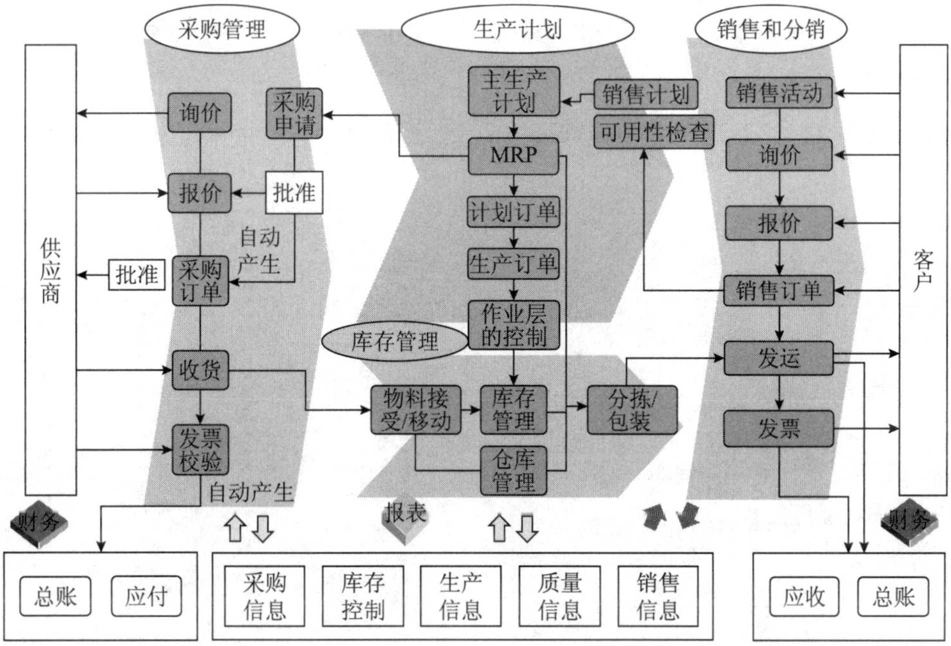

图1-2　何谓“流程驱动型”管理

与此相反，对于数据驱动的管理来说，流程图很难解释清楚问题。比如，拿全面预算管理来说，如果你光画出了预算管理的流程，而不描述清楚预算主题以及预算表格到底长什么样，你的全面预算体系就根本没有描述清楚。在这种情况下，流程变成了数据的“附庸”，是处于从属地位的。所以，我们总结如下。

NOTE 流程驱动型管理，流程是主体，数据是附庸；数据驱动型管理，数据是主体，流程是附庸。

上述的区别还带来了数据驱动型管理的一个显著的可识别特点：长得不一样。如图1-3所示，“长得不一样”主要体现在：

NOTE 数据驱动型管理的界面是灵活、不固定的。每个企业个体，每种管理场景，应该能非常灵活地定义各种界面。

大家可能还留意到：数据驱动型软件平台的界面和EXCEL有几分相似。的确，我们可以把EXCEL理解为数据驱动型管理软件的先行者和早期方式。事实上，方便而灵活的EXCEL甚至被无缝整合到了当今大型企业级数据驱动型平台中，特别在用户操作前端。关于数据驱动型软件的其他特点，我们留到第二章“平台的气质”来做专门的介绍和归纳。

图1-3 “数据驱动型”管理最显著的特点：长得不一样

数据驱动的管理

那么，数据驱动的管理，到底包含哪些内容呢？数据驱动型软件平台又是怎样的呢？我们用图1-4回答这两个问题。同时，我们还将本书的篇章结构安排也结合进来一并介绍。

首先需要申明的是：数据驱动的管理场景是非常多样的，在本书中我们也无法进行穷举。甚至一些相当重要的管理场景，因为成书的时间限制，我们暂时也没有包含在这一版中。但是，当前最先进的企业级数据驱动型软件平台的一个特点就是：它是灵活而强大的，可以满足各种已知和未知的管理场景。

如图1-4所示，数据驱动型软件平台在底层具有一整套强大的数据抽取/清理/导入(ETL)工具，可以从各种各样的信息系统中抽取并清理数据。数据被抽取进来后，被存放在一个统一的数据层。后面会讲到的各种管理场景，都共用这一套统一的数据，这一点非常重要。

NOTE 所有数据驱动型管理场景共用一套数据，是对传统的、数据割裂型的、单一场景的、单一功能的软件套件形式的巨大飞越。

基于上述统一的数据层，数据驱动的管理主要有如下四种基本形式(见图1-4左侧)，我们在第二篇到第五篇中做了介绍。

第二篇　分析

分析是指从大量的数据中，提炼出更有意义和价值的信息。关于数据分析的具体场景是无法穷举的。本书第二篇，主要是对数据分析方法和管理模型的介绍。

- 我们在第三章“如何分析”中概括和总结了非常实用的分析方法，如“分析路径法”和“六类分析法”。第三章中具体的场景主要取自零售行业和快消行业。
- 在第四章“资源-能力-价值模型(RCV模型)”中，我们还介绍了一种特别实用和适合分析的管理模型。这一章的具体场景主要取自资本密集型和基础设施型行业，如电网和铁路等。另外，在这章的最后，我们还以快消行业为例，提供了一个完整的RCV分析场景。

第三篇　加工

加工是指根据某种原则，对原始数据进行各种计算、转换、处理，从而达成某项专门的管理目的。数据加工的场景也是无法穷举的。在第三篇中，我们主要介绍了两种特别重要的管理场景。

- 第五章“合并和格式报表”是典型的财务应用，也是最传统的CPM(企业绩效管理)应用。但实际上，无论是合并会计报表，还是各种形式的格式报表(如对外披露管理)，都是对财务原始数据的专业化加工。这一章的案例来自装备制造行业。
- 第六章“阿米巴和利润中心”主要是介绍有日本经营之圣之称的稻盛和夫所发明的阿米巴经营(以及有很强相似性的精细化利润中心核算)的实现方法。这一章具体场景主要取自耐用消费品行业，如厨卫、电子等。

第四篇　计划(模拟)

计划是指对未来的情况做出判断，并据此安排企业将来的各项活动。模拟是一种更高形式的计划，它意味着对多种情况(而不是一种情况)进行计划，并对结果进行比较。预算是一种特殊的、对财务和资金的计划。我们在第四篇介绍计划(模拟)。

- 第七章“销售计划和预测”解决了企业产供销一条龙的龙头问题。这是在传统的流程驱动型软件平台(如ERP)上极难解决的问题。这一章的具体场景取自快消行业。
- 第八章“全面预算管理”将计划涵盖到了整个企业。全面预算管理从本质上说并不仅仅是财务预算，它的核心是对企业经营的“全面模拟”和“全面计划”。这一章的具体场景取自制造业。
- 第九章“产品成本分析与模拟”专门介绍了产品成本的计划、预测和模拟。这一章是以汽车行业为背景的。

第五篇　综合大数据融合

本书所介绍的数据驱动的管理，主体是“结构化的数据模型”。但是，大数据作为数据驱动型管理的重要分支和发展方向，和结构化的数据模型之间到底是什么关系，如何分工结合？对于这个问题，我们在第十一章“品类管理”中专门做介绍(“虫草模型”)。对于这个命题，在第十五章中会再次应用。

对于数据驱动型管理和软件平台来说，上述四种基本形式是完全融合在一起的，是一体的。我们只是为了更便于大家理解，而归纳出这四种形式。在实际的管理场景中，这四种形式是交融在一起的。所以，我们在第五篇和第六篇中分别介绍了三种综合应用场景。

第五篇“综合”

- 第十章“动态投资模型”。如果一个企业需要反复进行同类型投资项目，而这些项目的周期比较长，复杂性比较高，需要很多职能部门分工协作，那么投资模型就是一种非常重要的决策依据。而动态投资模型则是项目全周期管理和监控的有力武器。这一章的具体场景取自地产行业。
- 第十一章“品类管理”。品类管理是零售行业和快消行业的一种管理理念。长期以来，品类管理因为缺乏好的软件平台支撑而难以推广。而且随着互联网和大数据的发展，品类管理理念本身也需要与时俱进地发展和提高。这一章除了分析、加工、计划(模拟)这三项数据功能综合使用外，还和大数据相融合，发展出了融结构化数据模型和大数据模型为一体的“虫草模型”。
- 第十二章“有限产能排产(基于TOC)”。ERP中的MRP(物料需求计划)和MRP II(制造资源计划)的无限产能排产给企业的生产计划带来了巨大的困扰。TOC(瓶颈理论)是有限产能排产最切实可行的手段。但是基于TOC(瓶颈理论)的有限产能排产需要对生产相关数据进行灵活的分析、评估、计算和模拟，所以成为数据驱动型管理的又一用武之地。这一章的具体场景基于按单生产的电子设备制造行业和耐用消费品行业。

第六篇“特定行业”

- 第十三章“保险行业的‘偿二代’应用”介绍了包括保险行业偿二代在内的行业特定的数据驱动型管理场景。
- 第十四章“商业银行的管理控制应用”介绍了包含银行业《巴塞尔协议III》和内部资金价格在内的行业特定数据驱动型场景。
- 第十五章“经济体数据造影和微创干预”是一章畅想性和预见性的专题。长期以来，经济学的每一项理论都是局部性的。而经济体本身却是一个非常复杂的有机体。本书所介绍的数据驱动型管理手段和管理平台，特别是融合结构化数据建模和大数据建模的“虫草模型”很有潜力应用到经济体的整体数据分析和政策模拟上。基于各种大数据技术的突破性发展，这种数据模型可以以非常精细的颗粒度处理海量的数据。这个领域将成为未来各国国家治理能力竞争的一个重要方向。

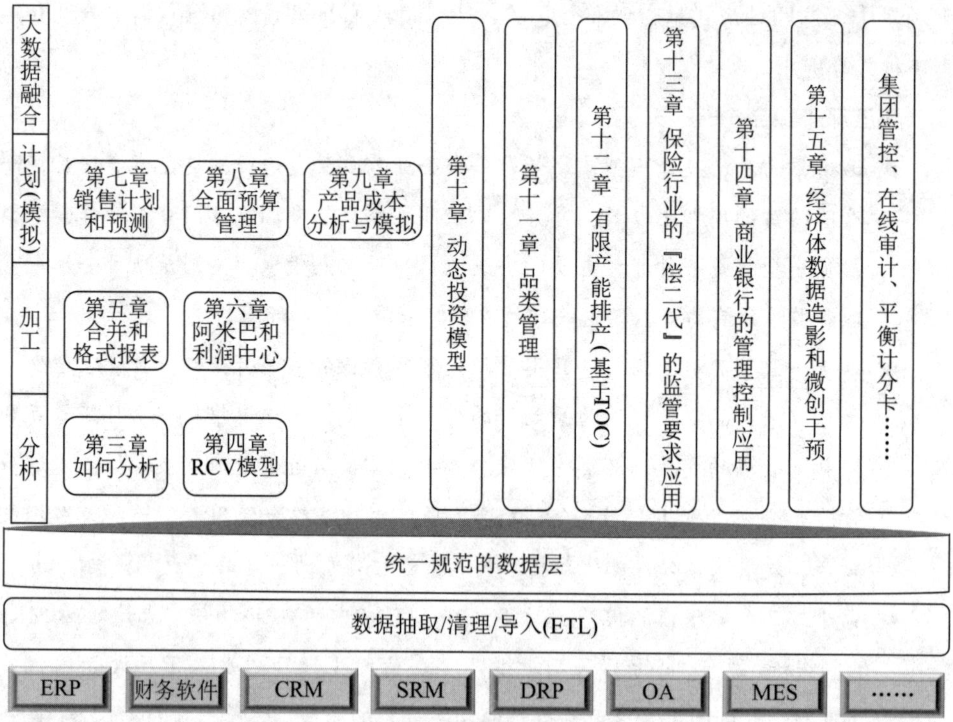

图1-4 总体方案和本书章节

以上便是本书所涉及的数据驱动型管理场景。再次重申：在一个灵活而通用的企业级数据驱动型软件平台上，具体的场景是可以无穷无尽的。

流程驱动和数据驱动不能兼得吗

本章到这里已接近尾声。可能有的读者会有这样一个疑惑：既然流程驱动的管理里有数据，数据驱动的管理里也有流程，只是主次关系不同，那么为什么两者不能很好地融合在一起，不能两者兼得呢？

这的确是个好问题。问题的答案在于到目前为止，在信息化技术方面还没有一种技术和软件，既能很好地处理流程驱动型管理(业务处理)，又能很好地处理数据驱动型管理(数据分析、加工、计划、模拟、大数据)。

当然，我们相信未来有一天这两者一定会融合成一种软件平台，而且一定会是在云上面的。这种软件平台将是极端灵活的、与场景无关的，它会将社交关系、买卖关系和管理关系完全融合在一起；并彻底打破组织的边界，重新定义人群的协作方式。当然，这个专题就与本书无关了。

小结

作为资深的企业信息化从业人员，那些令人苦恼的问题曾经真切地折磨着我们。今天，这些问题、这些启示像珍珠一样穿成了一串，为我们揭示了一个激动人心的新天地。我们将这个新的天地、新的领域和完全不同的看待问题的角度介绍给各位读者。这就是这本书的目的。

第二章 平台的气质

一个相熟的首席财务官(CFO)有次对我说："这么多年，用了各种系统，我觉得还是EXCEL最好用。"

我问："为什么呢？"

她说："你看，我们原来用财务软件，经常要把数导到EXCEL出各种表。后来用了ERP，结果还是要把数导到EXCEL。现在用了BI，结果还是要把数导到EXCEL里。"

我说："BI不是挺好吗？你们缺什么报表让顾问给你写呀。"

"不行啊，"她说，"原来我也是这么想的。你们那个做ERP的小伙子当初也对我说，'报表的问题等上了BI就都解决了'。现在想起来他就是在忽悠我，不想在ERP上开发报表。"

"ERP上开发报表是不太方便，"我有点窘，想解释一下，"ERP是做业务流程的，它的数据结构不太适合开发报表和做数据分析……"

"这个我知道，我们也理解了，所以我们听你们的话上了BI。"她宽宏大量地摆了摆手。"但是，"她还是不愿意放过这个话题，"BI的报表是只能看，不能填，也不能改，害得我们还是要把数导到EXCEL里。"

"这是为了严谨……"我脱口而出。

"得了吧，"她打断我，而且提高了嗓门，"你们这些没在企业基层干过的顾问就爱这么说。先别说有哪个企业的表是不需要调整修正的，我就给你举两个例子，就是上周发生的。我们上个月销售分公司有调整，ERP系统中改得晚了些，我们做报表的小姑娘说内部的报表只要把数调对了就行了，可你们的顾问让她去找业务部门把ERP中的业务单据从订单开始全部冲掉重做。你说这可能吗？结果我们只能自己倒到EXCEL里手工调。还有个表，我们里面要放一些竞争对手的比较数据。你们的顾问竟然说没有地方取数，说需要开发个专门的模块，还说要走变更流程加预算。我们只需要能在表里手工填这些数，而且能存到系统里，你们就要加钱，是不是觉得我们这里钱太好挣啊……"

我看她又要上纲上线，连忙解释："不是不是，他说的是个技术问题，BI的标准功能只能取数和做数据展现，填数要另外想办法。这样吧，我们收集一下需求，如果就这几个问题，我们项目组做些开发来实现，就不用走变更了。”我一边说，一边想着怎么说服项目里的兄弟们，毕竟他们为了这个项目一直在加班。

她一听我这么说，语气缓和了一些：“其实，我也不是要难为你们，但我们确实有这些需求啊！而且，说到需求，像合并报表、全面预算管理、阿米巴、产品成本模拟这些需求你们还都没有做。而且除了我们财务，业务部门也有很多需求，像销售预测，也都没有做。”

我知道她又想得寸进尺，但是大的需求反倒容易办，所以笑着说：“这些问题我们之前都讨论过，这都需要上专门的系统来解决，放不到BI项目里的。”

没想到她也笑了：“就知道你会这么说！没打算让你们白干活。但是，我告诉你，你们的方案都是错的。这些业务需求都是关联在一起的。你让我们每个需求上个系统，都重新抽数重新搞，那还不被折腾死啊。其实，这方面我虽然没你们专业，但我认为这绝对是有问题的。”

好吧，我得承认，其实她说的有道理。这些问题其实也已经困扰我们很久了，不过我们最近正逐步地找到了办法。我心中有了点底，决定变防守为进攻。正好趁机问道：“您说的很有道理，那您觉得这个系统应该有哪些特点呢？”

她发现我突然不“抵抗”了，稍有些吃惊。对我的问题很快地思索了一下，说：“我觉得，第一条应该就是：要既能取数，能看，又要能改，能填。当然，也不是随便改，应该留有痕迹，而且填和改的内容要专门保存，能反复用，而且能给别人用。这一点，ERP比BI做得好。但是ERP的界面和表都太不灵活了，自己要做点东西太麻烦。所以，第二点应该是能够很灵活地设计界面和表，就像EXCEL那样。对了，其实我们以前用的系统都有个问题。”

“什么问题？”

“这些系统都不能把EXCEL很好地结合起来，都需要写一些自己的很复杂的什么脚本。当然，有些功能是需要比EXCEL强大，比如合并抵销。但是，很多像EXCEL的公式，我们财务人员都用的很熟，为什么还要重新写？直接结合起来用不是更方便？”可能是猜她一提EXCEL，我就会“鄙视”一下，所以她说到这里停了一下，看了一下我的表情。

我很严肃地点了点头，说：“第一点叫‘取填结合’；第二点叫‘高效建模’，不仅自身的建模工具要强大，还要能无缝集成EXCEL的各种现成功能。还有呢？”

她看我真的在认真倾听，也来了精神，说：“还有一点很重要：就是自动化程度要高，比如合并抵销，这个是财务会计最难的领域，系统应该有现成的自动化的功能。否则，项目实施的难度和成本太高，企业承受不起。”

“这个要求很合理。”

“但是，”她话锋又是一转，“自动化不代表黑箱操作，系统怎么算的，得让我们看得清清楚楚。之前，ERP系统里有些模块就是黑箱操作，它怎么算的光听你们讲道理，看得不清楚，自己要调也不行。所以，要自动化，也要透明，还要能手工调。这点我起个名字叫‘手自一体’。”说完，她开心地笑了。

我也笑了，只要大家讲道理，客户有时候也蛮好相处的。“这个很形象。对了，您刚才还提到，这些和数据分析、加工、计划等相关的业务功能最好在一个平台上。”

“哦，对的。差点忘了这点。这一点也非常重要。”她点点头，“而且要真的在一个平台上面。不是我要批评你们这个行业，你们经常干一些挂羊头卖狗肉的事情。就像上次有家公司来推合并和预算平台，说是一个平台。还好我们做这么多年系统，团队比较有经验，看过之后发现，除了PPT和名字写在一起，其他都是分开的……”

“这个不是我们……”我赶紧辩解，生怕融洽的气氛遭到破坏。

“没说你们。”她摆摆手，示意让她继续说，“不仅是要一个平台，而且，这个平台要非常灵活。就是说它不仅要能做那些说好的需求，像合并啊，预算啊，而且，它还要能够支持各种其他的情况。比如，我们有个房地产板块，他们要做动态投模管理。这时候这个平台最好不需要搞很多二次开发，就能够实现。这点我也不知道怎么说，但是非常重要。我们真的不希望冒出任何一个新需求，就要再买一套软件，再搞一套数据了。你说，这个应该怎么说？”

我理解她的意思，但还是思索了一下，说：“这个很难找到一个通俗的说法。但准确的说法应该叫‘场景无关’，英文倒更好理解，叫‘Scenario Independent’。就像您最喜欢的EXCEL，它从来没有限制死自己只能做哪种业务场景。”

我看她点点头，而且像是都讲完了，就在心里把刚才的对话快速理了一下，然后说：“您总结得太到位了。其实，这些业务需求都有个共性，我们称之为数据驱动的管理，就是都和数据的分析、加工、计划、预算等相关的。”

我看她在很认真地听，就接着说：“对于这些数据驱动的管理，您对于软件平台的要求总结起来有五点：第一，取填结合；第二，高效建模；第三，手自一体；第四，统一平台；第五，场景无关。对不对？”

“对！”她很干脆地同意道，“就是这些要求。怎么，你们有方案？”

“是的，”我快速抽出一张PPT(见图2-1)，“您看，就像这样的平台……”

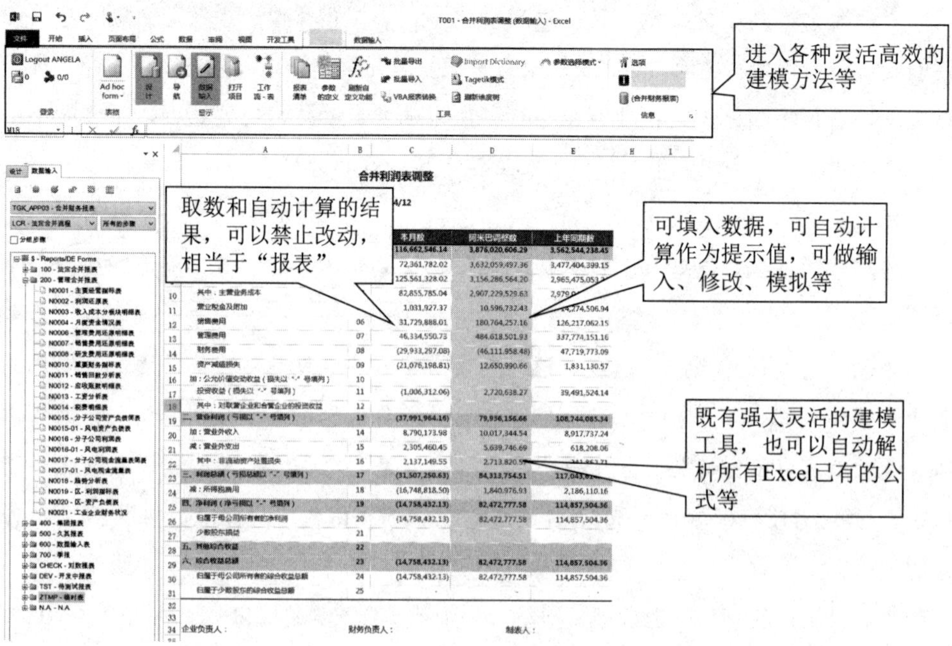

图2-1 取填结合、高效建模、手自一体的系统平台

小结

平心而论，对于数据驱动的管理，企业对于软件平台的要求真的不算过分。但是，软件行业直到最近才渐渐能够满足。这一方面有技术方面的原因，另一方面是否也跟整个行业没有把企业用户的心声放到第一位有关呢？ 我把这些心声总结的五点记录下来，给这张PPT起名叫：平台的气质(见图2-2)。

1. 取填结合
2. 高效建模
3. 手自一体
4. 统一平台
5. 场景无关

图2-2　平台的气质

而对于流程驱动的管理和数据驱动的管理，它们在对系统平台上的不同要求，以及企业过去和现在的做法，我也总结成图2-3。在下一篇，我们将讨论数据的分析，这方面还有不少软件平台可以胜任。接下去的篇幅我们要讨论数据的加工、计划、模拟、综合应用等。事实上，而能够具备上述所说的五项气质的平台凤毛麟角。

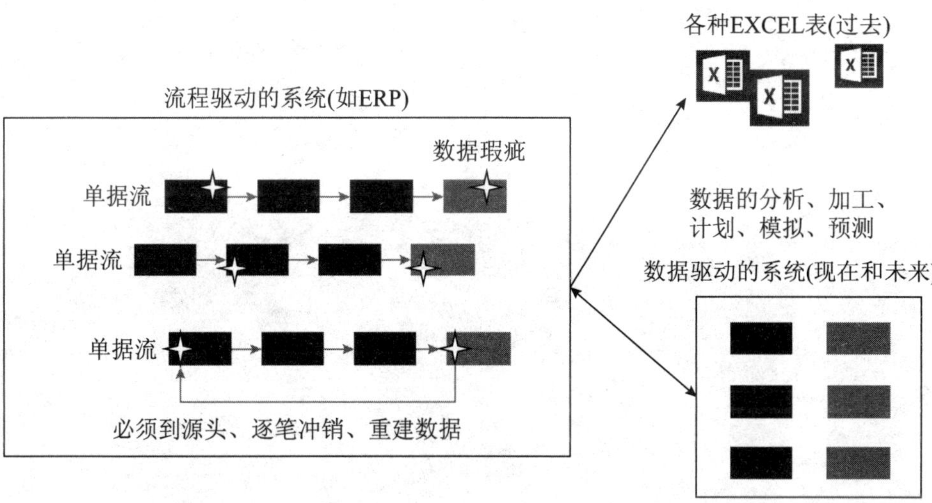

图2-3　流程严谨、数据灵活

THE DATA-DRIVEN MANAGEMENT

第二篇 分 析

第三章 如何分析

痛点吐槽

很多企业老板兴致勃勃地导入了各种信息化系统，但是实施完成后，发现自己并没有“信息”可以看。比如，ERP系统上线后，“产供销人财物”流程是理顺了(也可能没有理顺)，系统里每个月有几十万条、几百万条的业务单据在生成。但是，企业是否健康，有没有什么问题，哪里应该改进，还是不知道。把首席信息官(CIO)叫过来一问，说是“报表还没来得及开发”。于是就再起一个项目，专门做“报表开发”。等开发了一堆报表，感觉还是不给力，好像这些报表和原来的也没有太多的差别，而且好像报表打开也有点慢。

再把CIO叫过来，这次CIO的解释是“要想真正解决分析的问题，在业务系统上开发报表不行，要上专门的商务智能(BI)系统”。然后，就把各路商务智能(BI)厂商叫来，听了一通各种各样的技术，也没有听明白。想想CIO应该是明白的，就让他们干吧。于是商务智能(BI)项目开始，一批“技术宅”进场。感觉这次还不如ERP项目。ERP项目的外部顾问好歹还和你谈个业务流程。商务智能(BI)项目是直接问你要报表，要报表清单。做个访谈，也是问你有什么信息需求，你平常是怎么分析的。幸运点的，项目里会有个把业务顾问，能建议一点财务指标分析之类的，或者是做过同行业的，对一些行业性的报表、指标和分析方法还算熟悉。最后，系统是上线了，但是结果还是一堆整理过的报表和指标。这次虽然比原来漂亮了很多，有了各种饼图、折线图、仪表板、驾驶舱什么的，但是老板总是感觉不到位。具体是哪儿不到位，也说不清楚，总有种隔靴搔痒的感觉。

再然后，就听说了“大数据”，各种神奇，但就是不知道怎么用到自己企业上，而且谁也说不清楚。又听说各种好东西，什么平衡计分卡呀，什么阿米巴呀，什么品类管理呀。听的时候觉得的确很有道理，还有点包治百病的意思；听完了却不知道怎么落实。总之，分析这件事，就是：看似简单，但就是做不全、做不透、做不好。

拍案惊奇

问题的根源在于一个让你惊奇的事实：在整个企业“数据分析”领域，完整而实用的分析框架和方法论，其实是个空白。

企业“数据分析”，打个比方来说，就像图3-1：它其实有两个层面，就像造房子。它下面的地基和各种管线，就好比是数据分析的技术平台。这个技术平台是由商务智能(BI)、企业绩效管理(CPM)、大数据、内存计算等各种各样的技术和软硬件产品构成的。厂商主要集中在这个层面。但是，这个层面一般来说是不含“业务逻辑”的。

数据驱动的管理体系构建
(包含“分析、处理、计划、模拟”)

技术平台搭建

图3-1 “分析”的两个层面

数据分析的“业务逻辑”，或者“管理体系”，就像地基上的房子。你真正要用的其实是它。但是，可惜的是，这个房子得你自己来造，技术平台本身是不带房子的！其实，这一点是好理解的。但是，问题是：在这个领域，连“房子”应该怎么造的“方法”都没有一个完整而实用的说法。所以，最常见的就是按照自己原来的房子，在新的地基上来造。好一点的，“业主”或者“包工头”有些好的想法可以加进去。而各种高大上的管理理念，或者管理模型，比如“平衡计分卡”，就像远方的旅人向你描述的异国宫殿——天晓得它是怎么造出来的，况且你还不打算完全照搬它。而各种大数据分析挖掘出来的各种真知灼见，也并不是完整的企业分析“体系”或“架构”。它们更像是单独一个金碧辉煌的客厅，一个井然有序的厨房，或者只是一块漂亮的大理石，你需要知道怎么把它们“融合到”整个房子里去。

所以，关于“如何分析”，问题的根源在于需要一个有用的“分析框架”和“分析方法论”。这就像大家现在需要一个“如何造房子”的具体而实用的方法。这就是本章的目的。本章介绍的“分析框架和方法论”主要由两个部分构成，一个是“分析路径法”，另一个是“6类分析法”。整个分析框架和方法论简称为“P6C框架”。

分析路径法

假设你是一家连锁零售企业的老板，你希望怎样来“分析”你的企业呢？如图3-2所示，你会先分析一下公司整体的财务状况。然后，根据你多年深厚的行业经验和你们公司的特点，你会分别从4个方向去分析你的公司：价值链分析，品类分析，客户分析，区域分析。这4个方向是你认为对于全国性的连锁零售企业来说最重要的4个业务方向，甚至与公司的整体战略有关系。事实上，这每一个方向都可以认为是公司整体战略的一个分支战略。分析清楚这些大的方面，对你判断公司的运营状况非常重要。

在做价值链分析时，你首先会看一系列公司整体的价值链报表(下文会展开介绍)。然后，你希望具体到价值链的每一段来分析。整个公司的价值链可以分成4段，即“供应商和采购”、“物流”、“门店”和“电商”。价值链的每一段都有各自的管理特点。比如，“供应商和采购”，当分析了这部分的整体效率之后，还可以从“采购品类”、“采购区域”等多个角度来分析这段价值链效率高或者低的原因和规律。每一段价值链还可以继续细分。比如，“物流”可以继续细分为“中心仓”、“干线运输”、“RDC”、“支线物流”等。

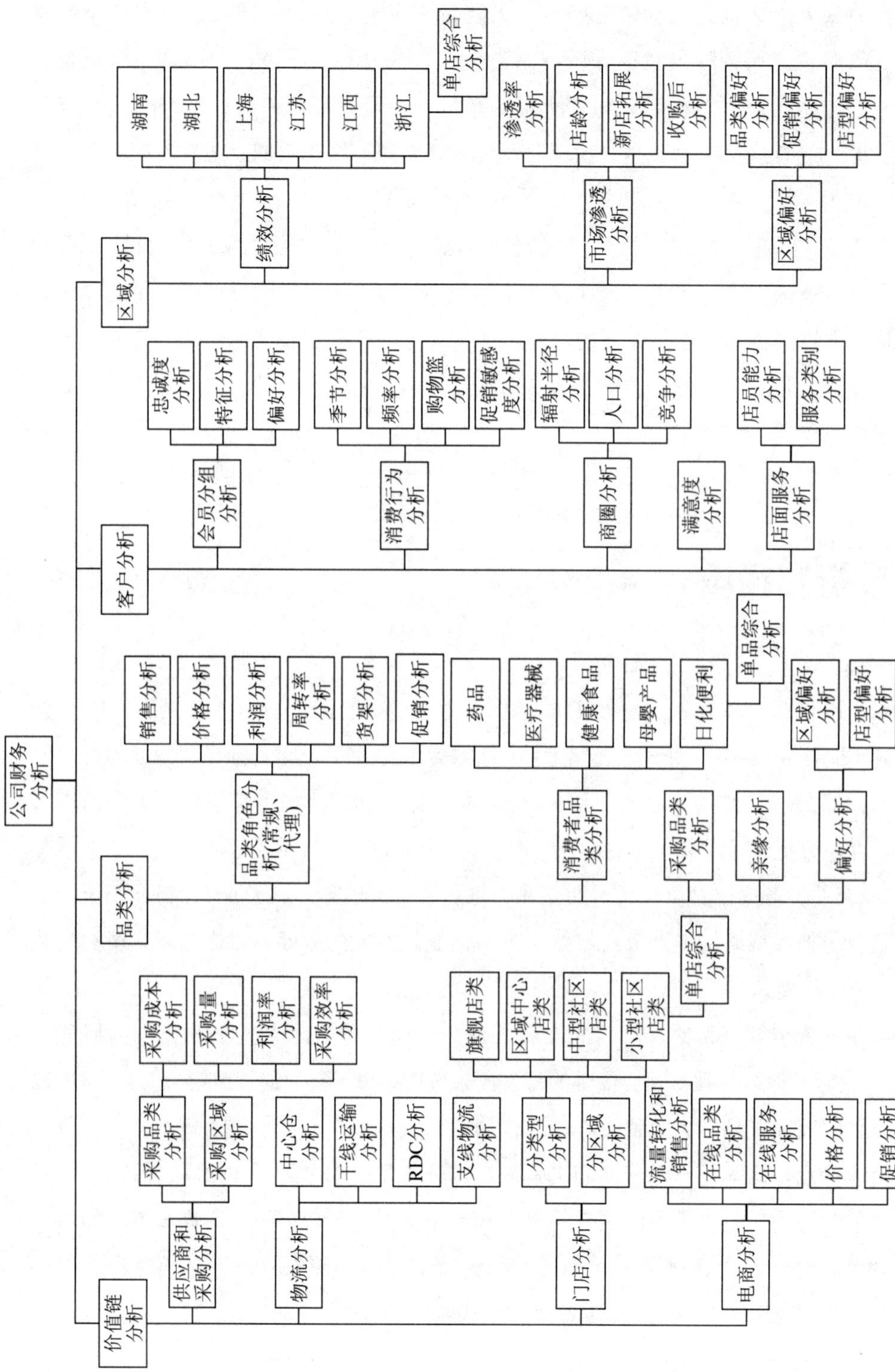
公司财务分析
区域分析
绩效分析
湖南
湖北
上海
江苏
江西
浙江
单店综合分析
市场渗透分析
渗透率分析
店龄分析
新店拓展分析
收购后分析
区域偏好分析
品类偏好分析
促销偏好分析
店型偏好分析
客户分析
会员分组分析
忠诚度分析
特征分析
偏好分析
消费行为分析
季节分析
频率分析
购物篮分析
促销敏感度分析
商圈分析
辐射半径分析
人口分析
竞争分析
满意度分析
店面服务分析
店员能力分析
服务类别分析
品类分析
品类角色分析(常规、代理)
销售分析
价格分析
利润分析
周转率分析
货架分析
促销分析
消费者品类分析
药品
医疗器械
健康食品
母婴产品
日化便利
单品综合分析
采购品类分析
亲缘分析
偏好分析
区域偏好分析
店型偏好分析
价值链分析
供应商和采购分析
采购品类分析
采购区域分析
采购成本分析
采购量分析
利润率分析
采购效率分析
物流分析
中心仓分析
干线运输分析
RDC分析
支线物流分析
门店分析
分类型分析
分区域分析
旗舰店类
区域中心店类
中型社区店类
小型社区店类
单店综合分析
电商分析
流量转化和销售分析
在线品类分析
在线服务分析
价格分析
促销分析

图3-2 分析路径法

在你的心目中，“价值链分析”主要是为了持续提高公司各个环节的效率，而“品类分析”则关系到整个公司的战略定位问题。所以，你接下来会着重分析整个公司的品类管理情况。首先，你会按照“品类角色”来进行分析。根据品类管理的理论，可以分成4个“品类角色”：目标性品类、常规性品类、季节性品类和便利性品类。不过，因为对你的企业来说，“常规商品”和“代理商品”是两个很重要的分类标准，所以，你的“品类角色分析”也做了适当的调整。在看了整体的“品类角色分析”之后，你会产生一些疑问，主要是针对各个品类角色，具体到像价格策略、促销策略、货架策略这些具体的品类策略的执行情况。所以，在“品类角色分析”之下，你会继续对品类角色进行销售分析、价格分析、利润分析、周转率分析、货架分析、促销分析等方面的分析。之后，你还需要根据“消费者品类”和“采购品类”两个品类分级方法对整个公司的品类进行各种角度的分析。另外，如“亲缘分析”和“偏好分析”等往往是基于大数据和统计工具得出的数据分析，对于企业的整体表现越来越重要。

对于连锁零售来说，商品品类是“供给侧”，公司的品类战略既要满足公司整体战略定位，更要真正满足市场和客户的需求。所以，接下来，你会仔细分析一下“需求侧”，也就是市场和客户。需求侧的数据是比较难以获取的，但又是极其宝贵的。公司已经实施了会员体系，会员的绝对数量和销售占比都有了根本性的发展。所以，对于“客户分析”，你一般从会员分析开始。当然，除了会员分析，一般的消费行为分析，比如基于POS数据的购物篮分析也是极其重要的。在“客户分析”这个方向，还有几个重要的主题，比如商圈分析、客户满意度、店面服务等。

最后，因为公司是一家从本省出发，逐步扩张到全国的企业，所以，区域的扩张战略和区域差异也是公司一直重点关注的战略方向。所以，“区域分析”是另一个你会重点关注的方向。区域分析又分为几个方面。一方面，公司运营现在已经按照大区、分公司的多级架构管理，所以需要从各级员工绩效的角度来进行分析。另外，区域市场的渗透率和偏好对于你理解不同市场的真实情况也是极为重要的。

读完这个例子，我想你对于“分析路径法”已经有了一个直观的理解。它看起来一点也不复杂，甚至还非常“直观”。但是，恰恰是这个“一点就通”的方法，将让你的企业数据分析项目发生脱胎换骨的变化。和直接拿来一堆报表和指标就进行梳理和开发的原始方法不同，“分析路径法”有以下三个特点。

特点一：基于“分析主题”，而不是“报表”

如图3-2中所示，构成“分析路径”的是一个个“分析主题”。虽然对于“分析主题”，我们可以比较宽泛地来使用它，但一般来说，“分析主题”是一个分析的对象，或者是一个需要通过分析来解决的问题。这样，“分析路径法”就完全是围绕着我们需要解决的“问题”来入手的。各种报表只是达成这些分析主题的手段。所以，“分析路径法”保障了整个分析项目是始终服务于管理的。

特点二：关注“森林”多于“树木”

从上面的例子我们可以看到：一个“分析路径”就是一个完整的分析体系，它迫使我们关注整体，而不仅仅是几张报表，或者是几个“单点”的发现。而且，“分析路径法”不是对我们手头已有数据的分类和使用，所以它更能发现我们“还缺什么数据”。也正因为此，“分析路径法”能让整个分析特别有序。而这种有序的一个直接效果就是：再多的报表也不怕。

NOTE 我们害怕的是“凌乱”，而不是“数量”。

特点三：“路径”彰显了“思路”

这个方法之所以称为“路径”，而不是“树”或者“分类”，是有很重要的原因的。在用“分析路径法”构建整个分析体系时，你需要站在某种角色，比如首席执行官(CEO)的立场，甚至要基于某种场景，比如评估公司的整体状况。然后，先看什么，再看什么，再怎么分析，再追查到哪里分析原因……整个“分析路径”本身就体现了一种分析的“思路”。所以，不同的“分析主题”，以及附带的报表，不是按照相似性归类的，而是完全按照解决问题的“思路”来组织的。

6类分析法

“分析路径法”把分析主题组织了起来。但是，针对某个具体的分析主题，我们究竟该如何分析呢？在现实中，这其实是一个棘手而发散的问题。因为你的选择实在是太多了，而且根本就没有一种“标准”或者参照依据。事实上，就连一张报表的设计都有千千万万种选择。结果是，在大多数情况下，就是“谁用听谁的”，如果有争议，就是“谁官大听谁的”。

“6类分析法”把分析一个主题的各种方法和手段分成6个大类。它帮助你成体系地思考“如何分析这个专题”的问题。同时，它让你的分析设计从原始的、无意识的、心里没底的状态，变成一种有意识的、心里有底的状态。

这6大类分析方法会在后面一一介绍。我们首先看一下是哪6大类。如图3-3所示，它们分别是大型管理模型、分解主题、钻取、财务和因子分析、常规比较分析以及专题大数据分析。有一点是需要事先说明的：这6类方法是可以相互结合使用的。比如“大型管理模型”也需要通过各种“常规比较分析”的报表格式展现出来；再比如财务和因子分析的各项因子，可能就是某个“时间趋势分析”的各项关键指标。

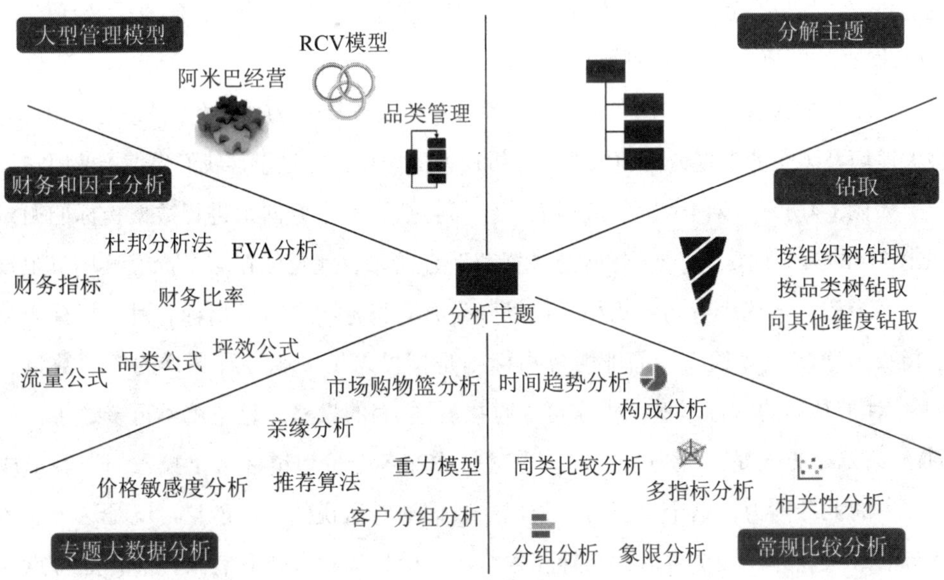

图3-3　6类分析法

大型管理模型(例)：价值链分析–RCV模型

“大型管理模型”是指一些成体系的、比较复杂的管理理念和管理模型。比如稻盛和夫的阿米巴经营、开普兰和诺顿的平衡计分卡、零售行业的品类管理等。大型管理模型并不仅仅是一种分析方法。比如，稻盛和夫的阿米巴经营更是一种企业经营哲学。不过，在对某个分析主题，特别是对比较大的分析主题进行分析时，大型管理模型往往能给我们提供非常好的框架和思路。

沿用上面的例子，假设你现在要分析整个企业的“价值链”。首先，“价值链分析”也可以看做是一种“管理模型”。所谓价值链分析，就是将一个企业按照其业务的“增值”过程，切割成一段一段的业务环节，这些环节按照上下游串联起来就是一条企业的“价值链”。如图3-4所示，你可以将你的连锁零售企业分成由4个业务环节构成的价值链：供应商和采购、物流中心、干线运输和门店，然后逐个分析各个增值环节的效率。“价值链分析”是一个很好的理念和思路，理解起来也不困难。但是，问题在于把企业按价值链切开来之后，用什么方法进行分析。首先，这种方式必须具备通用性和可比性。也就是说，这种方式能对各种类型的增值环节进行分析，不论它是物流性质的、生产性质的，还是销售性质的，都能用这种方式分析，并产生可比的信息。其次，这种方式必须能产生有利于管理优化的、有实战意义的数据。所以，我们在“价值链分析”的基础之上，引入了“资源-能力-价值”模型(简称“RCV模型”)来进行分析。

关于“RCV模型”，我们将在第四章对它的原理和行业应用做更详细的介绍。它极大地填补了企业数据分析领域整体分析模型的空白。在这里，我们先直接使用它。

如图3-4所示，对4个价值链环节，你都会基于三个方向来进行数据指标的衡量(见图3-4的第一列)：第一个方向是“资源”方向，也就是你在这个价值链环节上投入了多少资源。这个方向的指标又可以分为财务指标和非财务指标。财务指标主要是指投入了多少“钱”，而非财务指标则是指投入了多少各种各样的资源数量。(注：对于具体的指标举例，大家可以直接看图3-4的表格，这里就不再赘述了，下同)。第二个方向是“能力”方向，也就是你在各个价值链环节上投入的资源形成了多大的业务能力。这个“能力”类似于我们通常所说的“产能”，就是这个业务环节的最大能力。这个方向的指标和各个环节的性质相关，具有很强的行业特点。第三个方向是“价值”方向，也就是你投入资源构建的业务能力最终产生出多大的实际价值。价值方向的指标也可以分成财务和非财务两类指标。这个方向的财务指标是指以“钱”来衡量的产出价值。对于企业内部上游的价值链环节来说，比如采购、生产、物流，往往需要引入利润中心或者“阿米巴”内部结算价才能计算出来。非财务类的价值指标相对容易很多。它们都是以该价值链环节的实际产出的业务量来衡量的。

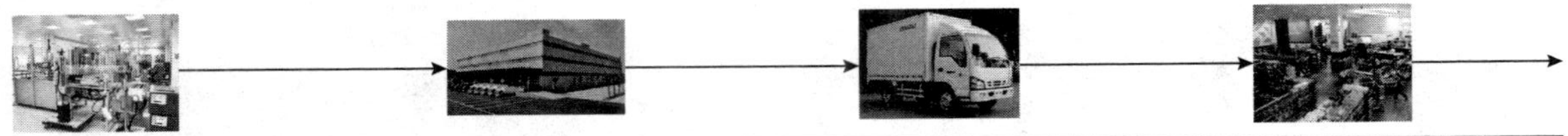

	供应商和采购		物流中心		干线运输		门店	
	非财务指标	财务指标	非财务指标	财务指标	非财务指标	财务指标	非财务指标	财务指标
资源(R)	人员数量，差旅次数，设备成本	人工成本，差旅成本，设备折旧，其他费用	经营面积，设备数量，人员数量，用电量	建筑物成本，建筑物折旧，设备成本，设备折旧，人工成本，电费，其他费用	车辆数量和总吨位，人员数量，用油量	车辆成本，车辆折旧，租车成本，人工成本，油费，其他费用	门店数量，经营面积，设备数量，人员数量，用电量	房租成本，设备折旧，人工成本，电费，其他费用，库存余额，备用金余额
能力(C)	备选供应商总量，备选SKU总量，备选品类总量，最大新品导入能力，最大新品类导入能力，最大采购量，最大采购订单数量		收货能力(次，件)，分拣能力(件)，验收能力(件)，发货能力(次，件)，仓储能力(件，立方)，周转能力(天，次)		运输能力(吨公里，吨天)		经营面积(分店型，分区域)，货架长度，最大收银能力(笔)，最大目标流量，商圈面积，商圈人口，品类数量，SKU数量，商品数量(件)	
价值(V)	活跃供应商数量，活跃SKU数量，活跃品类数量，新品导入量，新品类导入量，采购量，采购订单数量	商品销售毛利，商品销售毛利率	收货量(次，件)，分拣量(件)，验收量(件)，发货量(次，件)，仓储量(件，立方)，周转量(天，次)	内部服务收入	运输量(吨公里，吨天)	内部服务收入	流量，成交量(笔)，客单价，转化率，出货量，库存周转率	销售收入，销售毛利
资源获取效率(1)	人均工资……		单坪成本，单坪能耗，人均工资……		单车成本，人均工资……		单坪租金，人均工资……	
资源部署效率(2)	人均供应商，人均品类……		单坪收货能力，单坪分拣能力……		人均公里数，车均公里数		单坪商品数，单坪商品价值……	
能力利用效率(3)	人均毛利额，人均新品……		收货利用率，分拣利用率，仓储利用率……		车辆利用率，人员开工率		坪效，坪流量，人均单量……	
投入产出率(4)	单位时间附加价值……		单位时间附加价值……		单位时间附加价值		毛利率，单位时间附加价值……	

图3-4　价值链分析-RCV模型

通过上述分析，你可以清晰地看到公司在整个价值链上的资源投入、形成的能力和产出的价值。但是，RCV模型的意义还不止于此。如图3-4所示，你还可以通过4类比较分析(图3-4中的箭头，表中第六行到第九行)进一步分析整个价值链的“效率”。价值链上的第一种效率(图3-4中①号箭头和表中第六行)称为“资源获取效率”。它是指你花钱买东西雇人是否花了冤枉钱。所以，这类指标是通过“资源”方向的财务指标和非财务指标相比较计算的，比如人均工资、单坪租金等就属于这类指标。价值链上的第二种效率(图3-4中②号箭头和表中第七行)称为“资源部署效率”。它是指你是否将资源合理部署并生成了有效产能。所以，这类指标是通过“能力”指标和“资源”指标相比较计算的，比如车队的单车最大年里程等就属于这类指标。价值链上的第三种效率(图3-4中③号箭头和表中第八行)称为“能力利用效率”。它是指各环节的产能利用率，也就是是否物尽其用了。这类指标是通过“价值”指标和“能力”指标相比较计算的，比如仓储利用率等就属于这类指标。价值链上的第四种效率(图3-4中④号箭头和表中第九行)称为“投入产出率”。它是指每个环节的财务投入和财务产出之间的关系，也就是每个环节是否都为企业创造了价值(增值)。这类指标是通过“价值”和“资源”方向的财务指标相比较计算的，比如利润中心内部利润、单位时间附加价值(阿米巴)等就属于这类指标。

综上所述，通过RCV模型的3个方向和4类效率的分析，企业的整个价值链的情况就清晰地展现在你的眼前了。所以，“大型管理模型”如果使用得当，则能够有效地支撑起整个分析主题，起到分析的内在之“魂”的作用。

分解主题

对于比较复杂的分析主题，另一种比大型管理模型容易理解和更常用的方法是“分解主题”。所谓“分解主题”就是把需要分析的主题分解成一系列相关的更窄、更专门一些的分析主题。事实上，整个“分析路径法”就可以看做是一个大的“分解主题”的过程。

“分解主题”法是非常直观、容易理解的，不需要赘述。在这里，我们举两个例子即可。在上文的连锁零售的例子中，在整体分析中，跟随几条分析路径都会到达“单店综合分析”这个分析主题。怎么做单店综合分析呢？如图3-5所示，你可以将单店分析分解成“店内”和“店外”两个分析方向。店内的分析主要侧重在发生在店内的各种经营活动所产生的数据上，比如该店的财务分析、品类分析、流量分析、价格分析、促销分析、缺货分析、服务分析、客户分析等。店内分析的数据往往可以从企业自身的信息系统中获取，比如POS系统、CRM系统等。但是，仅仅有店内分析是不够的。对于本店所处的外部环境的分析有时是更重要的。所以，需要对单店所处的商圈、竞争情况、渗透率、消费习惯等做出分析。虽然，这类分析由于数据不容易获取而难度颇大。但是，基于“分解主题”的方法来分解“单店综合分析”这个命题的好处也凸显出来：你不会只分析手头容易获取的数据，而“漏掉”那些重要的分析方向。即使有些方向的分析，在一开始由于数据不足而显得很粗糙、很苍白，但是，只要它们出现在整个分析体系中，就会时时提醒你去不断改进此方面的数据收集和分析能力。

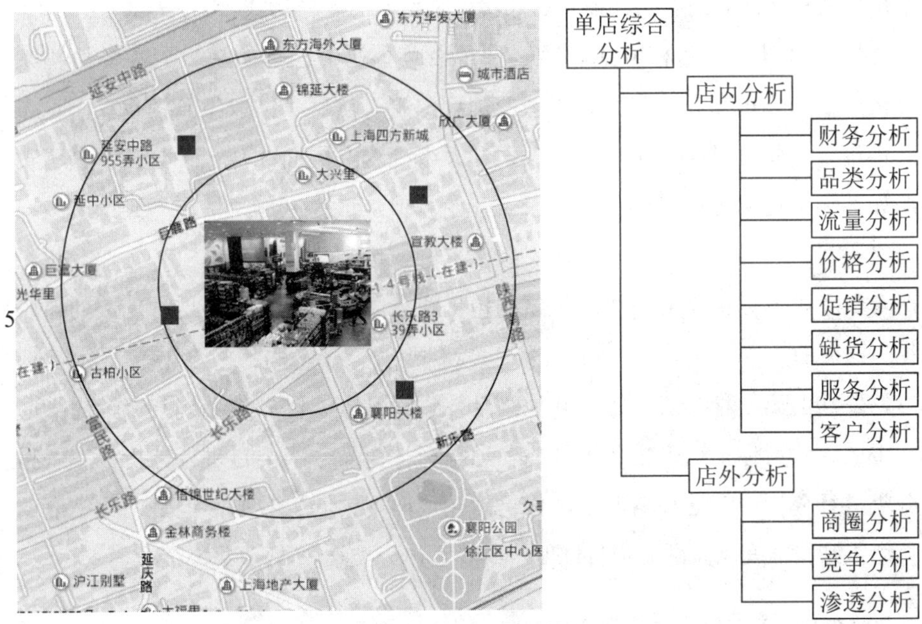

图3-5　分解主题(例)-单店综合分析

第二个例子是关于营销费用的分析。对于快消行业、零售行业和其他很多最终以个人家庭为消费对象的行业，如家电、家居产品、服装等，营销费用一直是一块很难管理的领域。对于“营销费用分析”这个分析主题，我们首先要做的是分解这个主题。比如，如图3-6所示，我们首先对营销费用进行“活动分层分类分析”。这个分析背后的管理理念是这样的：营销费用的管理，本质上是对市场营销活动的管理。而企业在市场营销活动上的发力是遵从营销“漏斗”模型的：就是从空中建立消费者的品牌认知开始，到销售渠道的建立，到直接左右个人消费决策。所以，我们可以把营销费用(也就是营销活动)分解成三个层次、二十来个类别的营销活动进行总体及深入的分析。如图3-6所示，这三个层次分别为：品牌提升、渠道建设、消费者拉动。而每个层次下又细分出营销活动类型。除了营销活动分层分类管理的思路。对于营销费用的分析还可以按品类品牌、按区域等分析，也可以转入费效分析的角度等。

钻取

另一种常用的分析方法是“钻取”(drill-down)。钻取是从一个比较宏观的分析报表或分析数据，向下、向更细节的方向去展开分析。我们往往听到这样的需求：这个系统能不能钻取到原始凭证？这其实就是钻取的一种形式。

钻取法可以分成两种方式。第一种是沿着企业中已有的从大到小的结构来向下分析。比如你正在看一张企业整体的销售报表。然后“钻取”到销售大区这个层面；再进一步你可以向下钻取到分公司、办事处这个层面；甚至于到每个销售员。再比如，你还是从企业整体的销售报表开始。但是这次，你“钻取”到产品或商品的一级类目；然后你再一层一层向二级类目、三级类目，最后到SKU钻取分析。在这两个例子里，你都是沿着“组织结构树”或者“商品类目树”这种现成的树状层次往下钻取的。

钻取法的第二种方式是“向其他维度”进行钻取。比如你看到某个销售大区的销售报表，然后你把这个销售大区的各项指标按商品一级类目进行分析；或者按客户分类进行分析。在这种情况下，你仍然在“向下钻取”数据，但是，你钻取的方向从组织结构维度，向商品类目维度，或者客户分类维度“跳转”了。

财务和因子分析

在数据分析中，我们会用到很多指标。对于这些指标来说，我们可以像对分析主题一样对其进行“分解”。很多大家耳熟能详的财务分析法就属于这一类型：比如杜邦分析法、EVA分析法、财务比率分析，甚至财务报表也可以认为是属于这一类型的。这种分析方法并不局限于财务分析。它也可以包含各种业务指标。所以，我们统称为“财务和因子分析法”。这种方法的特点在于：指标之间有明确的数学关系。

对于像杜邦分析法等财务分析方法，本书不再赘述，大家可以找到很多财务分析方面的书籍资料。这里，我们沿着上文的例子，举一个财务和业务相结合的例子。

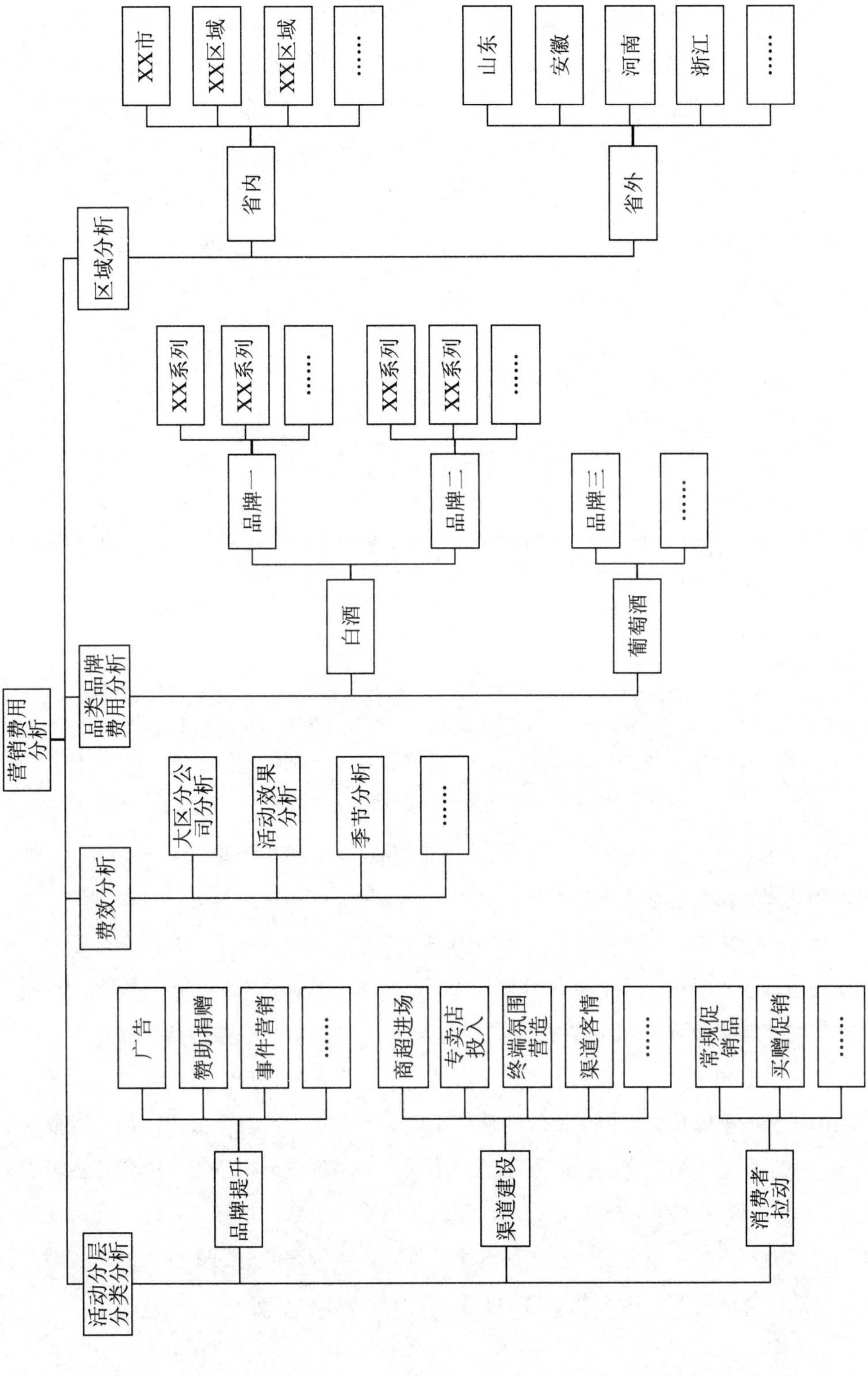

图3-6　分解主题(例)-营销费用分析

假设你正在进行“门店综合分析”。对于门店“毛利”这个指标，该如何分析呢？的确，你可以通过门店间的比较、排序来分析。但是，对于一个门店“毛利”，不论它是高是低，你还想知道它“为什么高”、“为什么低”。对于实体零售业来说，有三个核心公式，可以将毛利分解成一系列有意义的“因子”。如图3-7所示，这三个公式分别为坪效公式、品类公式和流量公式。其中，坪效公式是整体的坪效分析；品类公式是从“供给侧”分析品类的合理性；流量公式是从“需求侧”分析客流情况。

坪效公式：

总毛利(元/月)= 平均坪效(元/坪/月) × 面积(坪) × 毛利率(%)

品类公式：

出货量(件/月)

面位(件)

总毛利(元/月)= $\sum\limits_{\text{品类、SKU}}$ 单价(元/件) × 单件体积(件/坪) × 占坪(坪) × 周转率(次/月) × 毛利率(%)

平均坪效(元/坪/月)

流量公式：

总毛利(元/月)= 坪流量(次/坪/月) × 面积(坪) × 转化率(%) × 客单价(元/次) × 毛利率(%)

(注：本例“品类公式”中的“单件体积”和“占坪”指标多数情况下需要通过“货架长度”指标进行换算，采用这种表述方法是为了更好地体现“因子驱动”和明确的数学关系。)

图3-7 因子分析(例)–门店核心公式

关于这三个公式所代表的因子分析，可以做很多分析。但是，限于篇幅，我们仅仅择其要点简略解释一下：首先，从数学上，因子分析可以有无穷多种方法。但是，从管理上来说，有“管理意义”的因子分析方法就很有限了。在这个例子中，主要是引入了“面积”这个驱动因子，从而产生了一系列的指标分解。因为，对于实体零售来说，面积是最主要的成本驱动因子，也是最主要的客流承载因子。所以，围绕着面积进行的一系列的因子分解就具有很真实的管理意义。第二，设计良好的因子分析能够用数字揭示出问题所在。比如，通过上述三个公式，你可以分析那些表现不佳的门店，它们的问题是流量不够，客单价偏低，不适当的商品占用了太多空间，还是有些商品周转率太低，等等。第三，虽然从指标分解的角度来说，我们是从左到右将一个重要指标分解开来，但是，从管理改进的角度来说，我们是从右侧的“驱动因子”中来寻找解决问题、提升管理的启示的。

常规比较分析

无论采用哪种分析方法，我们最后往往需要用一定的“报表”来呈现数据。在报表中，行和列怎样来设计和安排，也体现了分析者的思路。事实上，“报表”的行和列在相当大的程度上体现了通过“比较”来进行分析的方法。以表3-1为例，即使我们没有将货架长度、销售额、毛利率、单品数等指标按照因子分析方法建立明确的数学关系，我们也可以通过“比较”来揭示问题。比如表3-1中，成人感冒类OTC药，货架长度占比2.2%，但是贡献了3.6%的总毛利，而单品数占比又低于2.2%(2.1%)。通过这几个数字的比较，分析者已经可以分析出成人感冒类OTC药是属于坪效较高的、对毛利贡献较大的品类。

表3-1 常规比较分析(例) – 品类货架分析

<table>
<tr><th colspan="3">货架总长度(厘米)</th><th colspan="3">单店销售额(元)</th><th colspan="3">单店毛利额(元)</th><th colspan="2">品项数(个)</th></tr>
<tr><td colspan="3">14 205</td><td colspan="3">×××</td><td colspan="3">×××</td><td colspan="2">1412</td></tr>
<tr><td rowspan="3">成人感冒类OTC</td><td colspan="2">货架</td><td colspan="3">品类销售额</td><td colspan="3">品类毛利额</td><td colspan="2">单品数</td></tr>
<tr><td>长度(厘米)</td><td>占总长比(%)</td><td>销售金额(元)</td><td>占OTC销售额比(%)</td><td>占总销售额比(%)</td><td>毛利额(元)</td><td>占OTC毛利额比(%)</td><td>占总毛利额比(%)</td><td>数量(个)</td><td>占全店品类数量比(%)</td></tr>
<tr><td>307.4</td><td>2.20</td><td>×××</td><td>10.80</td><td>3.47</td><td>×××</td><td>11.50</td><td>3.60</td><td>29</td><td>2.10</td></tr>
<tr><td rowspan="3">维生素全类OTC</td><td colspan="2">货架</td><td colspan="3">品类销售额</td><td colspan="3">品类毛利额</td><td colspan="2">单品数</td></tr>
<tr><td>长度(厘米)</td><td>占总长比(%)</td><td>销售金额(元)</td><td>占OTC销售额比(%)</td><td>占总销售额比(%)</td><td>毛利额(元)</td><td>占OTC毛利额比(%)</td><td>占总毛利额比(%)</td><td>数量(个)</td><td>占全店品类数量比(%)</td></tr>
<tr><td>245.8</td><td>1.70</td><td>×××</td><td>8.90</td><td>2.86</td><td>×××</td><td>8.97</td><td>2.80</td><td>35</td><td>2.50</td></tr>
</table>

当然，上述分析如果能有效结合“财务和因子分析法”，或者其他分析方法，那么数据就可以发挥更大的威力，也会更加严谨可信。

“常规比较分析”也可以分成不同的类别，比如时间趋势分析、构成分析、同类比较分析、多指标分析、分组分析、象限分析等。这些方法大家平常都经常使用。如果在数据分析设计中，对于不同的分析方法有意识地进行一些比较和取舍，则可以大大提高分析报表的效果。

最后，所谓“常规”，是为了有别于使用大数据工具分析挖掘出来的那些“相关性”关系。这些关系很多时候也是以“比较”的方式呈现出来的。

专题大数据分析

“6类分析法”中的最后一类是“专题大数据分析”，其和前面所有的5类分析法有所不同。前面的5类分析法，都是人为地根据某种“思维框架”来分析数据。而大数据分析，是从大量的数据入手，通过各种大数据工具(比如统计工具)来寻找到数据之间的关系，比如零售品类的“亲缘分析”。虽然那个著名的“尿布和啤酒”的故事后来被证明是杜撰出来的，但这一点都不会降低“亲缘分析”对零售商的重要性。例如，对于促销来说，你最好不要对有亲缘关系的商品同时促销，因为这会大大牺牲你的毛利率。但是，你首先得知道哪些商品之间是有亲缘关系的。这种关系，是无法凭主观经验得到的，只能是用大数据工具对大量的销售数据进行相关性分析来获得。

在“6类分析法”中大数据分析的独特意义在于：它可以用来发掘那些尚不为我们所知的“关系”。但是，既然这些关系尚未可知，那我们如何才能将大数据分析有机地结合到企业完整的分析体系和分析架构中去呢？其实答案很简单：至少在现阶段，大数据分析都是围绕着不同的“专题”进行的，比如“亲缘分析”、对顾客的“推荐算法”等。也就是说，大数据分析只是使用的手段和工具不同，但它也是针对各种“分析主题”的。这就让我们可以很从容地把各种“专题大数据分析”编织到整个数据分析框架中去。

小结

当前的企业数据分析领域，一方面是“技术主义”，厂商和企业技术人员关注的是各种商务智能、企业绩效管理、大数据、内存计算等技术平台；另一方面是“经验主义”，老板希望利用内部或者外部“专家”的行业和管理经验照搬来一套管理体系，岂不知“天下没有两片相同的树叶”。这两种倾向都是这个领域发展初期的必然。但是，现在应该是时候在“技术”和“经验”之间树上几根柱子，搭上一个框架了。本章要解决的问题即在于此：“分析路径法”加“6类分析法”构成了一个非常实用的企业数据分析的方法论框架(可以简称为“P6C框架”)。试试吧，它一定不会让你失望的。

第四章

资源-能力-价值模型(RCV模型)

痛点吐槽

大概十来年前，中国的企业信息化开始迎来了一次高潮。那是以石油天然气、电力、矿业等行业的龙头巨无霸企业开始大规模地采购并实施大型企业资源计划(ERP)软件为代表的。在这之前，ERP软件已经在各类制造业悄然推广了也有差不多十年。但是，无论从企业大小上看，还是从项目规模上看，其都无法和这一拨浪潮相提并论。

在一个大项目接着一个大项目的过程中，我们的一项主要工作是说服企业那些“ERP不适合石油行业”、“ERP不适合电力行业”等说法是大错特错的。为此，我们除了广征博引全球同行业案例以外，还不辞辛劳地为这些行业定制适合他们的“ERP方案”。比如，在电力行业和石油上游行业中将生产计划模块拿出去，将设备维护和项目管理模块作为重点引入整体方案，等等。我们真诚地相信ERP系统将从根本上提高这些企业的资源利用效率，而且一定会大大降低他们给全社会提供的产品的价格。

这些超级大项目绵延了十来年，从“十一五”、“十二五”，一直到现在“十三五”，还在以各种形式继续进行和深化。有些企业的总投资已经超过了几十个亿。实事求是地讲，这些项目大大提高了这些企业的信息化水平和管理水平。何况，我们再也不会认为光靠信息化就能把电价或者油价降下来。但是，企业资源计划(ERP)系统真的实现了说好的“资源优化”的承诺了吗？要知道，“信息化”和“资源优化”毕竟是两个词。

拍案惊奇

一个让你惊奇的事实是：在资本密集型和基础设施型的行业，目前的企业资源计划(ERP)系统能够“集成高效地处理业务”，但很难为企业“优化资源”。

说到这里，请您暂缓拍砖，耐心听我解释。我的解释首先从企业资源计划(ERP)系统在制造业如何帮助企业“优化资源”说起。图4-1是典型的制造业ERP整体流程图。如果把图中的整个大流程比作一条“龙”，那么“龙头”就在右侧的销售业务。所以，ERP的逻辑就是：根据销售(订单、计划、预测)来决定(计划)资源，从而达到优化资源的目的，因此被称为“企业资源计划”。比如，当中的物料需求计划(MRP，图4-1大流程中间的一个步骤)就是告诉企业在什么时候采购什么样的原材料，以及采购多少。最佳效果就是：既不多买，也不少买，在要用的时候刚好有。这样不就是帮助企业优化了“物”这项资源吗？

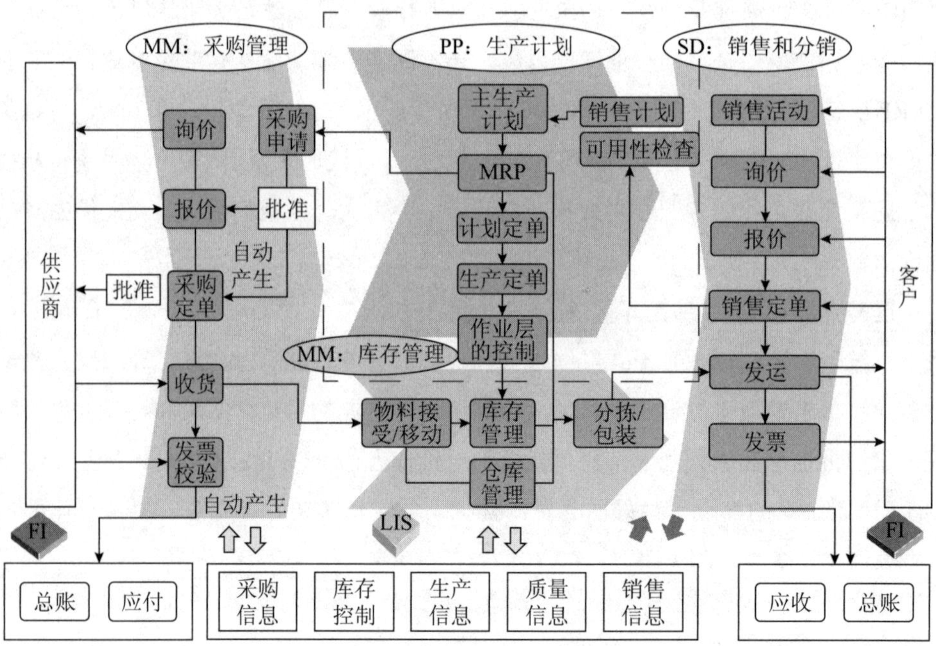

图4-1　企业资源计划(ERP)如何优化资源

ERP从MRP起源，后来不满足于仅仅优化“物”，所以发展成了制造资源计划

(MRP II)，就是要优化所有的“制造资源”。但是，大的逻辑还是以销售为龙头，来带动生产和采购的资源计划。所以，ERP的本质是通过以销定产、以销定购来优化企业对于资源的利用，或者说以“销售”为约束条件来计划资源。当然，优秀的ERP系统也将这条计划的“大龙”进一步发展成了一个“产、供、销、人、财、物”紧密集成的业务系统。

现在说回那些“资本密集型”和“基础设施型”的行业，比如电力、石油天然气、矿业、交通等。这些行业ERP方案的一个典型特征就是把“生产计划”模块(图4-1中虚线框部分)拿掉。这当然是因为这些行业不需要。但是问题来了：企业资源计划(ERP)中的计划的长龙因此被“斩断”了！人、财、物、采购等不再和销售挂钩，不再受销售约束了，而且在ERP系统中也找不到新的约束条件。这就是为什么我们说：ERP系统在这些行业很难实现“资源优化”的目的，而只是作为一个集成的业务系统存在。

我们进一步分析一个更深层次的问题：那这些行业，和制造业相比，它们的资源投入有哪些特点呢？

我们以电网行业举例。如图4-2所示，在电网行业，企业需要先投入各种各样的资源来建设并维护这样一张“网”。这张“网”具备能力来为企业的客户服务，并由此产生收入。所以，资源短期内很少直接受销售的制约，所以也无法像制造业那样拿销售做龙头来计划资源的获取和使用。

再比如，图4-3是货运铁路的例子。同样的道理，在这个行业，主要的资源被投入到铁路及附属产能的建设和运行维护上面。如果你想“优化”这个行业的资源效率，就必须从“以销售为龙头”之外去寻找办法。

总之，在资本密集型和基础设施型的行业，大部分的资源被用于构建一种产能，以及维持这种产能的正常运行。因此，ERP的传统思维很难有助于优化这些企业的资源获取和使用效率。

对于上述问题，行业里较早就发现了。所以，从信息化方案的角度来说，虽然拿掉了“生产计划”模块，但增加了“项目管理”和“设备维护”模块。“项目管理”模块主要用于管理建设阶段的项目，以及运维阶段的大修项目。“设备维护”模块主要用于管理运维阶段的设备检测、保养、维修工作。这些方案进一步发展，就提出了企业资产管理(EAM)的理念。如图4-4所示，对于资本密集型行业来说，企业资产管理(EAM)体现了对于资产从设计计划，到建设，到运维，一直到退役的全生命周期的管理。EAM的提出和实现，让这些行业的ERP应用获得了很大的提升。

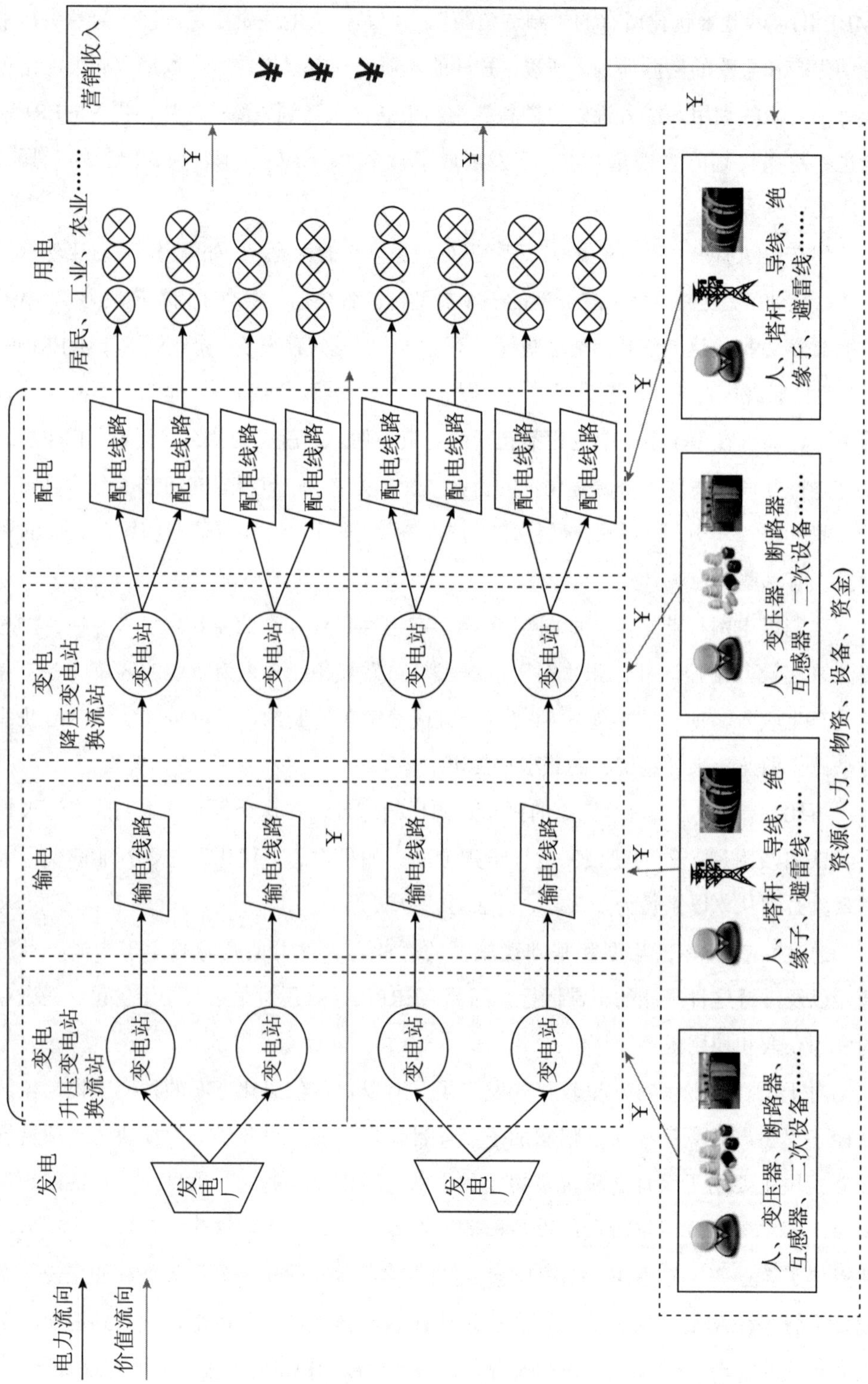

图4-2 公用事业行业的资源使用特点

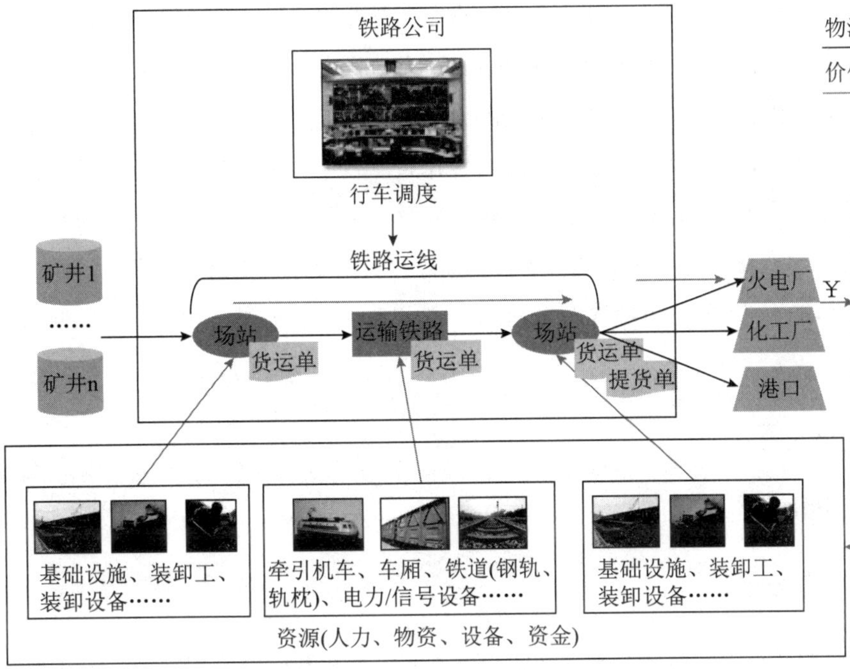

图4-3　交通运输行业的资源使用特点

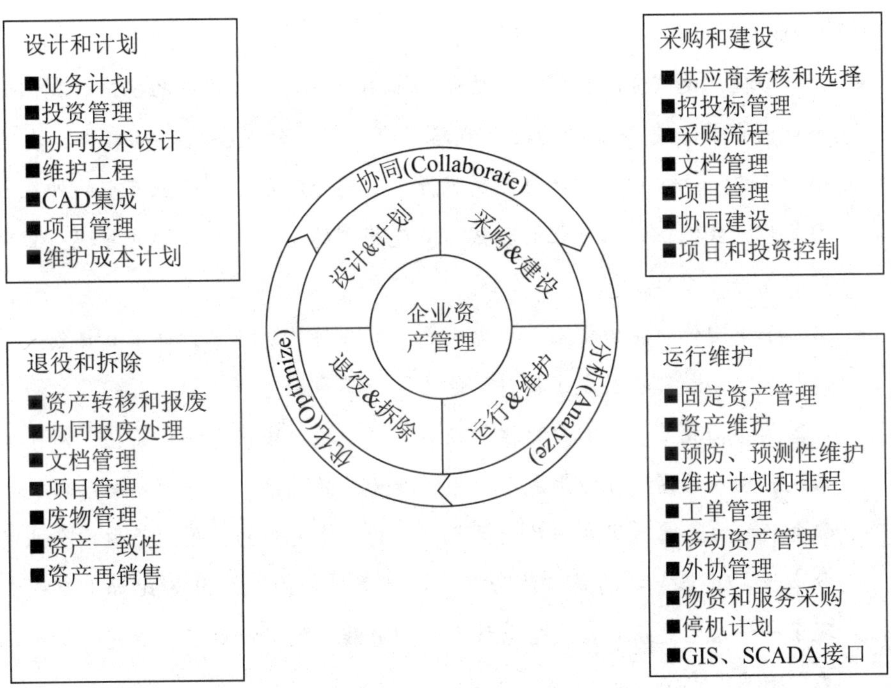

图4-4　企业资产管理(EAM)

不过，EAM虽然让资本密集型和基础设施型行业的业务流程变得完整(我们称之为“闭环管理”)，但是，它的重点并不是在“资源优化”上面。换句话说，即使你的业务流程是闭环的，它们仍然可能是浪费的。

如何在资本密集型和基础设施型行业优化资源效率？企业和信息化业内都做了不懈的努力。但是，现在看来，要解决这个问题，单单使用“流程驱动”的管理手段(比如ERP、EAM)是不够的，我们还需要动用“数据驱动”的管理手段。而本章所介绍的资源-能力-价值模型(RCV模型)就是一种思路。它主要是一种“分析”型的管理模型。

三个视图

当我们抛开流程的桎梏，来重新审视资本密集型和基础设施型行业，一些独特的但又是本质的发现浮现了出来。我们仍然以电网行业举例。如图4-5所示，我们看到了电网企业的管理存在“三个视图”。

- 第一个视图是“资源视图”。这是一个由有形的资源构成的视图。我们看一个电网企业，看到了它的输电线路、变电站里的设备、备品备件、电力大楼、员工。这些都是电网企业的资源。这些资源是整个企业有形的外在。正因为此，我们在做信息化的时候，首先想到的是对这些资源的管理：管理它们的各种业务和流程。
- 第二个视图是“能力视图”。电网企业的各种“资源”，并不直接创造“价值”，它们首先转换成了各种“能力”。不像制造业，你投入的原材料“显示器”，构成了你给客户提供的产品“电视机”中很大一块价值。对于电网来说，投入的各种资源形成了一张“能力”的大网，这张大网具备输、变、配电的能力，覆盖了某一片地区。“能力”是无形的，但对于电网企业的使命来说，真正重要的是“能力”，而不是“资源”。就好比如果有一天出现了一种效率更高的无线输电技术，“电线”就不重要了，但是“输电的能力”仍然很重要。

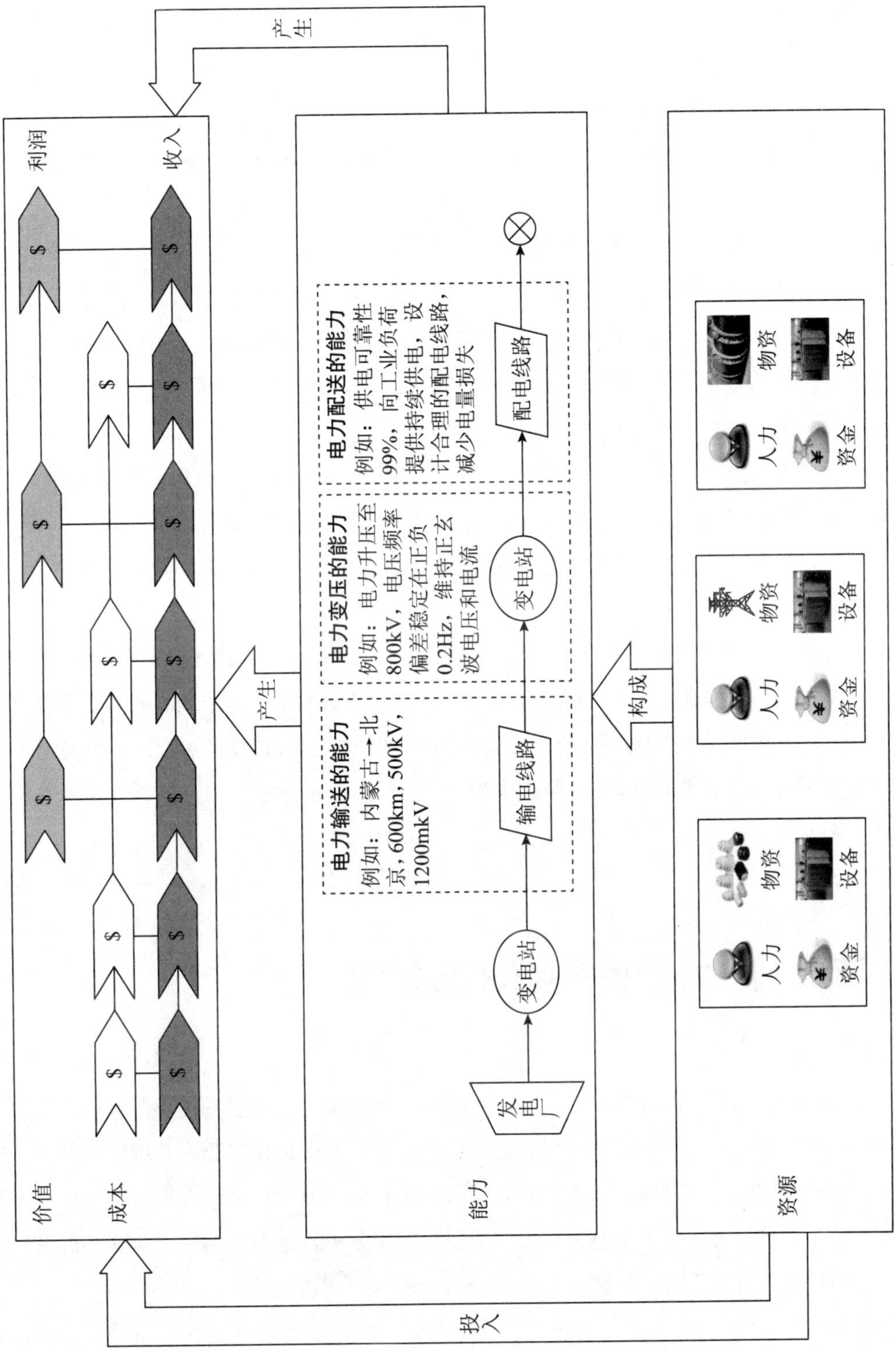

图4-5　三个视图：公用事业行业

- 第三个视图是“价值视图”。对于任何一个企业来说，最终追求的是“价值”。这是一个可以用货币来衡量的视图。在这个视图中，我们观察和评估各个环节的价值投入，同时，核算各个环节的价值产出。最后，我们期望企业的各个环节，乃至整个企业都能够“增值”，也就是产出大于投入。

这三个视图让我们从不同的角度来观察一个企业，同时，它们又是相互关联、相互转换的：资源构成了能力，能力产生了价值，而资源又消耗了价值。最后，只有当能力产生的价值大于资源消耗的价值，这个企业才有可能是成功的。资源、能力、价值，这三个视图，以及它们相互之间的转换效率，就是资源-能力-价值模型(RCV模型)的基础。

三个视图的分析普遍适用于各种行业，尤其是资本密集型行业和基础设施型行业。比如图4-6所示的铁路的例子，从三个视图的分析来说，就和电网非常类似。区别只是它的能力是铁路长距离运输的能力和场站装卸货的能力，而不是电网的输变配电能力。

而图4-7所示的快递物流行业的例子也很相似。快递公司的整个运力网络就是它的能力视图。要构成这个运力网络，企业也需要投入各种人、财、物、设备、场所等资源。和电网和铁路的不同点在于，快递行业的能力网络弹性更大一些，它可以根据市场的趋势变化比较灵活地调整资源部署，重新分配运力，从而实现价值最大化。

资源–能力–价值模型(RCV模型)

资源-能力-价值模型(RCV模型)是一种企业分析模型。它的目的是不断测量一个企业在资源获取、资源利用、价值创造方面的效率，从而优化资源，并持续提升整个企业的效益。在本书第三章“如何分析”中，我们将RCV模型结合价值链分析，对一个企业价值链的各个环节进行细化的资源效率分析，从而达到挤干水分、提高效率的目的。而本章则是对RCV模型的原理做一个更全面的介绍。

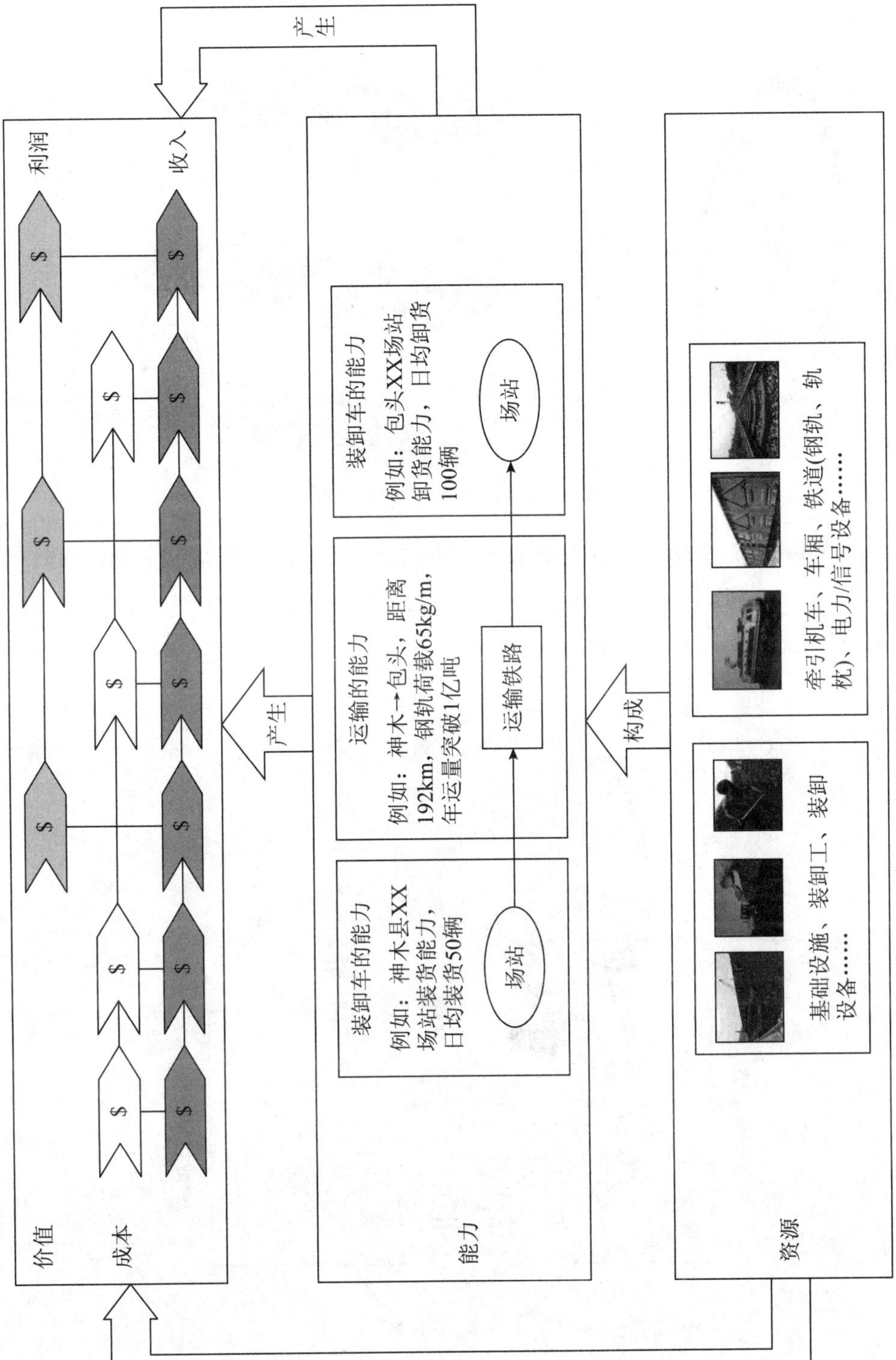

图4-6　三个视图：交通运输行业

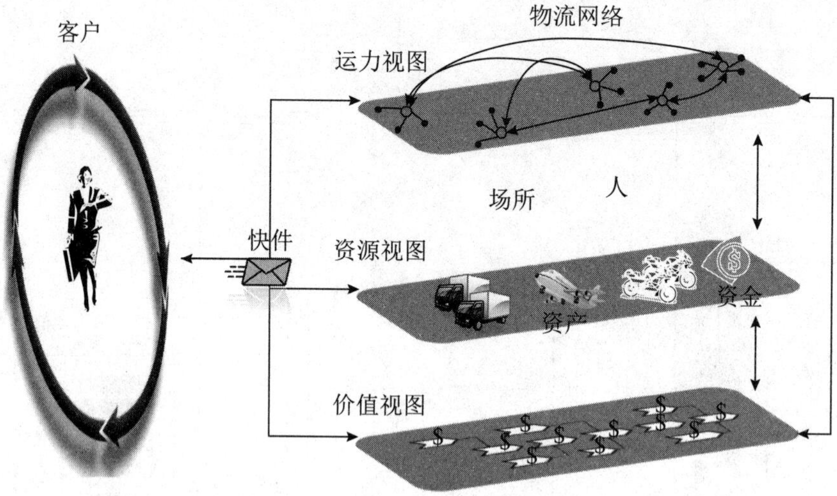

图4-7 三个视图：快递物流行业

如图4-8所示，资源-能力-价值模型(RCV模型)正是基于企业的三个视图。我们首先要做的是分别提取这三个视图的指标(往往是按照价值链、利润中心、工作中心、阿米巴等分段提取的)，并进行测量。

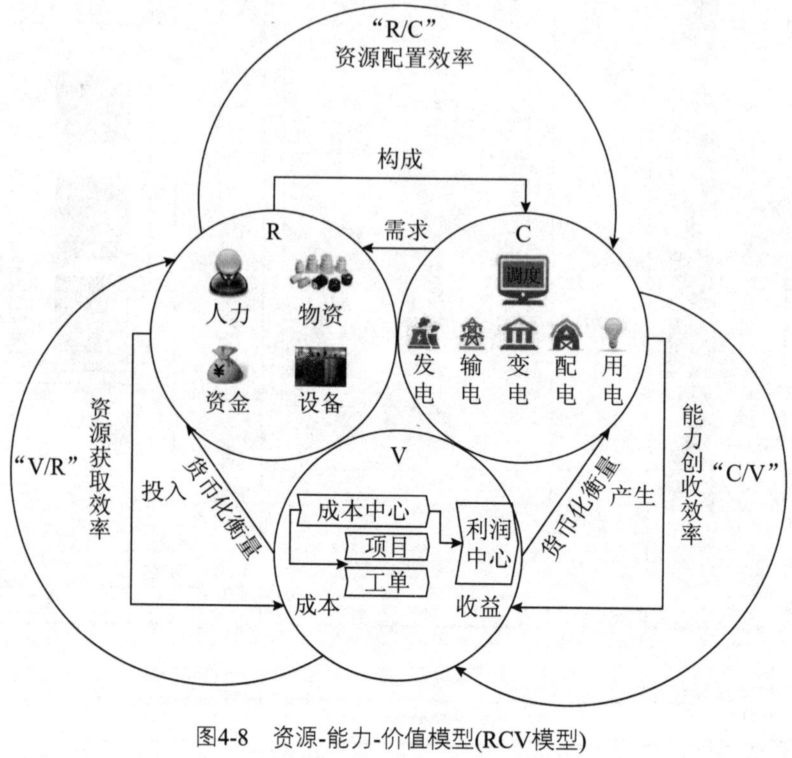

图4-8 资源-能力-价值模型(RCV模型)

这是基础，但还不是最关键的。最关键的是：我们通过“资源”、“能力”、“价值”之间的比较来分析各种效率。投入价值去换取资源的效率称为“资源获取效率”(V/R)；部署资源生成能力的效率称为“资源配置效率”(R/C)；而能力最终产生价值的效率称为“能力创收效率”(C/V)。这三种效率最后汇总到价值视图中就是“投入产出率”。所以，RCV是对于一个企业最终经营的结果(投入产出率，或者利润)进行分解，并追问问题所在的管理模型。如果这一段让你看得云里雾里，那你只需要回到第三章的“价值链分析-RCV模型”的例子，就会非常清楚了。当然，接下来我们也将对三个视图，以及三种效率的分析分别做出介绍。

资源(R)分析

首先是资源分析。因为有企业资源计划(ERP)、企业资产管理(EAM)等系统和理念的基础，一般企业对于资源的管理应该是驾轻就熟的。

对于分析来说，“资源分析”主要从两个维度展开(见图4-9)。一个维度是企业所有资源的“分类分级”管理体系。我们常说的资源从大类上来说就有人力资源、物资资源、固定资产(设备等)资源、场地资源、流动资金资源等。但对一个大型企业来说，在这些大的分类之下，还有多级的细分类，加上资产的内部归属问题和资产的明细信息管理问题。这就需要在企业数据分析这个层面上设计一套完整的资源分类分级管理体系，以及标准编码体系。

第二个维度称为“全生命周期”管理体系。虽然资源的性质不同，但每种资源对于企业来说，都会经历从计划、进入、使用、再到最后退出的过程。这个过程就是一个“生命周期”(lifecycle)。而对于不同性质的资源来说，这个过程的表现形式和细节又是不同的，如图4-9所示。虽然，各项资源的“全生命周期”的业务管理是由各种业务流程系统来处理的，比如集成的ERP系统、EAM系统，或者单模块的人力资源系统、财务系统、物资系统等，但是从数据分析的角度来说，我们也需要掌握资源在不同“生命周期”的情况。

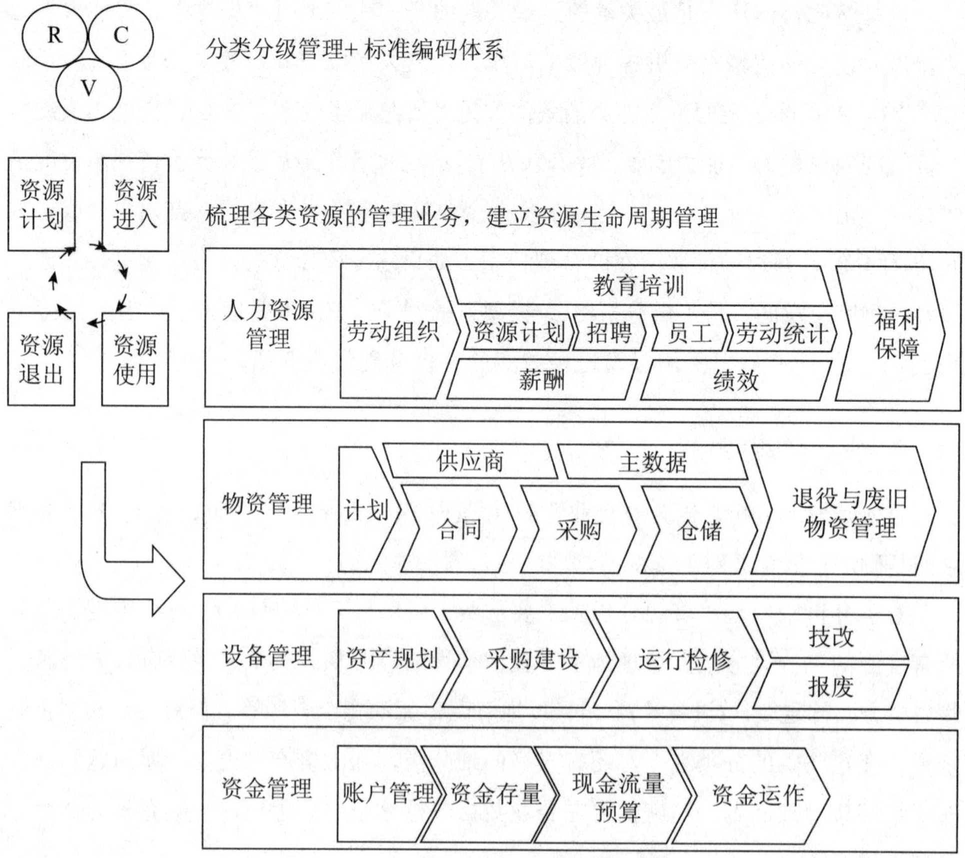

图4-9 资源(R)分析

能力(C)分析

在RCV模型的三个视图中，能力视图是行业特征中最显著的视图。如图4-10所示，对于电网行业来说，能力视图就是将整个企业按供电公司、供电局、供电所、输电线路、变电站、配电片区等层层细分，并规划和维护相关的输电能力、变电能力和配电能力。这些能力一般都以行业专用的技术指标来表述，比如，一段输电线路的能力可以按输电容量和输电距离表述为特高压、交流1000kV、距离210km。

如图4-10左下角所示，能力视图可以按价值链或者工作中心层细分成树状结构。每一个工作中心，根据其性质，都可以测量若干个“能力指标”。在工作中心分解的过程中，能力指标是会发生变化的。比如上述的输电线路下属的某个“维修班组”，它的能力指标就不是输电容量，而是不同等级的可用维修工时。

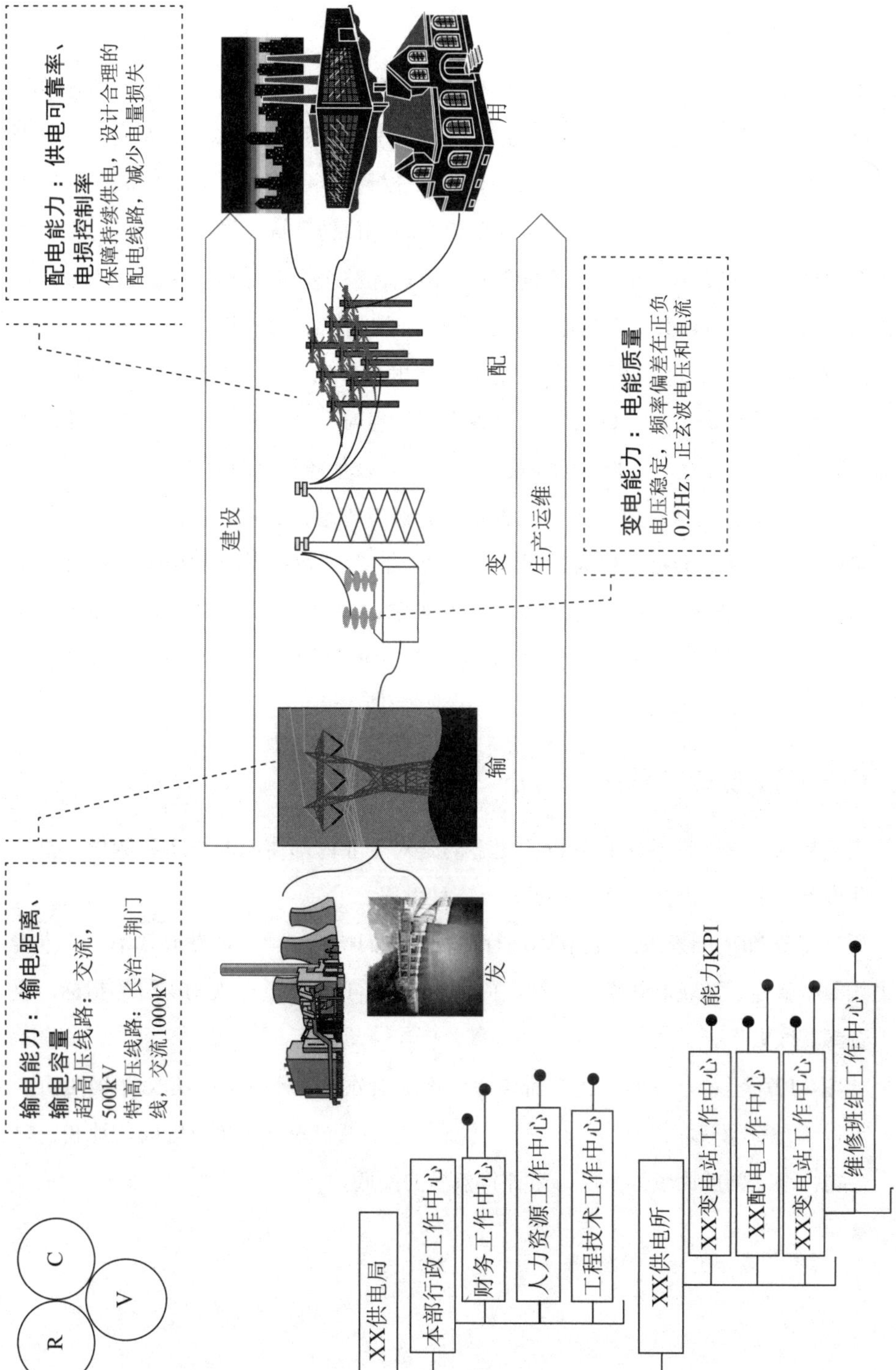
R
C
V
输电能力：输电距离、输电容量
超高压线路：交流，500kV
特高压线路：长治—荆门线，交流1000kV
配电能力：供电可靠率、电损控制率
保障持续供电，设计合理的配电线路，减少电量损失
变电能力：电能质量
电压稳定，频率偏差在正负0.2Hz、正玄波电压和电流
建设
生产运维
发
输
变
配
用
XX供电局
本部行政工作中心
财务工作中心
人力资源工作中心
工程技术工作中心
XX供电所
XX变电站工作中心
XX配电工作中心
XX变电站工作中心
维修班组工作中心
能力KPI

图4-10 能力(C)分析

价值(V)分析

价值分析有两层含义。一层含义是从财务和货币的视图，对企业内部的各单位进行投入和产出的分析(参见第三章图3-4的箭头④)。如图4-11所示，企业内部可以划分成成本中心和利润中心，以及其他一些可以分析投入产出的对象，比如项目、工单等。根据企业内部的价值链，上游的单位会将价值转移到下游单位。每一个单位都需要保证自己的产出至少不小于投入，从而保证整个企业处于一种持续“增值”的状态。本书第六章还会对阿米巴和利润中心体系做详细的介绍。

价值分析的第二层含义是各单位的实际产出，参见第三章图3-4的“价值(V)”行。这种实际产出的衡量，既可以是财务指标，也可以是非财务指标。对于非财务指标来说，它们往往是能力指标的实际使用量，所以是经常变动的。

我们在很多行业会对信息化系统进行“分级”管理，比如，ERP系统、财务、人力资源等系统有时会被定位为“四级”系统。而制造执行系统(MES)、SCADA系统、CIMS系统等离机器设备更近的系统，会被定位为“一级”到“三级”系统。在多数情况下，价值分析的非财务指标往往无法从ERP等四级系统中获得，而要从更下层的生产系统中获得。

资源获取效率(“V/R”)分析

上述针对三个视图的三种分析，更多的是对企业内部情况的描述和测量。要拧干企业内部的水分，提升效率，需要分析三种效率。

通过将资源(R)同投入的价值(V)进行比较，我们得到了“资源获取效率”。事实上采购效率就是资源获取效率的一种。但是，如图4-12所示，像人均工资等指标，也属于资源获取效率。

如图4-12所示，一方面，我们需要通过资源项分项来分析资源获取效率(更直观地，可以说是资源获取“价格”)。另一方面，我们通过对同类单位之间的比较，以及和公司标准之间的比较等手段，来评价效率的高低。

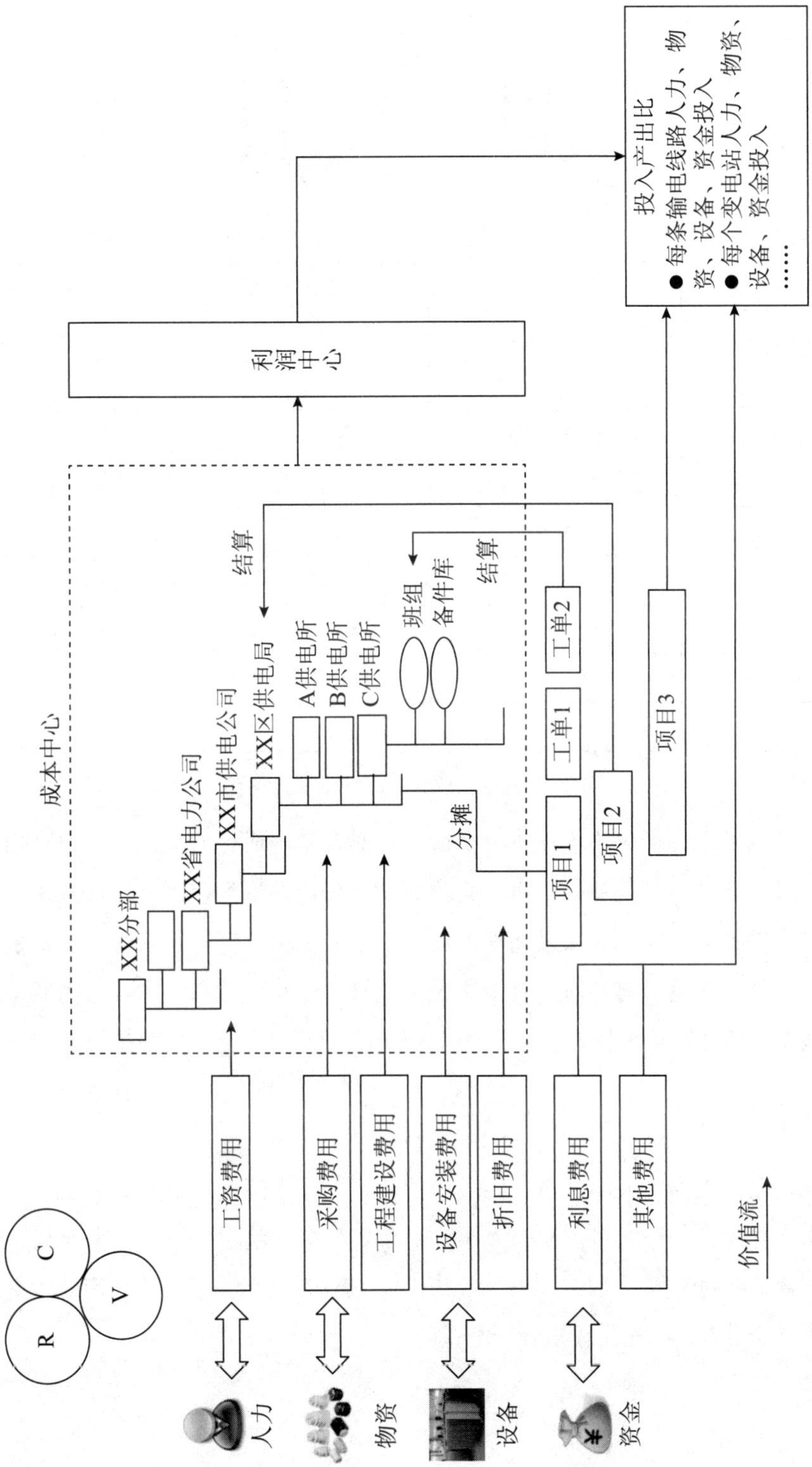
R
C
V
人力
物资
设备
资金
工资费用
采购费用
工程建设费用
设备安装费用
折旧费用
利息费用
其他费用
价值流
成本中心
XX分部
XX省电力公司
XX市供电公司
XX区供电局
A供电所
B供电所
C供电所
班组
备件库
结算
结算
分摊
项目1
项目2
项目3
工单1
工单2
利润中心
投入产出比
●每条输电线路人力、物资、设备、资金投入
●每个变电站人力、物资、设备、资金投入
……

图4-11　价值(V)分析

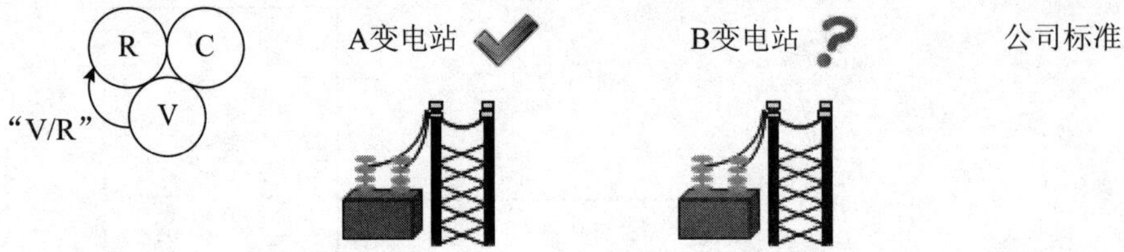

资源项	A变电站获取价格	B变电站获取价格	公司标准
土地征用费	XXX元/亩	XXX元/亩	XXX元/亩
土建施工费	XXX元/平米	XXX元/平米	XXX元/平米
……			
XX型变压器	XXX元/台	XXX元/台	XXX元/台
……			
设备安装费	XXX元/台	XXX元/台	XXX元/台
……			
工资	XXX元/人月	XXX元/人月	XXX元/人月
XX型备件	XXX元/个	XXX元/个	XXX元/个
……			

图4-12 资源获取效率(“V/R”)分析

资源获取效率分析的难点在于“资源”未必都是同质化的。比如人，平均工资水平低，对企业并不见得就是好事。再比如，对于像咨询行业、设计行业这些智力劳动、创新劳动的行业，大家最痛恨的就是“最低价中标”，而且对企业也是非常有害的。但是，无论如何，对于企业来说，测量资源获取效率，尤其是同质化资源的获取效率，还是绝对必要的。

资源配置效率(“R/C”)分析

我们通常所说的“人浮于事”，反应的就是一种资源配置效率低下的情况。同样的两个变电站，一个人多，一个人少；一个备件多而乱，一个备件少而精，这都是资源配置效率的不同。所以，如图4-13所示，资源配置效率是通过耗用的“资源”和生成的“能力”之间相比较来分析衡量的。

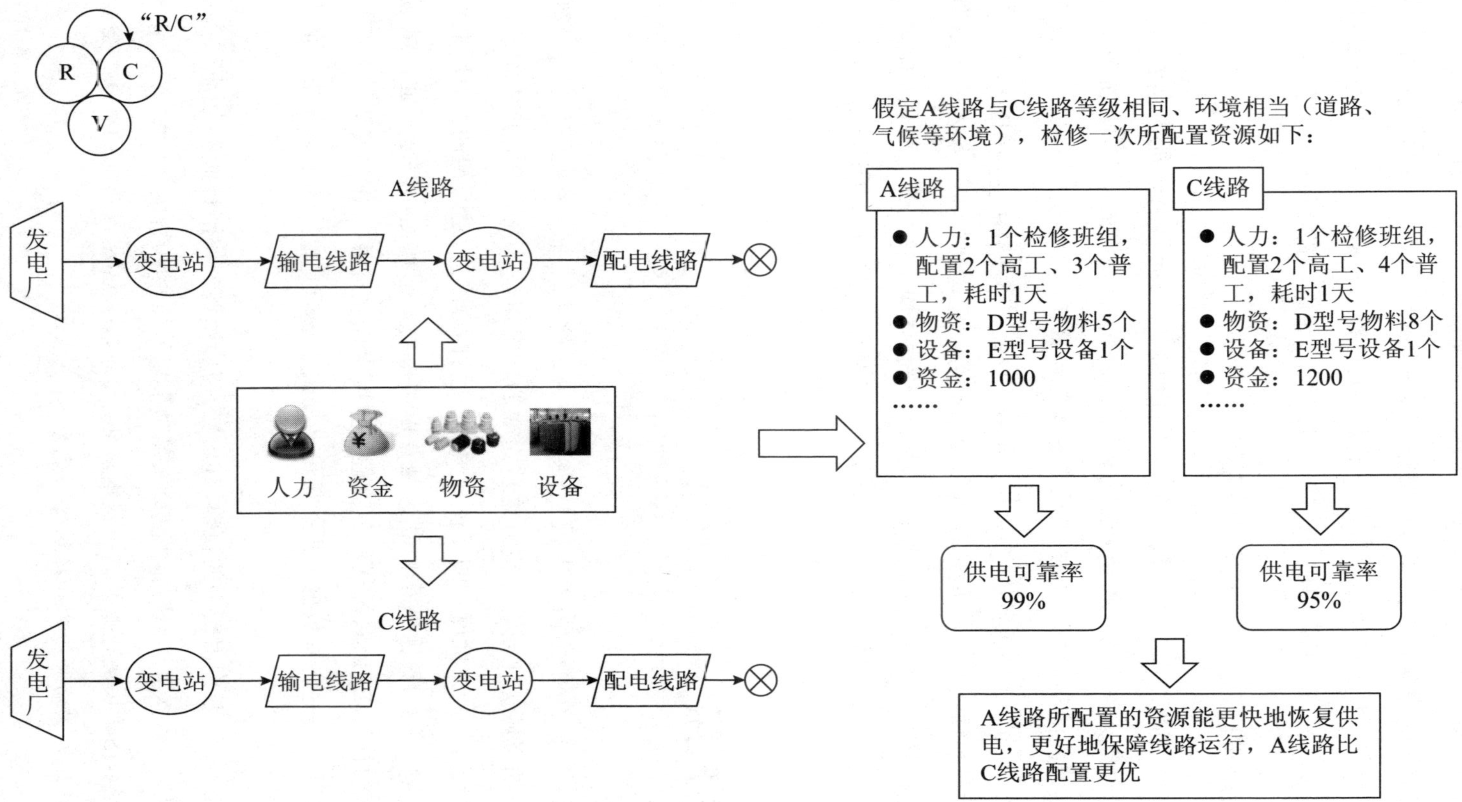

图4-13　资源配置效率(“R/C”)分析

当然，相同或类似的能力之间资源配置的区别容易比较，比如两个变电站，两段输电线路等。但是，不同却有一定替代性的几种能力之间如何分配资源，就是一个难点。比如，后面在快消零售的例子里，同样投入资源开门店，如何根据地区市场的不同确定A、B、C类门店(见图4-19)的比例，也属于资源配置效率分析。

能力创收效率(“C/V”)分析

能力(包括产能)是否创造了足够的价值？这个问题通过能力创收效率来回答。能力创收效率是通过价值和能力相比较计算的。价值指标可以用非财务指标，比如输电线路的实际负荷，维修班组的实际维修工时等。这一类的“能力创收效率”就包括了常用的产能利用率、开工率等。图4-14就反映了电网的产能利用率。

另外一种情况是：价值指标可以使用财务指标，比如各种收入。比如商业地产、零售、餐饮等行业普遍使用的“坪效”指标就属于这一类。还有，比如铁路、收费高速公路、城市地铁等行业的“每公里年收入”指标也属于这一类。

行业应用

资源-能力-价值模型(RCV模型)最初是为了解决“资本密集型”和“基础设施型”行业的资源优化问题、提升这些企业的效率而设计的。但是后来发现，“资源”、“能力”、“价值”的三种视图对于各行各业是普遍适用的。而原来被隐藏着的这三者之间的转换效率问题也是普遍适用的。即使是在制造行业，虽然有些企业的资源计划(ERP)系统从业务流程的角度来优化资源，RCV模型仍然是一个非常有益的补充——它从数据分析的角度，提供了一套完整的体系，来帮助企业发现问题。

在这一节，我们用较少的篇幅，以“带门店销售的快消行业”为例子，看一下RCV模型在“资本密集型”和“基础设施型”以外行业的应用。

- 图4-15是快消行业的三个视图。其中，能力视图根据行业的特点，会分析生产能力、物流能力和终端动销能力等。

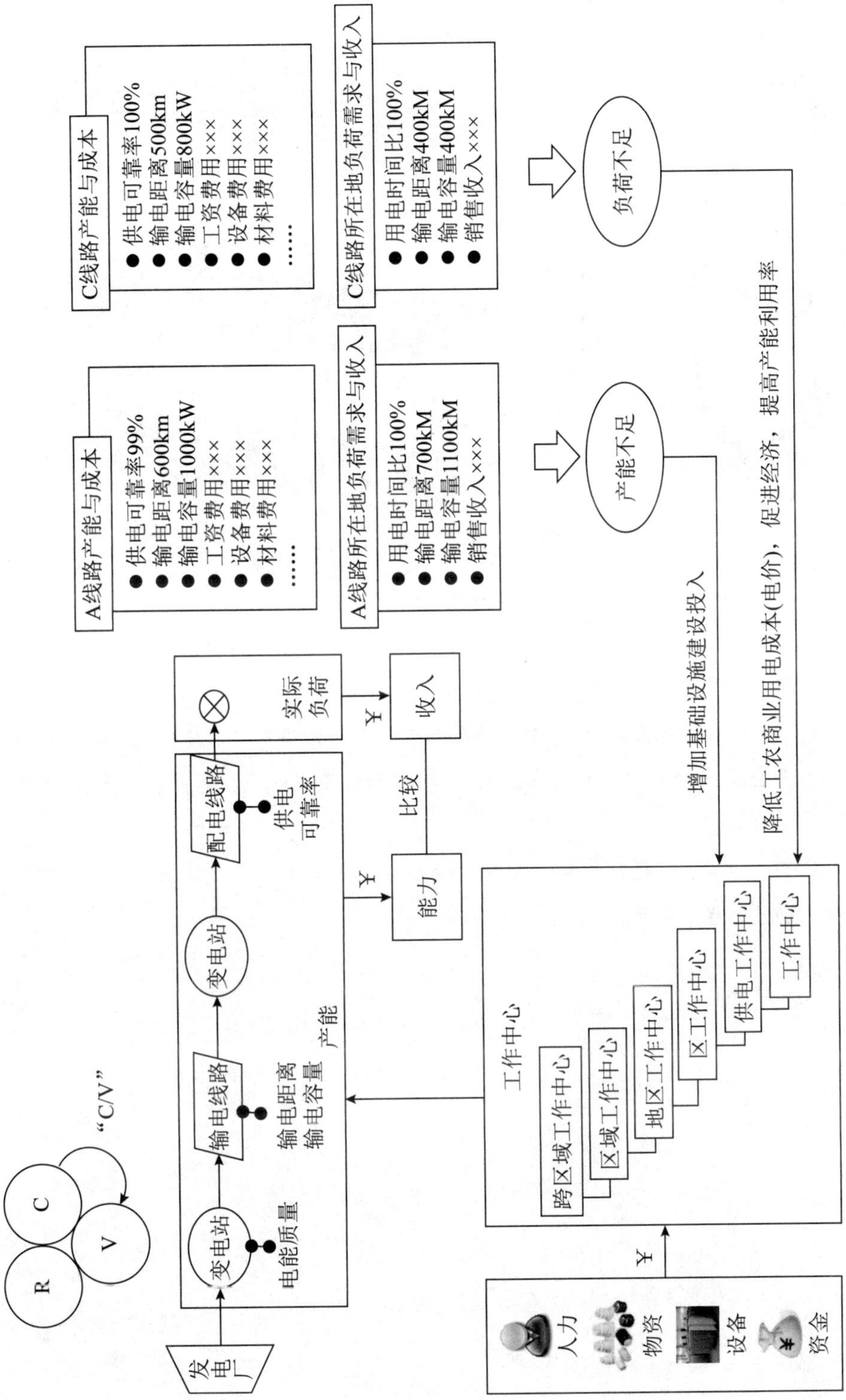

图4-14 能力创收效率（"C/V"）分析

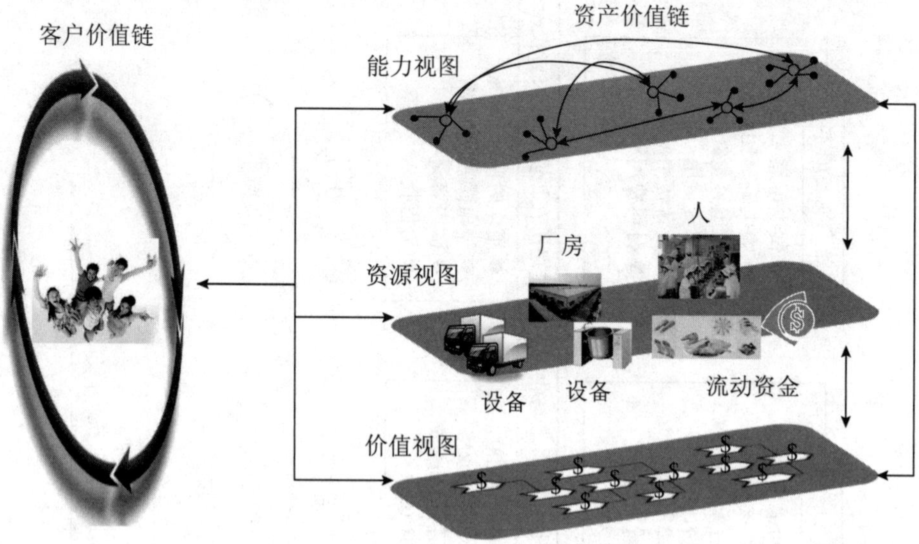

图4-15 快消行业：三个视图

- 资源(R)分析和上文类似，这里略过。
- 图4-16是能力(C)分析。根据企业的价值链，划分成多层的工作中心。每个工作中心确定并测量一系列能力指标。
- 图4-17是价值(C)分析。除了根据成本中心和利润中心来分析投入产出以外，还会根据快消行业的特点，对多维度(如产品、区域、客户、季节等)进行价值分析。
- 图4-18是资源获取效率("V/R")分析。图中的例子是比较两个工厂各项资源的获取成本和价格。

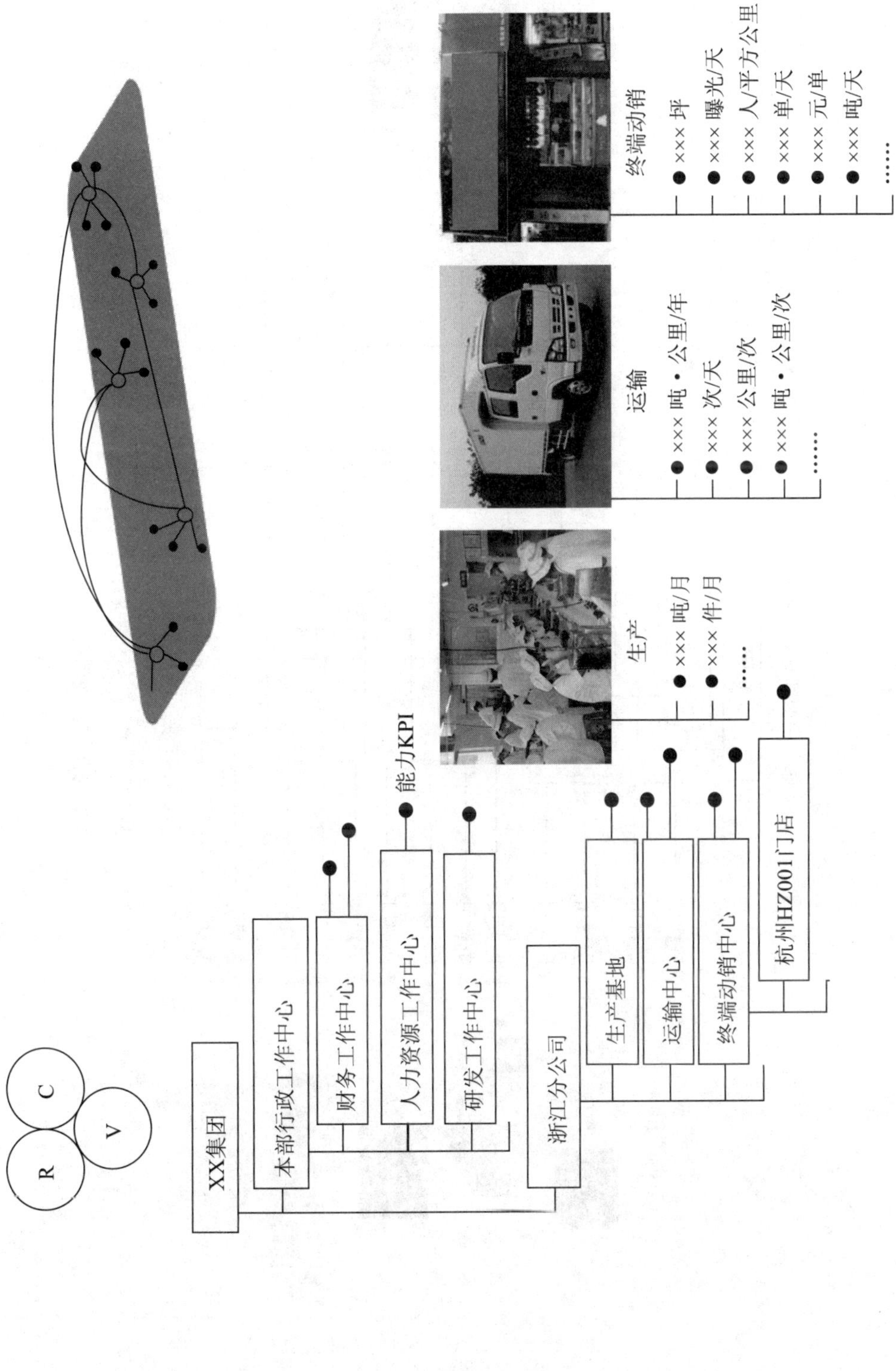

图4-16　快消行业：能力(C)分析

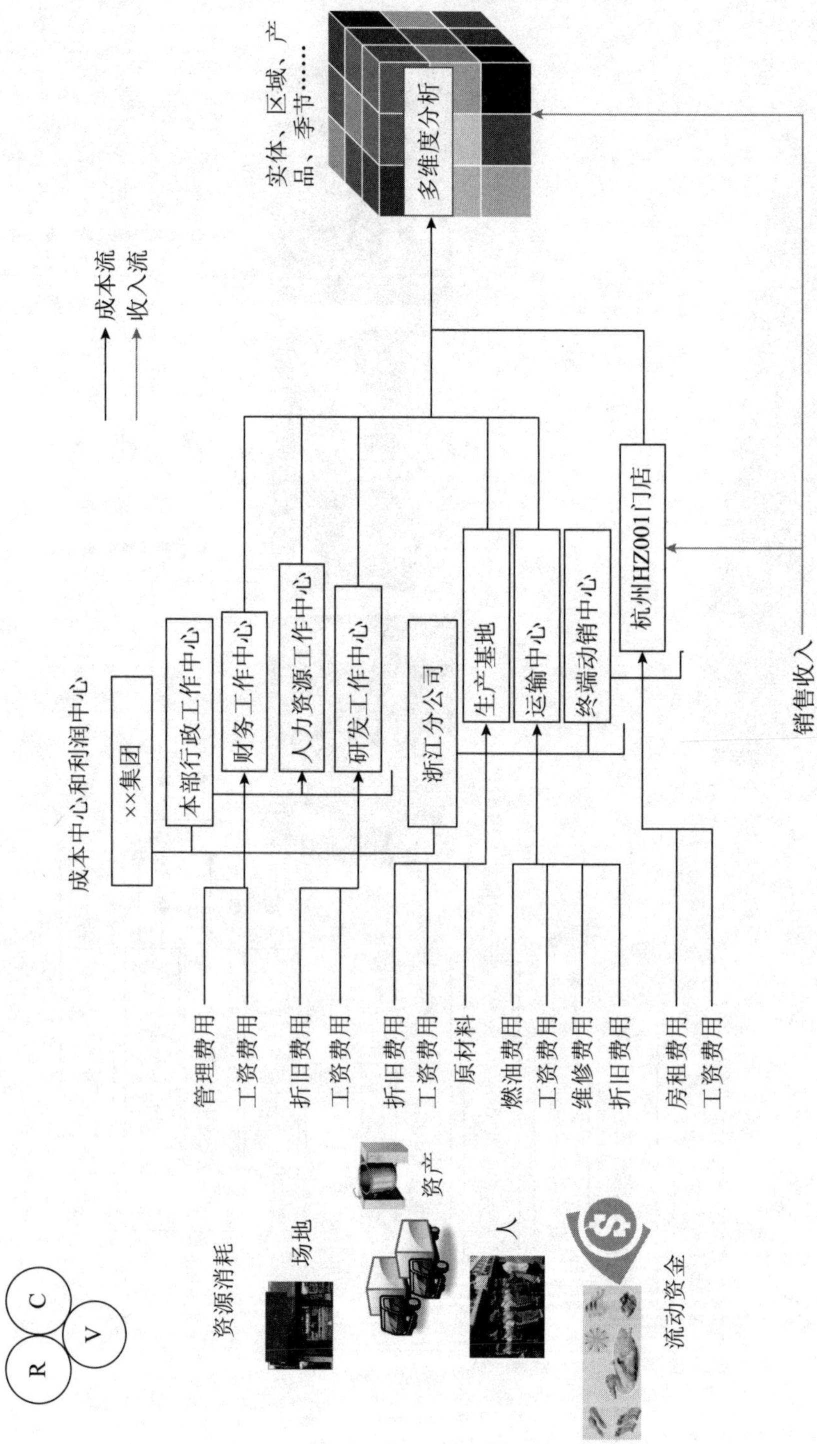

图4-17 快消行业：价值(C)分析

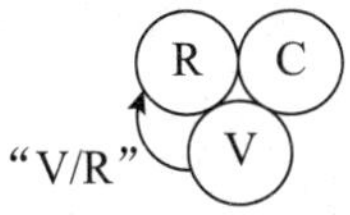

	A工厂✔	B工厂?	企业标准

厂房 	1650元/平方米	2130元/平方米	2000元/平方米
设备 	65000元	86000元	70000元
人员 	5000元/月	5600元/月	4500元/月 ?
原材料 	2400元/吨	2800元/吨	2500元/吨

图4-18　快消行业：资源获取效率(“V/R”)分析

- 图4-19是资源配置效率(“R/C”)分析。图中先是分析不同省分公司在不同类型的门店上投入的比例，随后按省和门店类型比较单店的资源投入。

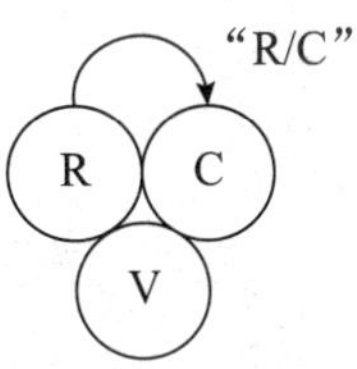

	A类店 高人流、高曝光 (如地铁站店)	B类店 高密度(如居民区店)	C类店 低成本

浙江	22%	35%	43%
江苏	39%	45%	16%
企业标准	30%	40%	30%
浙江			
- 单店面积	××× 平方米	××× 平方米	××× 平方米
- 单店店员	×× 人	×× 人	×× 人
- 单店外卖员	×× 人	×× 人	×× 人
- 单店设备	×××	×××	×××
江苏			
- 单店面积	××× 平方米	××× 平方米	××× 平方米
- 单店店员	×× 人	×× 人	×× 人
- 单店外卖员	×× 人	×× 人	×× 人
- 单店设备	×××	×××	×××
……			

图4-19　快消行业：资源配置效率(“R/C”)分析

● 图4-20是能力创收效率(“C/V”)分析。图中按省和门店类型比较平均坪效、单量、客单价等能力创收指标。

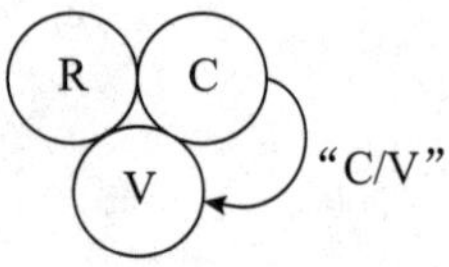

	A类店 高人流、高曝光 (如地铁站店)	B类店 高密度(如居民 区店)	C类店 低成本

浙江			
- 单店营收	××××元/店	××××元/店	××××元/店
- 平均坪效	××× 元/平方米·年	××× 元/平方米·年	××× 元/平方米·年
- 单店单量	×××单/店·年	×××单/店·年	×××单/店·年
- 单人单量	×××单/人·年	×××单/人·年	×××单/人·年
- 客单价	××元/单	××元/单	××元/单
……	……	……	……
江苏			
- 单店营收	××××元/店	××××元/店	××××元/店
- 平均坪效	××× 元/平方米·年	××× 元/平方米·年	××× 元/平方米·年
- 单店单量	×××单/店·年	×××单/店·年	×××单/店·年
- 单人单量	×××单/人·年	×××单/人·年	×××单/人·年
- 客单价	××元/单	××元/单	××元/单
……	……	……	……
企业标准			
……	……	……	……

图4-20　快消行业：能力创收效率(“C/V”)分析

小结

和企业分析相关的大型管理模型最有名的要数“平衡计分卡”。但在现实中，平衡计分卡的实施难度比较大。个中原因，一言难尽。我想部分和它源自哈佛，必须要作为战略工具有关。所以，当我们做企业数据分析时，仍然需要一套指导性和实操性更强的模型。

资源-能力-价值模型(RCV模型)其实非常直观，只要第三章图3-4一张图就能理解。而本章力图对这个管理模型的本质解释得更清楚一点(希望没有达到反作用)。总之，当你对企业内部一大堆报表和指标发愁的时候，试试RCV模型吧，它会让你豁然开朗的。

THE DATA-DRIVEN MANAGEMENT

第三篇 加 工

第五章
合并和格式报表

痛点吐槽

英语里有个俚语叫“Pain in the ass”，字面翻译是“屁股里的痛”。我们的老祖宗要文雅很多，表达类似的意思用的是“如芒在背，如鲠在喉”，或者白话一点就是“眼中钉，肉中刺”。我不知道老外的屁股里有什么问题，让他们这么痛，但是如果要形容企业信息化中合并报表的问题，那“Pain in the ass”绝对是最贴切的说法，没有之一。

1998年，在我第一个ERP项目中，本着初生牛犊不怕虎的精神和对ERP软件的绝对信任，我接受了一个额外的任务：实施ERP中的合并报表子模块。在历时6个月、耗费大量心力之后，我最后选择放弃——只能用EXCEL给客户编个能实现自动抵销的模板(好在客户规模很小，只有五六家法人单位)。这是当年ERP软件合并报表子模块的第一个版本，当时这个子模块隶属于财务模块。后来，这个版本被废掉，第二个版本被挪到了ERP中一个新的“集团管控”模块。该模块还包括了战略管理(如平衡计分卡等)、利润中心、战略信息系统等子模块。结果还是不行，后来整个“集团管控”模块从ERP中搬到了新出现的数据仓库平台上。当时的业界已经发现合并报表功能必须放到更具灵活性的“数据驱动的”平台上才能实现，在“流程驱动的”平台(如ERP)上是无法实现的。从2006年开始，我们在一家特大型石油石化企业实施这个第三版。结果又发现功能不足，需要大量二次开发。这个版本在这家企业一直使用到现在，但也是依靠着这家企业自身强大的资源投入和技术运维能力。期间，仅仅到2007年，原厂商就终止了第三版的继续开发，而通过收购，将技术路线转向第四版。2008年，在另一家横跨海内外，包含多个行业超过1200家下属法人单位的特大型国资企业，我们选择了另一个全球性的合并报表软件。但是，仍然吃惊地发现，软件的功能严重不足，各种抵销规则基本上都需要通过平台的脚本语言进行开发，连“合并工作底稿”都没有标准功能，实施成本巨大。

拍案惊奇

对于“合并报表”，存在一个“认知鸿沟”：企业老板和用户理所当然地认为“合并报表软件(或模块)”应该很成熟，功能应该很自动化，实施起来应该很容易。但软件业现状却绝非如此。

首先必须承认：企业老板的这种想法是绝对合情合理的。试想，合并报表是财务会计的一项“硬”任务啊。只要一个企业有超过两家法人，就一定要合并报表。如果需要合并报表，手工合并尚且可以，使用财务软件合并报表自然也不在话下吧？

但是，现实就是让人吃惊的：能够人工做出来的，软件未必能够自动做出来。合并报表这个问题不论从财务会计的角度，还是从软件技术的角度来说，都是颇有难度的。结果就是：在这个领域，真正令人满意的软件平台虽说不是没有，但绝对是凤毛麟角。

也正因为如此，很多信息化的“老鸟”，无论是乙方，还是甲方CIO会想办法“推迟”合并报表上系统。但这也存在很大的管理上的问题。

合并报表系统非常重要。它不仅仅是财务的“硬”任务。事实上它是大型集团管控的基础。包含管理报表体系的合并报表系统本身就是集团管控的最重要组成部分之一，是“推迟不得”的。

上文提到的那家包含1200多家下属法人的多元化企业，在集团信息化推进中的第一个项目就是啃“合并报表”这个硬骨头，原因就在于它对于集团管控具有举足轻重的作用。在这个项目中，整个集团通过一次数据采集能够自动生成三套报表体系：一套是中国大陆的法定报表；一套是中国香港的法定报表；一套是集团管控的利润中心6S管理体系报表。对于这样一家超大型的，又是非常多元化的企业集团，以财务管控、资产管控和战略管控为目标的“合并报表”系统，其重要性要大于下属某个行业利润中心的流程驱动的ERP系统。

“最后一公里”问题

对于集团企业来说，合并报表也是“格式报表”的基础。所谓“格式报表”，就是指具有固定格式的报表，比如上市公司的财务报表、纳税申报表、我国国资委要求的监管报表等。因为这些报表往往是企业外部要求的，所以这个领域也被称为“披露管理”。当然，“格式报表”不一定是企业外部的要求，企业内部管控体系要求的固定格式报表也包含在此列。

合并报表和格式报表的编制，是企业财务部门日常工作的最后一个环节，所以，也被形象地称为财务工作的“最后一公里”。然而，对目前大多数企业来说，这“最后一公里”的现状是怎么样的呢？

图5-1是一个典型的手工合并报表场景。在“最后一公里”，财务人员需要把ERP、财务软件或者别的软件中的数据下载到各种EXCEL表簿中。然后，在EXCEL表簿中手工完成财务合并，同时在另外的EXCEL表簿中手工编制各种内部管理报表。因为财务合并和管理报表一方面必然存在“口径”的不同，另一方面下载取数和手工编制又非常容易出错，所以，比较严谨的做法是还需要手工编制两者的差异分析表，管理报表才能使用。

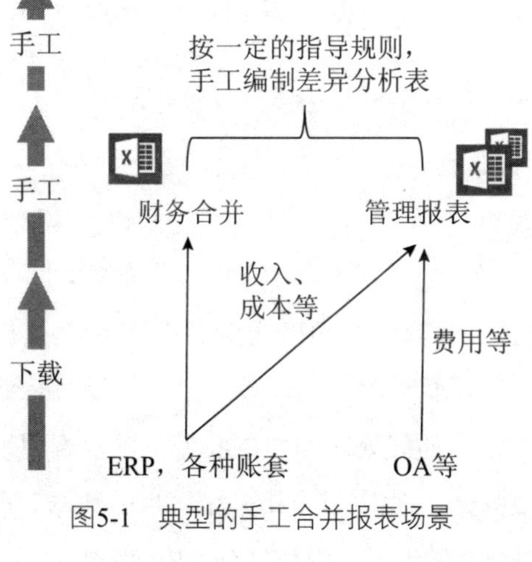

图5-1　典型的手工合并报表场景

这个“最后一公里”的过程是如此地繁琐复杂，而且特别是对于有一定规模的集团企业来说，必然涉及各个层次的很多人(比如审批)和很多版本。而且，“最后一公里”的“断裂”，让ERP系统引以为傲的“钻取”和“单据流”功能也随之“断裂”。最后的结果就是如图5-2所形象展示的“混乱的最后一公里”。

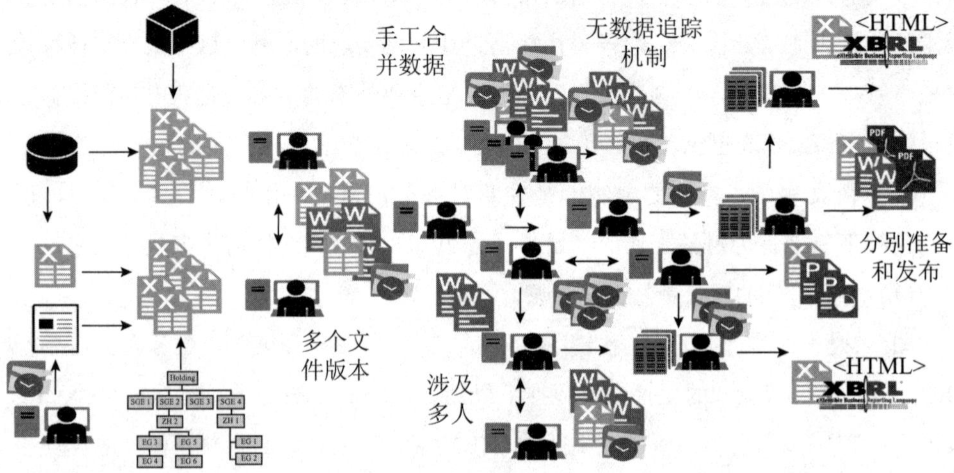

图5-2　混乱的最后一公里

在这样一种管理模式下，企业财务部门要按时把报表做出来，已经是汗流浃背，如何能够提高管理水平？

总体方案

图5-3是我们认为的当前软件技术水平下的最优方案。

首先，合并报表(包括管理合并和格式报表)被基于“数据驱动的”软件平台，而不是像ERP这样的“流程驱动的”的软件之上。经过了行业内的一系列弯路，我们现在知道这样做有非常大的好处。比如，我们可以很方便地抽取各种系统中的数据，并将它们整理和规范化，也可以直接采集填报的数据。所以，如果你下次再听到有人对你说“这一期合并做不了，因为只有等ERP实施完了，才能有数据，才能合并”，你就能判断：对方要么在忽悠你，要么自己也不懂。另一个显著的好处是灵活性(包括界面灵活)，还记得上一章我们谈到的“取填结合”、“高效建模”、“手自一体”这些特征吗？好的数据驱动平台的这些特征都能被合并报表所用到。

第二，合并报表和其他数据驱动的管理职能在“统一平台”之上。比如图5-3展示的管理分析、阿米巴经营、销售计划和预测职能，以及本书通篇谈到的所有主题，都在一个“统一平台”之上。这不仅意味着这些职能能共用一套统一规范的数据和数据抽取工具(ETL)，也意味着它们相互之间是“打通”的。

最后，我们来看一看典型的合并场景。图5-3的“合并报表”框内是一个财务系统分散，而且具有法定披露报表和内部管理报表双线条的合并场景。下面简要介绍一下这个合并大流程中的主要任务。

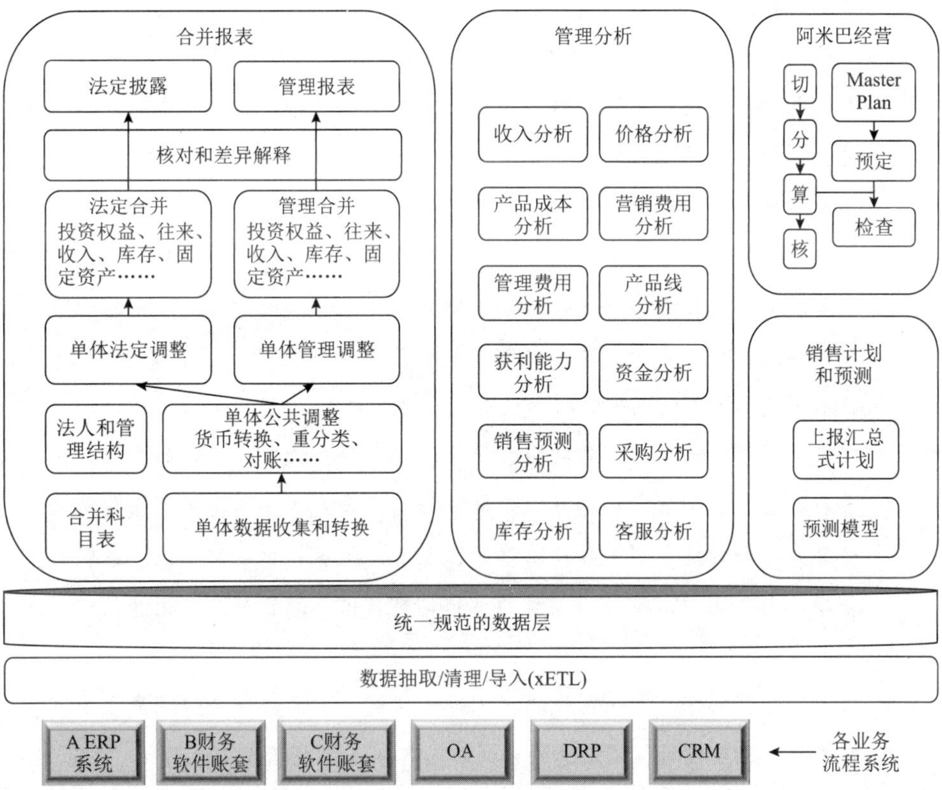

图5-3　总体方案

- 合并科目表，是法定报表和管理报表两个体系科目表的“合集”。各下属单位(也称为“单体”，下同)的科目表要和合并科目表进行匹配，以完成单体数据的自动抽取和转换。或者也可能单体根据合并科目表，在输入表格中手工输入数据(一般在单体信息化水平低的情况下，或者在系统过于分散的过渡阶段)。

- 法人和管理结构。其既包含法人单位之间的股权投资关系，也包含内部管理的实际经营管控结构。每个单体都被赋予唯一的编码。这个编码还会和单体的经营信息系统(如财务系统)及其内部单位编码(如公司代码、账套等)相匹配，以实现单体数据的自动抽取。
- 单体数据收集和转换。借助数据抽取/清理/导入(ETL)工具，从单体的业务系统中抽取数据，并根据各种转换规则(如科目匹配)将数据转换成统一规范的格式。需要特别指出的是：通过系统中精心设计的格式，由下属单位手工填报数据的做法也是可行的。这一点无须有偏见，视自身现实情况，管用就好。也可两者结合，“手自一体”。
- 单体公共调整。对于既适用于法定合并，又适用于管理合并的单体数据调整，需两条线统一来做，以减少人为差异。比如对于海外单体的货币转换，再比如往来账的对账和差异处理。这些单体数据调整，如果对外和对内的规则是一致的，那就在本步骤中一起完成。
- 单体法定调整，单体管理调整。如果对于单体报表的调整对外和对内规则不一致的，那就在这两个并行的任务中分别处理。从此开始，法定和管理报表分两条线处理。会计准则和内部规则的差异是其中的典型情况，比如不同的折旧规则、不同的项目收入和成本认定规则等。
- 法定合并，管理合并。集团内、单体间各项业务的抵销，比如内部往来、投资和权益、内部收入和库存、内部转让固定资产等。其需两条线分别处理。这部分在会计技术上是最有难度的，尤其是投资和权益的抵销。在股权关系复杂的大集团中，投资和权益的抵销具有相当大的复杂性，软件系统的自动化挑战更大。
- 核对和差异解释。因两条线的规则有所不同，较为严谨的做法是在出具各自报表前，相互核对，以汇总的方式展示各项差异及其发生原因。
- 法定披露，管理报表。完成了前述各项合并处理后的数据还是以合并科目的形式体现的。在本步骤，要将数据“灌注”到各种内部和外部的格式中去。尤其对于法定披露来说，还存在大量的文字说明和标准化的语言，所以最好通过自动化的工具实现“数文结合”，自动生成各种WORD版、PDF版、XBRL版等的外部报表，让“最后一公里的最后一百米”也能自动完成。

软件样例

上文提到：合并和格式报表的实现是非常依赖好的软件平台的(事实上，正如上一章所言，对于整个“数据驱动的管理”都是如此)。但是本书的定位是介于各种“纯管理理论”和具体软件“操作手册”之间的“实用体系”(这个中间地带往往是实际工作中各种问题最多的要害所在)。所以本书一般不直接涉及某种软件的具体操作。但是在本章中，为了给读者一些直观的感受，下面我们适当选取一些软件功能的样例，并加以简要说明。

- 图5-4为统一的合并监控台。这是一种能在一个界面中操作和监控整个合并过程的功能。界面中一般融合了合并条线(法定、管理；实际、预算等)，法人和管理结构、各项合并任务(按顺序)以及各项任务的状态。在这种界面中，既可以监控合并过程，又能够发起某项具体任务。

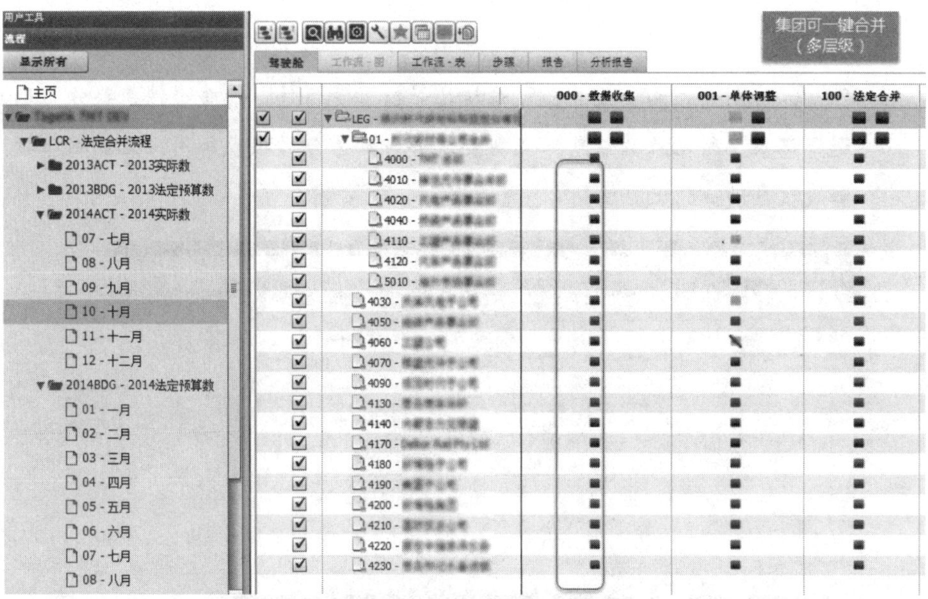

图5-4　软件样例：统一的合并监控台

- 图5-5为月度结账数据抽取及验证流程。虽然合并和格式报表属于“数据驱动的”管理，但是在管理工作中还是离不开“流程”的。特别对于大集团来说，“最后一公里”的流程有可能是相当复杂的。所以，好的软件平台应该能提供内置的流程定义和管理工具。

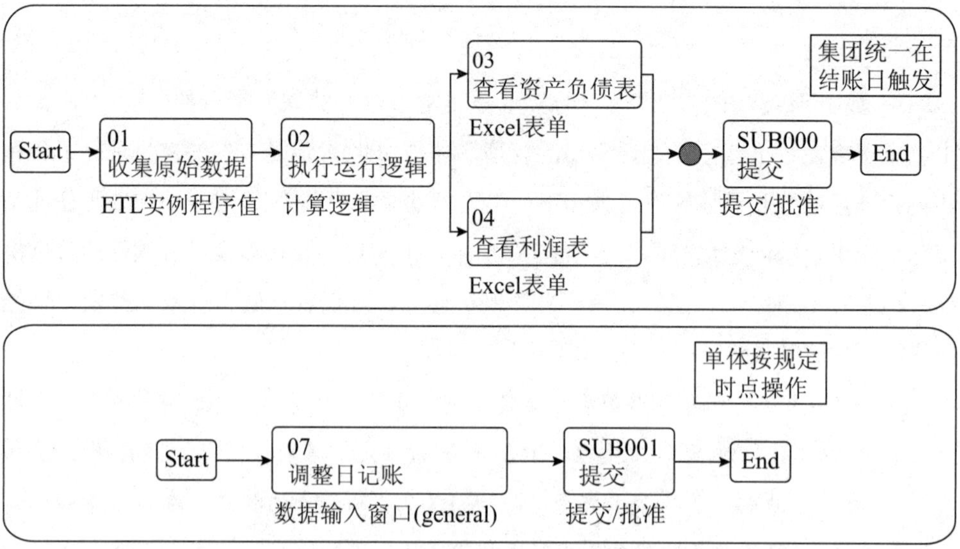

图5-5　软件样例：月度结账数据抽取及验证流程

- 图5-6为控股比例事件记录。对于合并报表影响最大的是集团内一些大的“事件”，特别是收购、兼并、股权转让等投融资事件。这些事件需要分门别类进行记录。所记录的信息，又需要能够自动为合并报表所用，比如用于投资和股权自动抵销上。

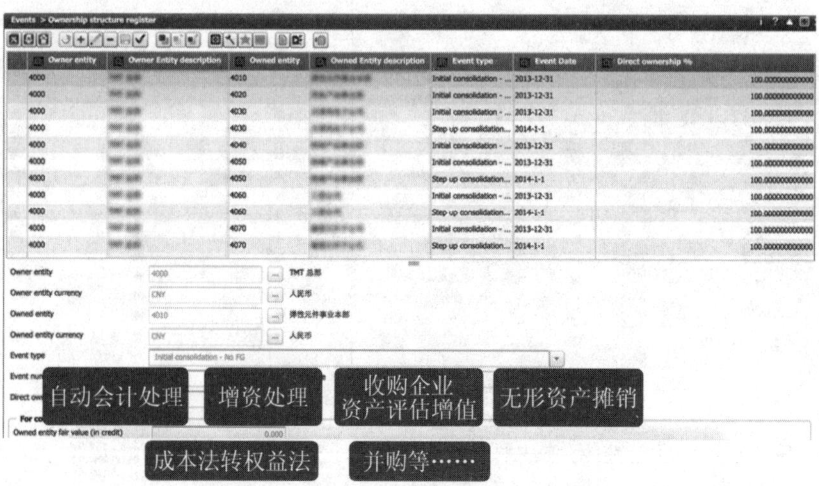

图5-6　软件样例：控股比例事件记录

- 图5-7为关联公司内部交易对账匹配管理台。对于内部往来的对账问题，虽然在会计处理上并不复杂，但是核对工作绝对麻烦，尤其是对大型集团企业来说。所以，将关联公司捉对核对的工具是合并报表系统所必不可少的。由于一旦发生差异就需要追查原因，所以系统还需要抽取凭证级别的未清往来账项。

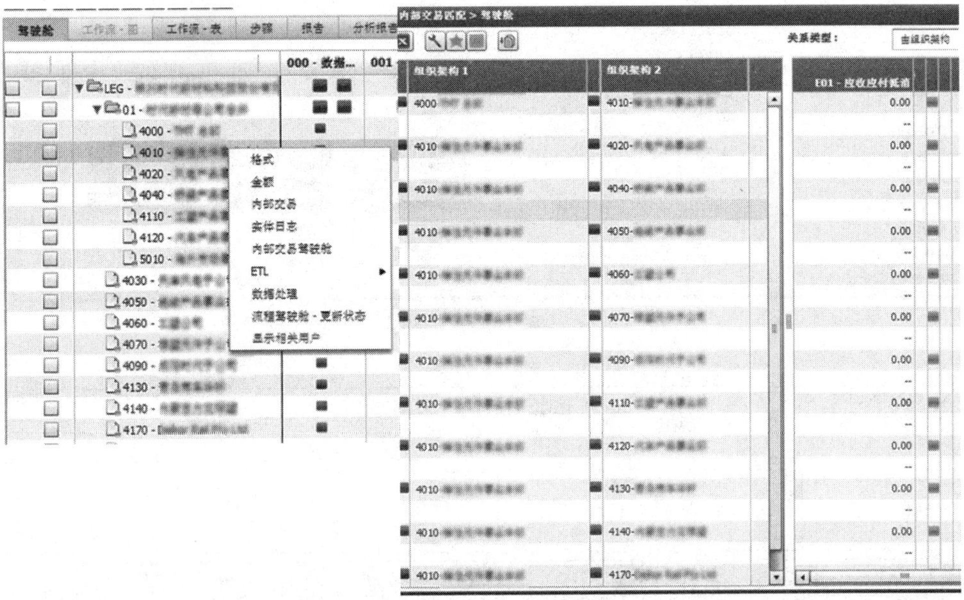

图5-7　软件样例：关联公司内部交易对账匹配管理台

- 图5-8为自动少数股东权益计算。这是合并报表中众多“自动抵销”和“自动调整”中的一项，是在抵销投资和股权过程中的一项自动计算。合并报表软件的好与坏，很关键的一项就是看这些调整和抵销分录能否自动计算，计算结果在复杂环境下是否准确，以及计算过程是否透明。
- 图5-9为“手自一体”的合并报表功能。整个合并过程有大量的步骤。自动化程度当然是越高越好。但是，有两个基本要求也是极为关键的。一个是自动化不能排斥手工干预，不能做成黑箱，要透明，这就是所谓的“手自一体”；另一个是除了软件做好的自动化逻辑，也要有非常方便快捷、易上手的建模工具让企业能增强这些自动化逻辑，这就是上一章提到的“高效建模”。

图5-8　软件样例：自动少数股东权益计算

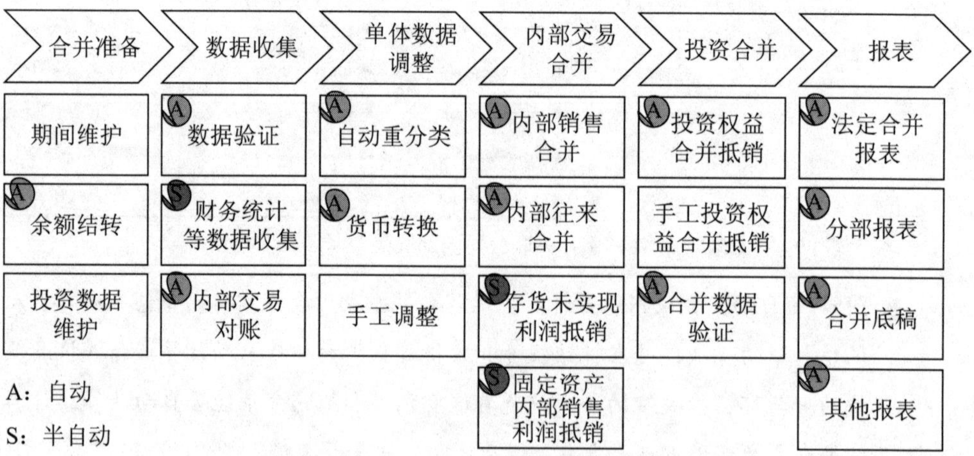

图5-9　“手自一体”的合并报表功能

- 图5-10为自动合并底稿。传统手工合并时，都是在“合并工作底稿”中操作的。有了自动化的合并系统后，不代表“合并工作底稿”这种形式就不需要了。这是因为：第一，合并工作底稿把单体报表、各种合并调整和抵销分录，以及最后的合并数集中到一个表中，具有无可替代的全局感；第二，除了自动生成的抵销和调整分录，合并工作底稿也是做手工抵销调整分录的直观平台。所以，自动合并底稿在合并中是不可或缺的。
- 图5-11为报表清单。最后的合并数会被“灌注”到各种报表格式中。既有对外的法定报表，也有服务内部的管理报表。如果说生成各种法定报表是提高了财务的工作效率，那么内部管理报表事实上却是集团管控的重要工具之一。另外，外部法定报表自然有现成的格式和要求。而内部管理报表体系应该如何设计，则需要参考第三章“如何分析”了。

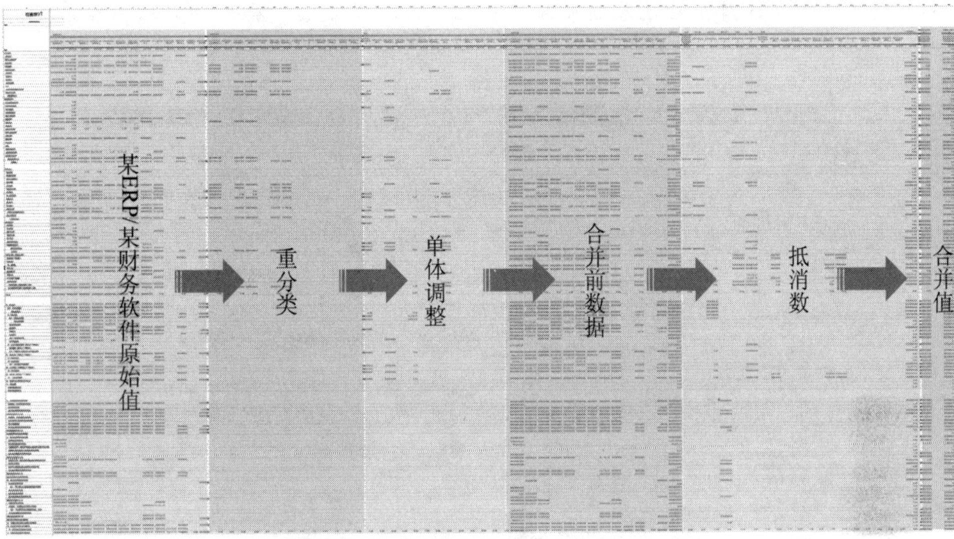

图5-10　软件样例：自动合并底稿

图5-11　软件样例：报表清单

● 图5-12为对外月报、季报、年报包。对外的法定报表，往往做成月、季、年的报表包，批量生成。另外，通过称为“披露管理”的工具，能够添加文字说明，然后根据一定的规则将动态文字和标准文本，以及报表数字相结合，自动生成各种对外报表的最终“成品”，把“最后一公里的最后一百米”也连上。

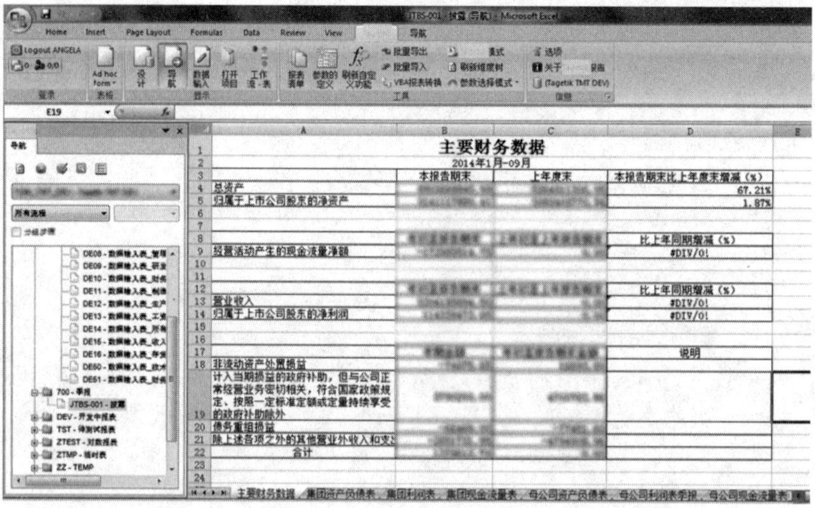

图5-12 软件样例：对外月报、季报、年报包

● 图5-13为集团及各事业部管理报表。内部管理报表比外部报表要发散很多。通过合并和格式报表生成的内部管理报表，能提供第三章“如何分析”中所述的企业整体“分析路径”中的一部分报表，但不是全部。这部分报表往往侧重于集团以及事业部或单体的整体经营情况。

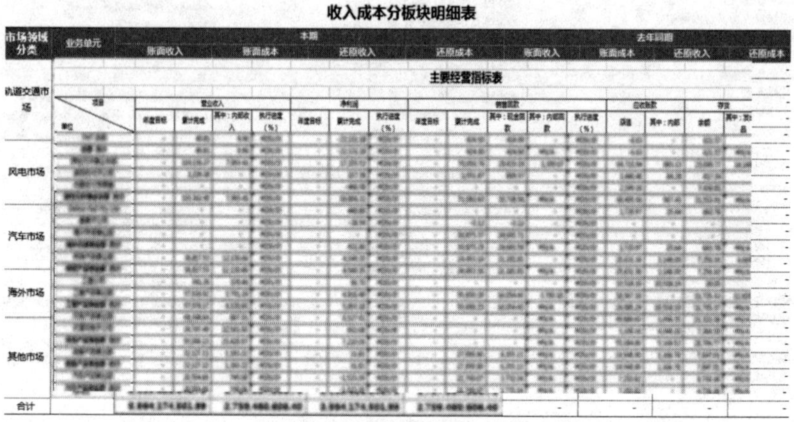

图5-13 软件样例：集团及各事业部管理报表

问题解决

合适的软件，加上合理的方案，当然再加上其他通常的项目成功要素，合并报表这个信息化中的“Pain in the ass”就能够很好地解决了。除了那些包含几千家单体的500强企业，下面这家大型上市企业的例子可能更适合大多数读者。这个项目的主要情况如下：

- 大型制造业上市公司，由一家特大型国有集团企业控股；
- 30家左右法人和10个左右事业部组成的管理矩阵，包含了几百个合并单体；
- 报表条线包括上市公司财务报表、国资委报表、上级集团快报、集团管理报表、事业部管理报表；
- 下属单位源系统较复杂，既有国际知名的ERP系统，又有国内知名的财务软件，单体会计科目不统一。

项目具体范围包含：

- 账务、业务系统数据抽取、验证及汇总；
- 分子公司事业部信息上报平台；
- 集团报表合并；
- 关联交易对账平台；
- 费用控制分摊分析报表；
- 财务分析报表；
- 销售分析报表；
- 税务、资金报表；
- 成本控制分析表；
- 盈利能力分析比；
- 预算考核执行；
- 月度管理报表、集团快报；
- 国资委报表 、EVA 指标表

……

那么这个项目周期多长呢？如图5-14所示，该项目不到3个月就完成了法定合并，在6个月内完成了管理报表、费控体系等其他功能(项目范围要大于这章所讲的内容)，而且是在很少的人员和成本投入之下完成的。

图5-14　实际项目进度

小结

这章是数据“处理、计划、预测”这一篇的第一个专题。合并和格式报表本质上是一种特殊的数据处理过程。这个问题难，主要难在两个方面：一方面，以前我们平台放的不对，比如放到了ERP这类流程驱动的平台，而没有放到数据驱动的平台上；另一方面，合并报表的会计处理规则比较难——这部分内容基本上属于各国注册会计师考试最高级别的课题了。

但是，这部分内容又是数据驱动型管理(以及集团管控)的基础。所以，“凑合一下，拖延一下”都不是好的对策。选对平台、选对方案，快速解决，才是上策。

第六章

阿米巴和利润中心

痛点吐槽(一)

早在2002年的一个制造业ERP项目中，我们的客户高层提出了“分段专业化和内部核算”的需求。这个需求非常类似于今天大家熟悉的“阿米巴”经营，也是要将企业内部“分段”划分出很多“专业化”的内部核算单位。这些单位像一个个独立的经营体，它们提供给企业内其他单位的服务或产品都需要按内部计价计算收入。同时，它们接受的内部服务和材料也要按内部计价计算成本。

我们当时决定用ERP中的“利润中心”模块来实现并满足这个需求。这后来被证明是一个错误。当时的蓝图设计就如图6-1所示(这只是一整套复杂的内部交易方案中的一页)。但在系统实现阶段，我们发现ERP的标准功能无法满足切割如此细的利润中心内部核算。举个例子来说，我们无法在ERP的各种流程中植入足够的“触发点”，让系统自动判断哪些业务需要自动产生“利润中心凭证”。而更棘手的问题是，系统缺乏一个利润中心间的“内部定价引擎”来满足各种计价规则。二次开发的工作量估算出来非常大，而且还必须要在多处更改ERP的源代码(这一般被认为是非常危险的)。客户最后只好选择放弃这项需求。

这段经历让我在相当长的时间里视“利润中心”需求为雷区。解决的方案只有三种：(1)利润中心精细化核算只能到企业的下游销售部门，但不能到上游的生产、采购等部门；(2)可以“纵向”按产品线切割利润中心，但尽量不要“横向”按上下游切割利润中心；(3)将利润中心定“大”，比如到集团事业部级，而不要定“小”。当然，我们心里都清楚这些“解决方案”都不是真正解决企业的管理问题和管理需求，而只是让项目能够做得下去。

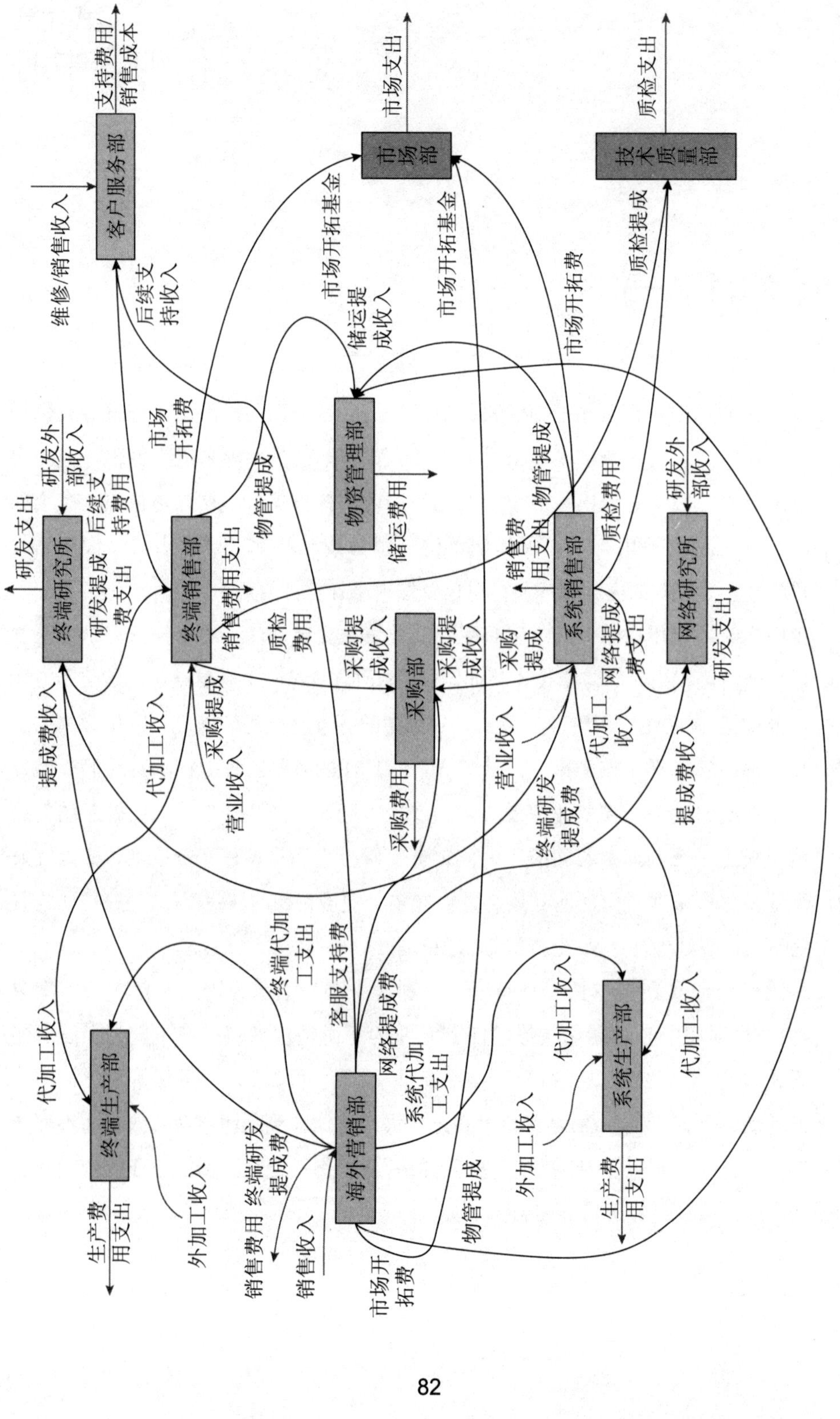

图6-1 一个真实的案例(教训)

痛点吐槽(二)

稻盛和夫被称为日本一代“经营之圣”。他的经营哲学也成为很多中国的企业经营者和管理者，包括我和我的伙伴们，可以汲取的丰富养料。“阿米巴经营”是稻盛和夫整个经营哲学中最重要的部分之一。在他拯救日航的传奇过程中，他所依靠的一个是他的经营哲学，另一个就是阿米巴经营。

稻盛和夫曾一再强调：阿米巴经营是一种管理会计体系，更是一种经营哲学。对于这一点，我们真心接受：如果没有一种强大的并且真正渗透到企业每个角落的经营哲学做基础，精细化的核算很容易让企业内部小集团横行、恶性竞争大行其道。然而，在国内企业界学习和研究阿米巴的过程中，在这一点上却又矫枉过正了。大家都在强调经营哲学，而好像谈论它作为一种管理会计体系的信息化落地却成为一种罪过。殊不知，即使在日航，整套阿米巴体系推广到系统实现，也足足花了1年又9个月的时间。这还是建立在稻盛和夫本人坐镇日航，而他的阿米巴老臣森田直行亲自实施的前提下的。所以，阿米巴的信息化实现，绝不是一件轻松的任务。事实上，国内企业家群体对阿米巴经营虽然心仪推崇的多，但是能实践落地的少，这固然有“经营哲学导入”这头在明处的拦路虎，也有“信息化实现”这头在暗处的拦路虎的原因。

补充资料：关于阿米巴经营

对于阿米巴经营的基本介绍并不包含在本书的范围内。如果你对此还不太了解，可以从市面上找到很多这方面的资料。阿米巴经营并不等同于利润中心核算。尤其是对于阿米巴经营的拥趸来说，是会强烈反对在这两者之间画上等号的。这两者之间的主要的、也是根本性的区别在于：阿米巴经营是一种经营哲学。

但是，本书仍然将这两者放在一个章节。这并不代表我们不认同这两者之间的差别。只是从信息化的角度来说，这两者实在是有太多的共性了。

NOTE 为了提高可读性，下文中，除非特别说明的，我们将“阿米巴和/或利润中心”简称为“阿米巴”。这么做的原因是阿米巴的实现难度要大于利润中心，所以我们拿难的来说事。

在这之前，我们稍微花一些篇幅来探讨一下阿米巴经营中除了经营哲学之外一些具体的不同点。

- 单位时间附加价值核算制度。这可能是阿米巴和利润中心在技术层面最显著的区别了。阿米巴不是以“会计利润”来核算的。它的“利润”中没有扣除员工的人工成本，称为阿米巴的附加价值。然后将附加价值除以总人工时，得到单位时间附加价值，以此来衡量一个阿米巴。这个核算方法是稻盛和夫作为一个非财务人员自创的。它有两个好处。第一，基层阿米巴一般切得比较小，都是10来个人左右的团队。这样核算，不容易让工资数据泄露。第二，也是更妙不可言的好处：它不再将企业员工和所有者放在了对立面！传统的会计核算，员工的工资和奖金是企业所有者权益(利润)的扣除项。我们已经太习惯这种处理方式了，而从来没有想过这样的处理在所有人的潜意识中注入了“员工和老板是对立的”观念。而对于阿米巴经营来说，附加价值是阿米巴员工挣到的价值，正是这份价值才能支撑起自己的工资和公司这个平台。
- 切分较细。上面已经提过，基层的阿米巴一般都是10来个人左右的团队。而这正是“阿米巴”这个名称的由来。
- 销售佣金制。如图6-2所示，销售部门阿米巴(尤其是按单生产业务)的收入是按照一定的比例提取的佣金。这对于有些行业(比如订单交付有一定难度的行业)尤其重要。
- 核算价不采用成本加成法。阿米巴经营的目的是让企业内部的小团体也参与到企业的经营中来，特别是感受到市场竞争的压力。所以，价格由外而内的“传导”机制尤为重要。阿米巴经营的内部定价都是将企业最终产品的价格“传导”到每一处内部定价中。如果是成本加成法，制造部门和企业上游部门还是旱涝保收，就失去了阿米巴经营的意义了。
- 一一对应。稻盛原版的阿米巴经营强调任何一笔业务都有唯一的阿米巴对此负责。而传统利润中心核算，特别在矩阵式管理体系中，常常会采用“双重认定”(double booking)，甚至“多重认定”。比如，销售订单收入同时算作销售部门和产品部门的销售业绩。这在稻盛原版的阿米巴经营中是需要避免的。

- 不用预算管理。阿米巴经营中是避免使用“预算”这个词的。因为，预算给人的感觉是一种“花钱的权利”。往往造成销售任务没完成，而费用却都花光了，结果就是企业或部门的“红字”(亏损)。阿米巴经营用年度的“Master Plan”和月度的“预定”来进行计划管理。

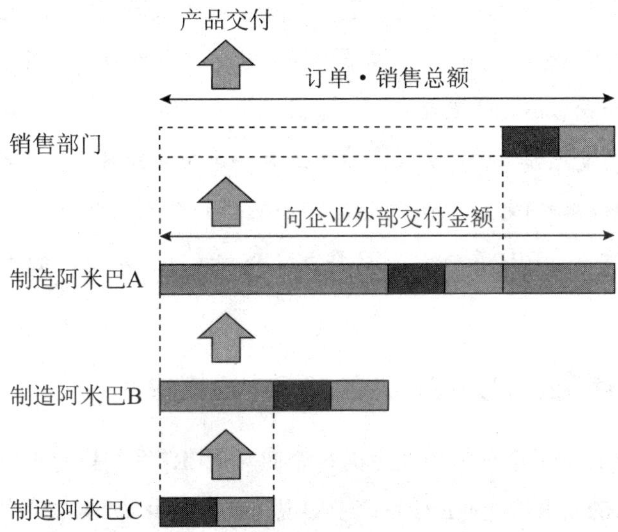

图6-2　稻盛和夫的阿米巴经营

拍案惊奇

精细化的利润中心核算和阿米巴经营的理念虽然由来已久，但是信息化实现的手段却严重滞后。

这个领域传统的思路有两条。但是这两条思路都存在较大的问题。

思路一：专门开发的系统

稻盛和夫在实现阿米巴经营时采用的是“业务跟单”的方式，也就是：企业内部所有的业务(比如产品和物料的移动)都需要有专门的、用于阿米巴核算的单据，和业务(如货物移动)完全匹配，并跟随业务一起流动。这些单据上不仅要写明提供和接受的阿米巴、货物和服务的数量，还要明确内部结算的价格和金额。以这些“一一对应、双重核查”过的跟单为基础，最终就可以核算出每个阿米巴的经营实绩。

这条思路的主要缺点有以下两个。

- 第一，系统开发量太大。这个思路看似直接，但是从阿米巴结构、科目结构、各种服务和物料主数据、内部定价、跟单录入、审批、汇总出报表，到编制预定和Master Plan……简直就是一套专门的财务业务管理软件。系统的开发量和成本都太过庞大。
- 第二，重复操作工作量太大。这基本是一套独立的系统，所有的数据录入都需要单独(额外)完成。也就是说，如果你的企业已经有了库存管理系统、财务系统或者ERP系统，一旦要上这套系统，多次录入的重复性工作量会很大。

思路二：使用ERP套装软件的利润中心模块

就像在上文讲的那个项目中发生的，企业对于ERP系统抱有很高的期望，以至于认为任何管理的需求都能在ERP系统中实现，或者至少如果ERP系统有这个模块，那应该就“没问题”。但是，事实却并非如此。这条思路的缺点表现如下。

- 功能不足。即使是最好的ERP平台，在这个领域的功能都严重不足。特别是当利润中心或者阿米巴切分得很细时，这些功能的不足就造成项目进退两难，比如：
  - 缺少内部定价功能；
  - 无法管理非财务指标；
  - 利润中心的自动“认定”规则过于简化；
  - 跨利润中心交易的“触发”规则过于简化；
  - “双重认定”或“多重认定”无法实现；
  - 没有年度“Master Plan”和月度“预定”的编制功能。
- 灵活度差，系统弹性不足。ERP系统是流程驱动型系统，用紧耦合的方式，内部植入复杂的数据处理，实在是非常勉强。这种灵活度差表现为：
  - 代码级别、紧耦合的二次开发容易干扰正常业务流程，加大系统实施风险；

- 系统开发完毕后，业务调整非常困难；
- 数据容错性低，调整数据非常麻烦；
- 无法对数据进行模拟、试算或回溯；
- 无法建立较复杂的数据模型，比如产品生命周期模型等。

为什么在这个领域，系统的灵活性和弹性显得尤为重要呢？正如图6-3所示，相对于一般业务流程，精细化的利润中心核算或者是阿米巴经营，对于企业来说都是学习和尝试的过程。可以说，企业也是处于一种摸索的过程中，目标是个“移动靶”，需要系统能很方便地跟着不停地调整和优化。而且对于系统中的数据也需要能方便地纠错和调整。这显然不是ERP系统所擅长的。

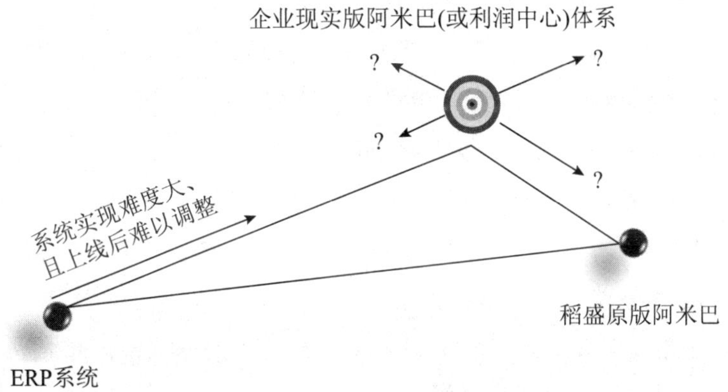

图6-3　为什么系统灵活性和弹性很重要

- 数据表现力差。无论是报表、还是指标、还是管理驾驶舱，在数据的可视性和美观性上，ERP当然无法和数据驱动型的平台相比。

这个章节可能有点过于技术化了。事实上，我们在一开始分析这个现实困难的时候，就是从这些细节的技术层面去分析的，如功能、二次开发、灵活性等。但是，当我们把分析视野拔高一点，这个问题反而容易理解了。

NOTE 精细化的利润中心核算和阿米巴核算，从信息化的角度来说，是一种对于业务数据的再次“处理”。这种数据处理的规则是极其灵活多变的。所以，这项任务应该放到数据驱动型的平台，而不是流程驱动型的平台上实现。

整体方案

基于“数据驱动型”平台上的阿米巴核算方案如图6-4所示。在这节我们对这个方案做一个整体性的介绍。下面的各节会对主要构成部分进行详细的分项解释。

- 统一的数据驱动型平台。首先，我们将阿米巴核算置于统一的数据驱动型平台上。通过平台，完成从各种业务系统中抽取和清理数据的任务。而且阿米巴核算的数据和其他管理专题的数据(比如合并报表、计划、预算等)都置于统一规范的数据层中，以实现共享和数据的一致性。所以，本方案和第5章图5-3的方案是一致的。此外，数据驱动型平台的各种功能，以及“取填结合、高效建模、手自一体、统一平台、场景无关”的实用特性能有效支撑阿米巴核算。
- 切(阿米巴切割方案)。切是指将企业内部切割成大小不等的阿米巴，每个阿米巴都是一个经营体。基层阿米巴又汇总成多层的上级阿米巴。不同的切法，影响是非常大的。所以，一方面，切之前要对方案进行思考和分析，要用“角色代入法”来设想可能的情况。另一方面，系统平台要灵活，要能快速调整不合理的阿米巴结构。
- 分(业务认定和划分方案)。企业里所有的“东西”都要明确分给各个阿米巴。这包括各种各样的资源，比如人、设备、物、场地……也包括各种各样的业务，比如销售、采购、内部销售、内部服务……这里的“分”实际上是定义一系列的规则，让聪明的系统从业务系统的数据中自动判定各种资源和业务的归属。
- 算(跨阿米巴交易识别和内部定价方案)。阿米巴的难点正是在于“内部交易”。“内部交易”往往在原来的业务系统中只是一些内部的“业务”，比如货物的移动、工单等，并不体现为“交易”。现在要将这些内部的“交易”算清楚，又涉及两个问题：首先要让系统识别出哪些“业务”是要算作“交易”的，其次是要计算这些“交易”的价格。
- 核(数据一致性方案)。算出来的数据一定要具有可行度。越是自动化的系统越是如此。保证数据的可信度，一方面是保证数据处理过程的精确和可追溯性。另一个重要的方面是和其他数据的核对。这一点对于用户群体来说尤其重要，对数据的不满意体现最多的往往是“你这个数为什么和哪哪的数不一致”就是这个道理。

- Master Plan。图6-4的(1)到(4)是处理实际业务的核算问题。阿米巴经营的另一条主线是计划。Master Plan是指以年度为单位的阿米巴计划。
- 预定。预定是指以月度为单位的阿米巴计划。预定是由年度Master Plan按月分解获得的。
- 检查(预实比较)。阿米巴经营要求每个月将各个阿米巴的经营实绩和月预定进行比照来进行检查，同时还要检查年度Master Plan的完成进展。从系统的角度，就是要自动提供“预实比较”数据。

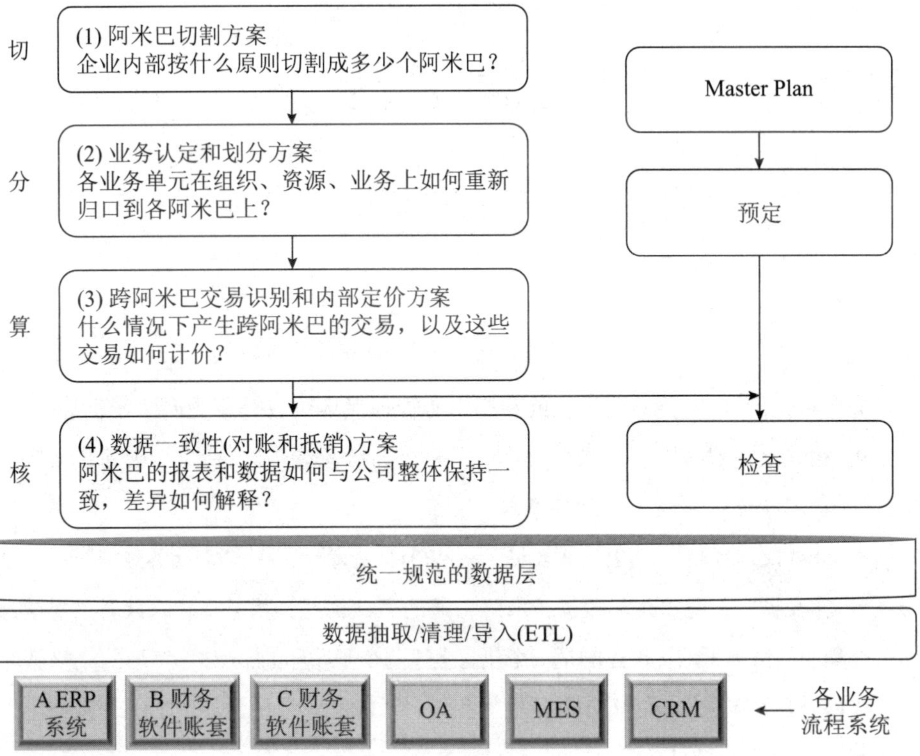

图6-4　整体方案

用数据驱动型的平台来实现阿米巴经营(或者精细化利润中心核算)的好处是多方面的，其中之一就是“模拟、试算和回溯”。

对于流程驱动型平台(比如ERP)来说，一旦系统上线，就开始产生各种“真实和正式”的业务数据。流程驱动型平台的耦合度是很高的。通俗地说，就是各项业务都严丝合缝，数据要求严谨，对数据的增删改都有严格限制。所以模拟和试算就不太可能了。另外，流程驱动型系统对流程和时间的理解一般是“不可回头”的，也就是“过去的就过去了”。所以，对数据进行回溯性的处理也非常困难。

但是，在数据驱动型的平台上，这些约束就都没有了，“支持各种各样的数据处理”本来就是平台的任务之一。正因为此，本方案还可以支持如图6-5所示的阿米巴或者利润中心的“虚拟运行”。

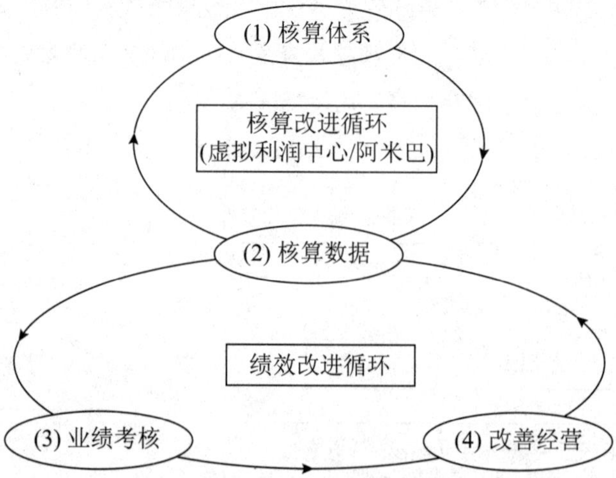

图6-5 方案的好处：模拟、试算和回溯

如图6-5所示，完整的阿米巴或利润中心管理循环可以分解为两个子循环：

- 核算改进循环。“(1)核算体系”→“(2)核算数据”→“(1)核算体系”，是在不断优化“核算”这件事本身。
- 绩效改进循环。“(2)核算数据”→“(3)业绩考核”→“(4)改善经营”→“(2)核算数据”，是以核算数据为准绳，通过考核机制，推动责任人改善经营实绩。

在理想的情况下，管理走的是一个包含上述两个子循环的、“8”字形的完整循环：

“(1)核算体系”→“(2)核算数据”→“(3)业绩考核”→“(4)改善经营”→“(2)核算数据”→“(1)核算体系”。

所谓理想的情况，通俗地说就是：老板完全知道自己在干什么；对于管理体系的决策总是在往好的方向改进，总是符合企业实际的；肯定不会让下属觉得“老板就是喜欢折腾这些虚头巴脑又没用的东西”的。

但是大多数老板并没有生活在这种理想情况下。所以，基于数据的“模拟、试算和回溯”就很贴心了。也就是对要新建的或者要改进的管理体系，先把数据跑一跑，看看合理不合理再说。这也被称为“虚拟运行”。也就是只运行“核算改进循环”，即“(1)核算体系”→“(2)核算数据”→“(1)核算体系”。所使用的数据既可以是同步实际业务数据，也可以是历史数据。

阿米巴切割方案

如果采用“稻盛原版”的阿米巴经营，基层阿米巴要细分到10来个人的小团队。这样就会产生大量的“内部交易”。整体方案中“跨阿米巴交易识别和内部定价方案”就是难点和重点。反而“阿米巴切割方案”的规则倒也简单了，因为你只需要考虑“怎么样的小团队适合作为一个小经营体”就好了，不用考虑切割方案对“内部交易”的影响——因为反正“内部交易”会很多，就专门留到后面的方案解决。

但是，如果你并没有一步到位到“原形虫”级别的阿米巴，或者你选择“部门”级别的利润中心核算，那切割方式对“内部交易”的影响就必须要考虑了，因为“减少人为因素强的内部交易和定价”也是某些切割方案的优势。这节中，我们主要讨论这种层次的切割方案。

利润中心的“切割”方式大体可以分为两个方向。

- “纵向”切割，也就是按照“产品线”切割利润中心。“纵向”切割，一般核算较客观，内部数据加工较少。但是，利润中心内部的职能链条较长，有些职能(如销售渠道、生产)未必是利润中心负责人所能控制的。
- “横向”切割，也就是按照“职能”(如生产、销售及其各种渠道、采购、研发等)切割利润中心。“横向”切割，利润中心中的职能较单一，和企业通常的职能分工较一致。但是需要做大量的内部转移定价和数据加工，所以数据的客观性受到影响，而且很多利润中心不需要直接对“市场”负责，也容易造成部门利益和企业整体利益不一致的问题(这也是阿米巴经营需要强调经营哲学的原因之一)。

在部门级别引入利润中心核算后，纵切、横切或者混合切等各种切割方式很难说有绝对的优劣之分。而且最终的表现和企业的文化及各利润中心负责人的人格都有很大的关系。所以在这里，我们仅举一例(见图6-6)，让读者对切割方案有个感性的认识，但不做优劣评判。

	研发 10	物流 20	生产 30	销售渠道							客服 60
				终端销售 41	专卖店 42	KA 43	国际 44	电子商务 45	大客户 46	其他 47	
A.陶瓷	A10			A41	A42	A43	A44	A45	A46	A47	A60
B.五金合金	B10			B41	B42	B43	B44	B45	B46	B47	B60
C.五金龙头	C10			C41	C42	C43	C44	C45	C46	C47	C60
D.厨卫家具	D10			D41	D42	D43	D44	D45	D46	D47	D60
E.厨房设备	E10			E41	E42	E43	E44	E45	E46	E47	E60

图6-6　举例：利润中心切割方案

如图6-6所示，一家具有多元化产品系列和多重销售渠道的家居设备企业，采用混合式的方式切割利润中心，具体如下。

- 产品线。产品线为实际控制和决策线。“产品线利润中心”的管理者具有研发、采购、仓储、运输、制造、营销职能的控制权和决策权。在企业发展的一定阶段，给特定方向一定的优先权是有必要的。
- 研发、采购、仓储、运输、制造、营销的资源(资产、人员、预算)优先按产品线拆分开来。
- 如果需要跨产品线整合资源的(如“大物流”等服务平台)，“产品线利润中心”具有“选择权”，也就是选择性价比高的第三方服务的权利。
- 营销预算分层分类管理和产品有关的营销预算，首先由产品线负责和控制。如需要通过销售渠道投放(如点上广告、门头牌、产品促销)，由产品线分配给销售渠道。
- 销售渠道。销售渠道是一个横向切割(按职能)的大利润中心，和各产品线利润中心之间按结算价做内部交易。对于销售渠道下的“渠道”和“产品线”构成的利润中心矩阵，遵循先“渠道”、后“产品线”的原则。“渠道”是有实际控制权的利润中心。“产品线”在“渠道”之下，无专业团队负责的“产品线+渠道”利润中心只是一种“核算”用的利润中心。
- 客服。和销售渠道一样，客服也是一个横向管理的利润中心。客服采用结算价向产品线收取服务费。大客服利润中心之下，可以按产品线划分小利润中心，但是仅仅作为“核算”用。
- 财务、人事。财务、人事等职能部门作为成本中心，而不是利润中心，将成本分摊给各利润中心。只负责企业整体品牌营销的营销部也是成本中心。

业务认定和划分方案

将企业切割成一个个阿米巴或者利润中心之后，下一步就是要将企业里所有的“东西”都明确分给各个阿米巴。这包括各种各样的资源，比如人、设备、物、场地……也包括各种各样的业务，比如销售、采购、工单……

这项任务，对于数据驱动型平台来说是非常得心应手的。如图6-7所示，只需要将原始业务系统(比如ERP系统)中的各种原始组织结构或主数据分配给阿米巴。剩下的工作就是让数据驱动型平台自动抽取业务系统中的业务数据，并且自动识别并转换成阿米巴的业务数据。这种分配规则被称为“阿米巴推导规则”(ADR)。除了简单

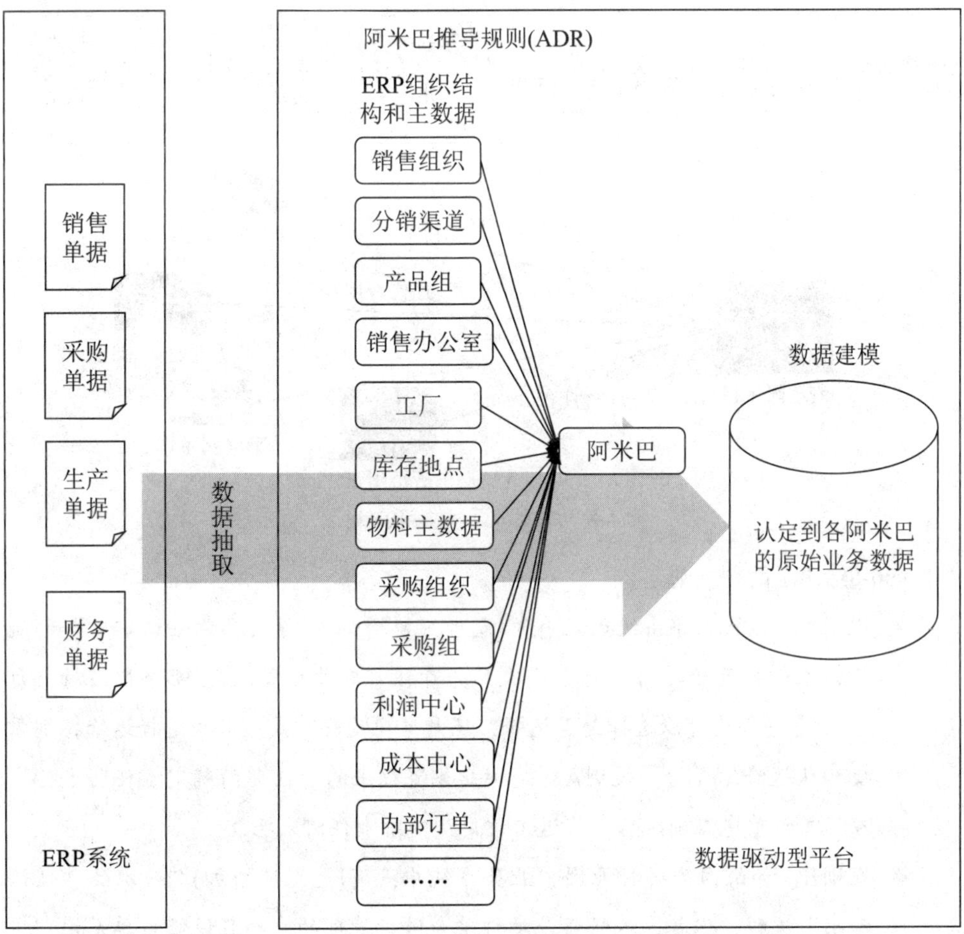

图6-7　业务认定和划分方案

地匹配和映射之外，它还可以定义带有优先级别的、复杂的映射规则。此外，如果一笔业务中同时涉及多个阿米巴，它还能以一定的规则将该笔业务分割划分给不同的阿米巴。

上述是技术上的解释。业务上，“业务认定和划分方案”反映了各业务单元在组织、资源、业务上重新归口到各阿米巴上。下面我们试举一例来说明它的业务含义。

如图6-8所示，返修一般是由制造阿米巴完成的，成本费用也发生在制造阿米巴。但是，返修的责任，也就是产品产生问题的责任却可能五花八门。比如，可能是供应链阿米巴在产品运输和仓储的过程中损坏的，也可能是到了分公司或办事处后损坏的，也可能是产品设计上的缺陷造成的。将返修费用认定到制造阿米巴是不合适的。所以，我们需要更合理的规则来认定返修业务的责任阿米巴。

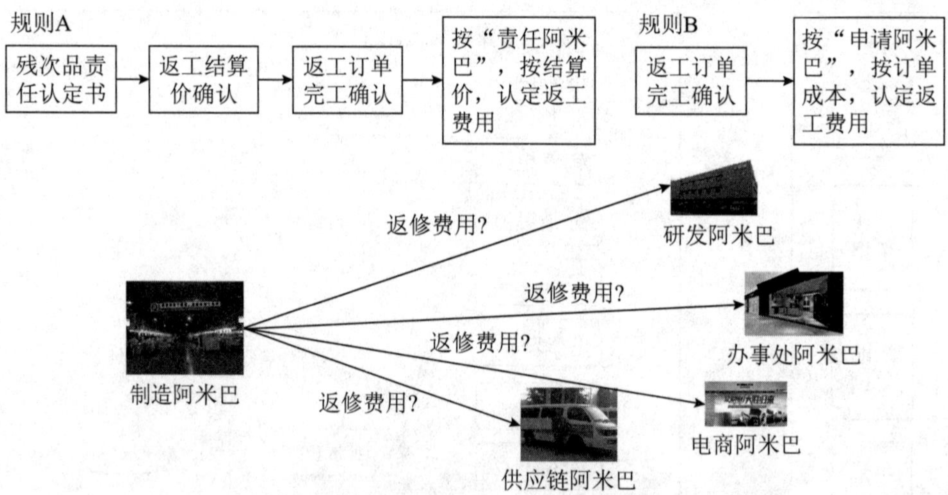

图6-8 举例：返修费用的认定

图6-8给出了两种规则。

- 规则A。如果业务系统已经有了(或者可以增加)“残次品责任认定书”的流程，在返修开始之前，对于残次品的责任都需要给予认定(哪个部门对此负责)。责任部门可以选择是否返修，还是其他处理方式。如果选择返修，则需要确认返修结算价。规则A就是按业务流程中的责任部门确定责任阿米巴，在返工订单完工确认后，将返工订单认定给责任阿米巴。
- 规则B。如果因为种种原因，业务系统中没有(也无法增加)“残次品责任认定书”流程，但是，返修还是按订单来进行管理的，而且返修订单是由“申请部门”申请的，那就可以设定规则B是按“谁申请，谁负责”的原则，按“申请部门”将返工订单认定给相应的阿米巴。

跨阿米巴交易识别和内部定价方案

阿米巴经营的难点之一是“内部交易”。也正因为有了内部交易的机制，让企业内部的阿米巴变成了一个一个的经营体。内部交易更准确的说法应该是“跨阿米巴交易”。它的难度在于原来只是在公司内部发生的业务(甚至没有业务发生)，现在都有可能反映为两个阿米巴之间的“交易”。跨阿米巴交易的处理要解决两个重要的问题(见图6-9)。

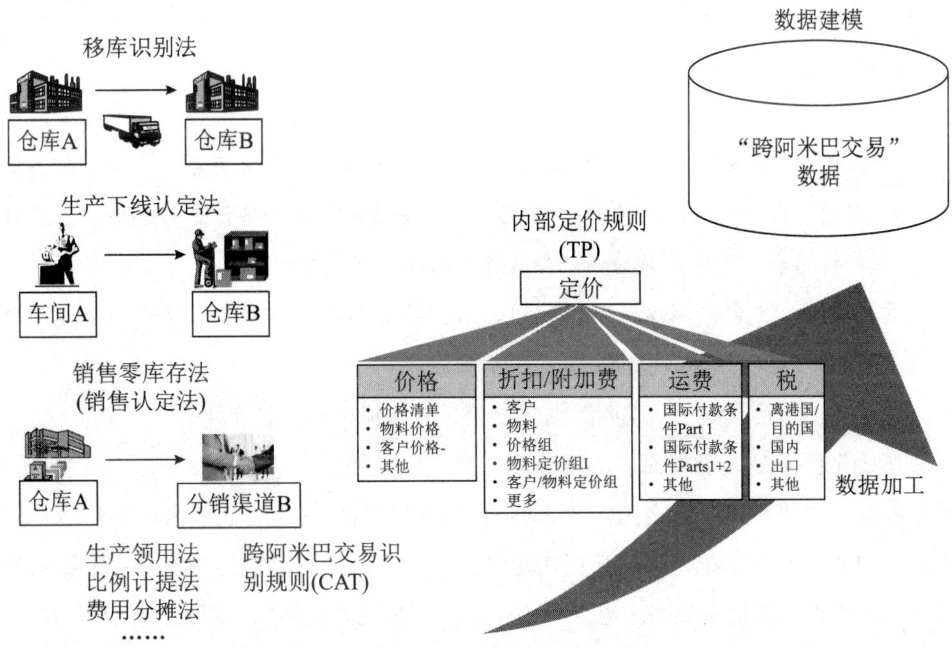

图6-9　跨阿米巴交易识别和内部定价方案

- 第一个问题，在什么情况下识别(或触发)跨阿米巴交易？这类规则称为“跨阿米巴交易识别规则(CAT)”，可以在流程驱动型平台中灵活定义(见图6-9)。比如企业在什么时候认为生产阿米巴把产品“卖”给了销售阿米巴？

这可以有几种选择。

- 比如给销售阿米巴指定一个仓库，生产阿米巴生产出来的产品只要交到了这个仓库中，就算完成了内部销售。这个方法可以称为“移库识别法”。
- 再比如，将所有的成品仓库都算做销售阿米巴的。只要生产阿米巴的产品下线交到成品仓，就算完成了内部销售。这个方法可以称为“生产下线认定法”。
- 还有一种选择是将所有的成品仓库都算作生产阿米巴的。销售阿米巴是“零库存”。当销售阿米巴把生产阿米巴的存货卖给客户的时候，才认为生产阿米巴也对销售阿米巴进行了内部销售。这个规则可以称为“销售零库存法”，或者“销售认定法”。

除了生产和销售这对最具代表性的跨阿米巴交易之外，其他还有很多各种各样的内部交易需要定义识别规则。这些规则都可以在数据驱动型平台中非常灵活地定义。这要远远比在流程驱动型系统(比如ERP)中方便得多。

- 第二个问题，以什么价格核算跨阿米巴交易？这类规则称为“内部定价规则(TP)”。阿米巴相互之间的交易种类非常丰富，有货物买卖的，也有服务提供的。所以软件平台中一定要能够非常灵活地定义价格计算的规则，并且维护价格表。这也是数据驱动型软件平台的优势。

数据驱动型平台根据这两个规则对阿米巴的数据进行进一步的计算和处理，每个阿米巴的经营实绩数据就完整了。

下面我们举两个例子来说明跨阿米巴交易的识别和内部定价。

第一个例子是关于内部物流服务的。如图6-10所示，某家具设备企业从制造阿米巴到外地办事处阿米巴之间的物流称为“干线物流”，是由企业内部的供应链阿米巴负责的。原来干线物流的使用决定是由办事处阿米巴决定的。但是，干线物流的费用是先归集到供应链阿米巴，再由供应链阿米巴归集到制造阿米巴(见图6-10)，但这样是不合理的。因为办事处阿米巴并不需要对这项内部服务承担任何的费用，所以，也不会有动力去尽量优化要货决定，减少这项费用。这必然就造成了浪费，而这种浪费归根结底是由决策的权利和承担费用的责任不匹配造成的。

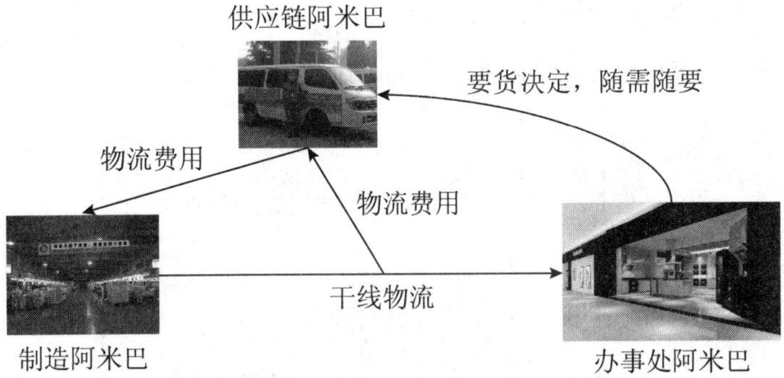

图6-10　举例：干线物流服务

要解决这个问题，其实很简单。就是将干线物流作为一项内部服务，由供应链阿米巴向各办事处阿米巴收取运输费用。这样，就需要定义一个跨阿米巴交易识别规则：每一个干线运输订单都是一笔内部服务交易。而且需要参考外部运输市场定义运费定价规则，并维护一个随市场调整的价格表。比如：从南京到杭州往返，五吨货车，单趟运费是多少。

对于办事处来说，因为它要承担运费，所以就更有动力做好销售预测，规划好库存，掌握好运费成本、库存成本以及缺货损失之间的平衡关系。对于供应链阿米巴来说，因为它的价格表需要得到办事处阿米巴的认同，而且和市场第三方运输商之间存在竞争，所以就更有动力控制好成本，并且提高服务水平。

第二个例子是关于产品研发的。稻盛原版的阿米巴经营将研发部门定为成本中心。但是有些企业希望进行一些改进，将研发部门定为阿米巴或利润中心，或者在产品线利润中心的核算中包含研发费用，以提高产品研发和产品战略的效率。

但是，产品研发相比制造和销售都不同，制造和销售的收入和成本在时间上是基本匹配的，所以可以按年度和月度来进行阿米巴核算。而产品和产品研发则不同。在产品的整个生命周期里(见图6-11)，大致上经历了研发期、导入期、成长期、成熟期和衰退期。在研发期基本上完全是研发费用的投入，而产品上市后的各个阶段，收入和利润的表现也差别很大。如果在同一个年度或者月度，将处于不同生命期的产品进行比较是没有意义的。而且，对同一个产品，如果在不同的生命周期年份上让它承担相同比例的研发成本(正如外部会计准则要求的那样)，也会扭曲“红字”(亏损)和“黑字”(盈利)的真正含义。

所以，如果将研发部门作为阿米巴，那么对于不同产品的研发服务费的计价原则，最好是参考如图6-11所示的产品生命周期模型。比如，给予产品上市的不同年份不同的权重系数，按权重系统来收取该产品的研发服务费。

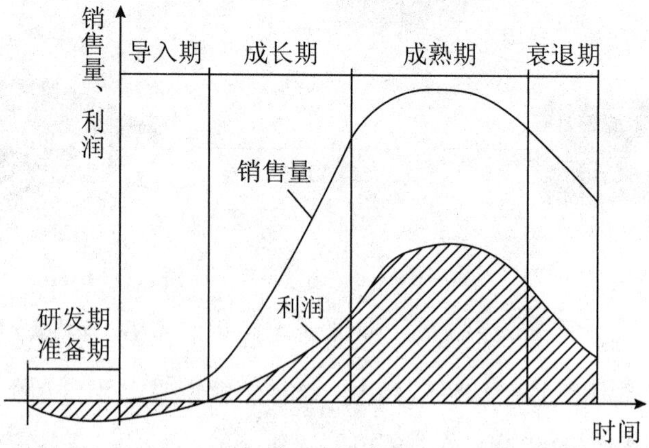

图6-11　举例：产品研发阿米巴——产品生命周期模型

数据一致性(对账和抵销)方案

阿米巴和利润中心核算，是对业务数据的特殊处理。要保证这种数据处理的可信度，一方面是做到数据各个处理环节的准确性，另一方面就是和其他数据进行一致性检查。

采用阿米巴核算后，由于内部交易和内部定价，各阿米巴的报表加总和公司整体的财务报表会产生差异。比如，收入和成本会虚高，利润和库存一般也会虚高。这些差异，如果夹杂了数据处理中的错误，会对阿米巴数据的真实性和可用性产生重大影响。所以，需要一套对账和抵销方案来核对数据，并将数据错误所产生的差异检查并排除出去，以达到差异可解释、可接受的程度。其中，收入和成本的虚高，应通过内部收入和内部成本的对账和抵销，和公司总表收入和成本基本一致。利润的虚高，应通过对库存中“内部未实现利润”的匡算和抵销，和公司总表的利润基本一致。应收和应付的差异，应通过内部往来的对账和抵销，和公司总表的应收应付基本一致。其他的差异，也应该做到能解释、能核对。

预定和Master Plan

以年度为单位的“Master Plan”和以月度为单位的“预定”，是稻盛和夫阿米巴经营中非常重要的思想。之所以称为“预定”和“Master Plan”，而回避“预算”这个词，是因为“预算”给人一种“花钱的权利”的印象，在企业经营中是很不好的。企业中各个层面的阿米巴经营者应该想尽办法做到“收入的最大化，经费的最小化”，要抛弃“花钱的权利”的思想。如图6-12所示，预定和Master Plan构成了阿米巴经营的PDCA循环的主体。而图6-12中左表也是典型的“预实比较”的报表。

预定和Master Plan属于数据驱动型管理中“计划”的范畴。后面的几章，我们将循序展开，所以本章暂且略过。

小结

“工欲善其事，必先利其器”。精细化利润中心核算和阿米巴经营，这个用传统信息化手段实现起来代价很大的领域，却正适合数据驱动型平台牛刀小试。

	预定值	实际值	差额
订单额			
销售额			
总收益(a=b×10%)　合计	日元	日元	日元
经费(c)　合计	日元	日元	日元
促销费用			
出差交通费			
广告宣传费			
销售手续费			
电费			
……			
……			
办公室租借费			
总公司经费			
差额收益(d=a−c)　合计	日元	日元	日元
总劳动时间(e=f+g+h)	小时	小时	小时
规定劳动时间(f)			
加班时间(g)			
部门内部共通时间(h)			
当月的单位时间附加价值(d/e)	日元	日元	日元
人平均销售额(b/i)			
人员(i)			

稻盛原版销售阿米巴计算表

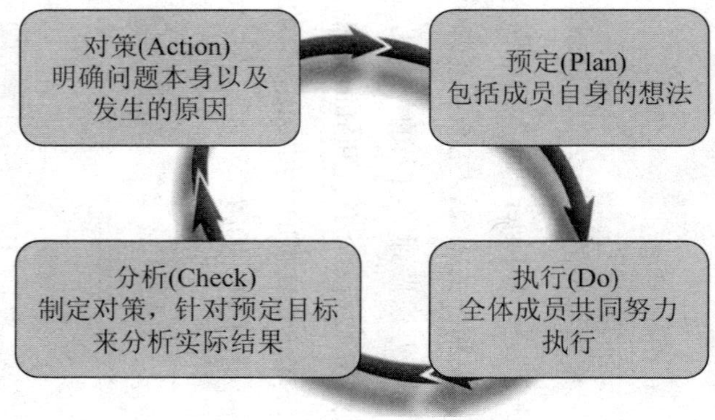

阿米巴经营的PDCA循环

图6-12　“预定”和“Master　Plan”

THE DATA-DRIVEN MANAGEMENT

第四篇 计 划

第七章 销售计划和预测

痛点吐槽

这是四五年前的一个ERP项目。关于销售计划这个问题，从项目开始已经吵了2个多月了，这次终于引起了客户董事长的关注。

董事长说："说说到底是什么问题吧。"

我正在沉吟该怎么说，毕竟这是个十多年来几乎逢项目必碰到的头疼问题，销售模块顾问挺身而出："ERP系统中有需求计划功能，叫DP，和销售运营计划功能，叫SOP，但是销售部门不愿意用。"这是个被ERP洗脑的资深顾问，人很勤奋，但有点片面，不过先让他抵挡一阵也好，我心里想。

客户的销售总监一听不乐意了："不是我们不愿意用，是这些功能实在太丑了。"

项目里的问题，一旦引到系统美丑上，反倒不那么难对付。果然，顾问开始把"标准答案"往外倒："ERP系统的目的是提升企业的管理。我们在企业里导入国际领先的ERP系统，就是为了借鉴和吸收企业管理的最佳业务实践。而界面的美丑更多的是一个习惯问题，ERP作为套装软件，不可能满足所有人的使用习惯……"

这一招果然管用：我看见董事长一边听一边频频点头。我希望这个问题能就这么"趟"过去，就像在不少项目中那样：销售部门只得接受往系统标准功能中填计划数据，而数据的收集过程就在系统外或者在别的什么系统中去做。这也实在是不得已的一种对策。可是我错了：销售总监不是个息事宁人、在老板面前不敢说话的人，而且她显然有备而来。她从文件夹中抽出一些打印的系统截屏递给老板，打断了顾问的话："现在不仅仅是界面美丑的问题。系统的功能严重不足，完全无法满足我们的需求。董事长，您看，这些界面都无法调整。而且我们销售公司计划有四个层级：销售公司、大区、分子公司办事处、业务员。这次我们本来打算让经销商直接上系统报计划。现在四五个层级界面都是一样的，怎么可能呢？况且，全国

7000多个经销商、100多家分子公司，ERP系统标准功能中都没有分级调整审核计划的流程和时间点控制。根本就无法铺开来执行。”

“这种收集计划的方式，根本无法保证数据的准确性。经销商素质都不高，如果他们瞎填，收集上来也没用。”顾问开始反击，想索性把这条线整个摁下去，“完整的需求计划应该在供应链管理、SCM系统中实现。ERP只能做简单的需求计划……”

“准确性问题我们早就有过考虑，”销售总监再一次打断了顾问的长篇大论，“我们可以用两个方式提高准确性。第一，从经销商开始，每一级都要考核‘计划达成率’。而且每一级都可以调整下级的计划。第二，将销售计划和交货优先级挂钩。没填计划的、或者计划外的订单优先级要低于正常计划内的订单。有这两条，我相信计划会越来越准的。”

说实话，我不得不佩服她：思路清晰，又担责肯干。但是，这两点也不是ERP的标准功能，二次开发的工作量谁来承担呢？幸好这时候，董事长好像还在SCM的方向上，对顾问问道：“SCM上销售计划和预测是怎么做的？是基于大数据的吗？”

“是的，是基于历史数据，用专门的统计预测软件建立预测模型，来获得销售预测。”顾问回答道，但他也没有具体做过，只是想拿这个方向把需求引开，并不想过多地纠缠在这个方向上，“所以，最好等你们上了系统，积累一定的历史数据后，再来实施，而且这还需要购买专门的软件。”

这个解释听起来虽然无奈，但还有点道理。董事长微微摇了摇头，把目光转向了我：“你之前说ERP能实现‘产、供、销、人、财、物’的集成。但销售计划做不起来，整条流程打通了又有什么用呢？”

我心中不忍，也厌烦了再用什么咨询技巧来绕圈子，就对他直说：“ERP中是可以把销售计划的结果输入进去，作为产供销协同的龙头。但是，销售计划的编制，ERP的标准功能实在是支持不了。因为，计划的编制可以说是千人千面，虽然有一些共性的原则，但是从计划编制的界面格式，到计算规则，再到业务流程都不可能标准化下来。但是，销售计划的编制本身是非常重要的，的确应该上系统。现在有两种方案：一种方案是在ERP平台上，根据公司的具体情况做定制开发。但ERP系统是流程驱动的系统。计划编制类的功能做起来很吃力，工作量很大，而且做好了又很难调整。第二种方案是引进数据驱动型软件平台。其正好把合并报表、利润中心、计划预算编制、数据分析等问题一并解决。”

拍案惊奇

以打通“产、供、销、人、财、物”为宗旨的ERP系统，其实并没有销售计划的“编制”功能。

这是企业信息化领域中“多么痛的领悟”。如果说“合并报表”是财务任务的“最后一公里”，那么销售计划的编制可以说是产供销协同的“开始一公里”。而就是这“开始一公里”也无法在ERP系统中实现。归结原因，“非不为也，实不能也”。是的，我们又回到了本书的核心思想：计划和预算的“编制”也是典型的“数据驱动的”管理，在流程驱动型的软件(如ERP)上是非常难以实现的。而这又是整个企业信息化行业另一个“多么痛的领悟”：

ERP中所有带“计划”两字的功能，要么是指计划的结果输入，要么是通过已有数据“计算”出计划(如MRP)，但就是不包含计划的编制和收集功能。

这并非ERP原厂商有意欺骗大家。事实上这也是ERP原厂商自身“多么痛的领悟”。你仍然可以在ERP中发现大量的“试图”做到能“编制和收集”计划的功能，甚至模块的残骸。甚至行业里还有人将ERP中的计划和预算定位为“简单”的，以示和复杂的“全面预算管理”(下一章介绍)做区分。但是，简单到什么程度用ERP，复杂到什么程度用“全面预算管理”呢？

按库存生产(Make to Stock)

作为本章正文的开始，我们先介绍一下销售计划和预算在整个企业管理中的作用。不同的行业对于这个问题的回答各不相同。还记得第三章“资源-能力-价值模型(RCV模型)”吗？像石油天然气、电力、矿业、交通运输这些行业和制造业的管理逻辑是很不一样的。这一章，我们以制造业作为背景。

制造业有两种基本生产计划模式。一种称为“按库存生产”(Make to Stock，MTS)，在本节介绍。另一种“按订单生产”(Make to Order，MTO)，在下节介绍。

我们再一次用到图7-1。前文我们拿图7-1“代表”ERP的主流程。准确地说，图7-1只是“按库存生产”方式的主流程。“按库存生产”，顾名思义就是你的生产不是为了某个具体的订单，而是先把产品生产出来放到库存里，然后所有的订单再到库存里来拿货。“按库存生产”有很多具体的细节，都不是本书需要讨论的范围。但是，从图7-1里那个大大的箭头所指，你可以清楚地看到许多信息。

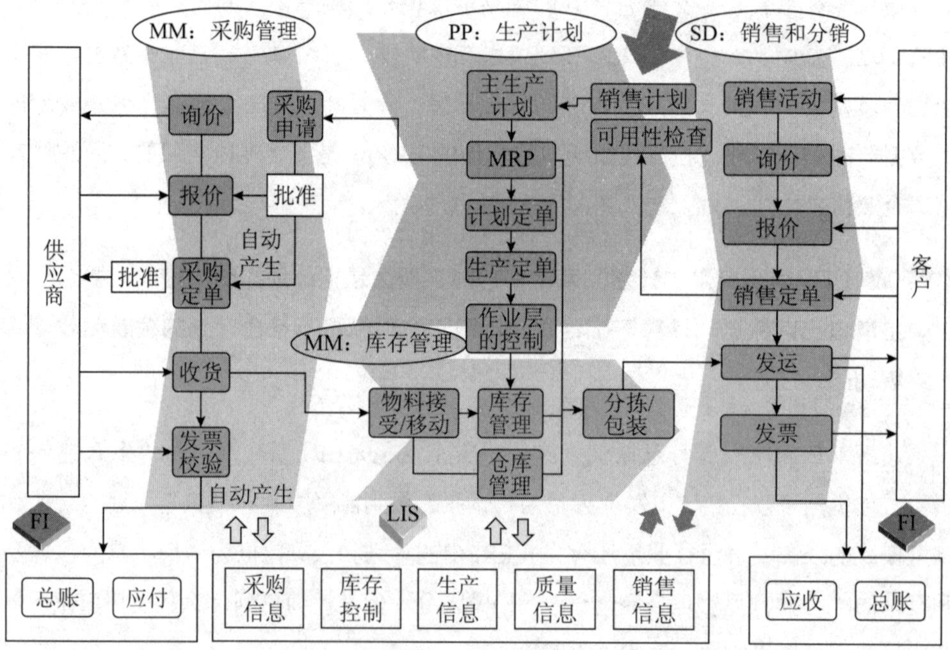

图7-1　按库存生产(Make to Stock)

NOTE 按库存生产模式下，销产供协同计划从独立编制的销售计划开始。

所谓“独立编制”是指这个计划并不受某一张订单的影响。当然，实务上，生产计划和销售订单之间并不完全如图7-1所示的那样是“断开”的。除了通过库存作为销售和生产的“桥梁”之外，销售订单如何“消耗”销售计划，也是一个需要定义的重要规则。但这些都不是本书要讨论的重点。本节的重点是："销售计划"对于按库存生产模式来说，真是太重要了！

NOTE 如果你的企业是按库存生产模式，如果对于"销售计划"的编制在信息化的时候没有一个说法，那么什么产销协同，什么ERP，什么供应链管理，什么产供销人财物集成，什么业务流程重组，都无法发挥真正的作用。

按订单生产(Make to Order)

销售计划和预测对"按库存生产"企业如此重要，那么对"按订单生产"企业是否就不那么重要呢？顾名思义，"按订单生产"就是指有订单就生产，没有订单就不生产。如图7-2所示，"按订单生产"模式中，企业接到销售订单后，直接运行主生产计划(MPS)安排生产，运行物料需求计划(MRP)安排采购。整个计划流程(图中上半部分)并不需要人为编制的销售计划。事实上，有不少企业为了避免销售计划不准带来的库存浪费，正在努力从"按库存生产"模式往"按订单生产"方式上转变。

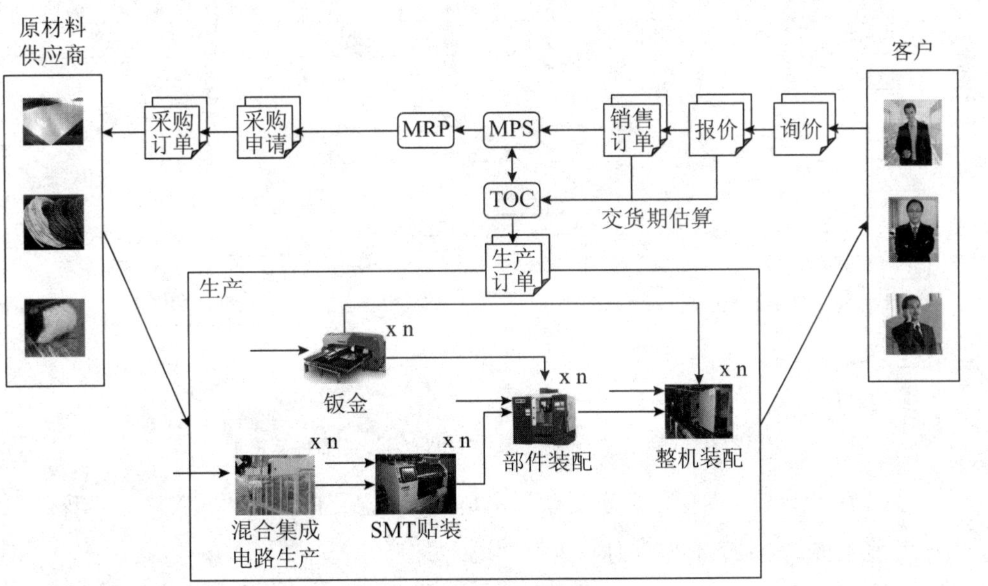

图7-2　按订单生产(Make to Order)

但是，事情并不像表面看上去那么简单。按单生产非常适合个性化强的产品，理论上也可以减少库存浪费。但是，按单生产最大的弱点是“交货期”。如果你完全按单生产，每个自制件都是等单来了再开工生产，每个外购件和原材料都是等单来了再进行采购，那么你的订单“交货期”会有多长？

要回答这个问题并不简单。首先，你可以把一个订单看做一个项目，把每种自制件的生产和每种外购件的采购都看做一项任务。很多任务是可以并行处理的。整个项目的周期(也就是订单的交货期)就是“关键路径”的周期。其次，你还要考虑你的产能和其他订单，因为忙起来的时候你还要排队。这两个问题结合起来就很复杂。简化来说，如图7-3所示，你需要重点关注的有三类部件，因为这三类部件会把整个订单交货期“撑”长。

- 订单一下达(开工)，马上要用的外购件或原材料。
- 生产提前期(生产周期)比较长的自制件。
- 采购提前期比较长的外购件和原材料。

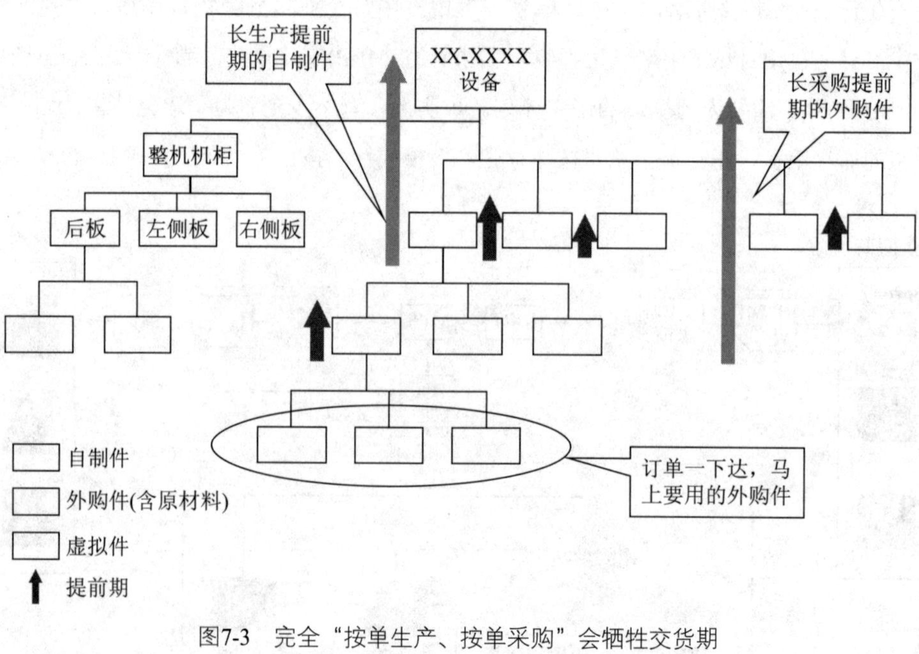

图7-3　完全“按单生产、按单采购”会牺牲交货期

关于生产计划，实际上相当复杂，也是传统信息化的问题“重灾区”。我们在第12章还会专门介绍。现在，你只需要知道：

NOTE 完全“按单生产、按单采购”必然会以牺牲交货期为代价。

那么这个问题如何解决呢？其实本质上只有两种方法(见图7-4)，就是在部件层级，要么准备安全库存，要么进行有效的计划和预测。其他的方法，都是这两种方法的引申。比如要求供应商实时供货的方法，不论是拉式的JIT法，还是推式的VMI法，都只是把缩短提前期的责任推到供应商那里，而供应商仍然只能用上述两种方法来解决问题。

图7-4　两种解法

在这两种方法中，部件的安全库存法带有很强的主观性和不确定性，而且又回到了库存和提前期这一对矛盾取舍的老问题上。所以，真正算得上“破解”这个问题的只有通过对于部件的计划和预测。这样，图7-2的按单生产的主流程就被优化成为图7-5的流程。

如图7-5所示，在大多数按单生产的企业中，我们仍然需要进行销售计划和预测。目的是基于这些销售计划和预测，我们能够对于某些部件和原材料适时提前采购(甚至生产)。而且，这种销售计划和预测甚至会有多个版本，以覆盖不同长短的周期跨度。所以，我们的结论是：

NOTE 对于绝大多数制造业企业，无论是按库存生产，还是按订单生产，销售计划和预测都是产供销协同的基础保障。

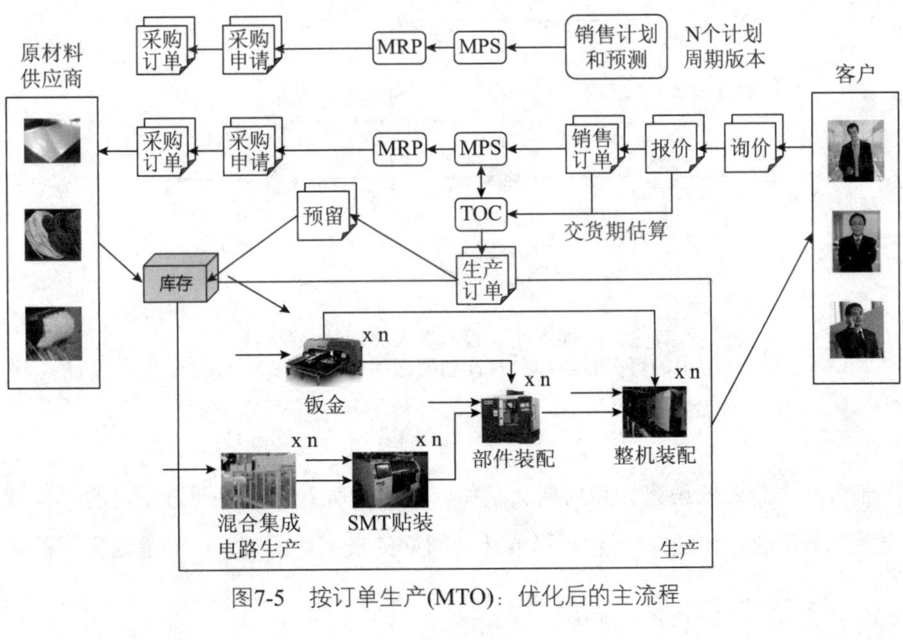

图7-5　按订单生产(MTO)：优化后的主流程

销售计划

要评估出未来的销售情况，主要有两种思路：

- 一种是通过收集和编制的方式获得的销售计划，我们专门称之为“销售计划”；
- 另一种是通过历史数据和其他来源的数据，用统计预测和大数据分析的方式获得的销售数据，对此我们专门称之为“销售预测”。

“销售计划”更多地动用“人”的力量和智慧，特别是一线业务人员对市场风向的感知；而“销售预测”更多地借助“数据”的力量，借助预测和大数据工具来研判未来市场的走向。这两种方式应该结合起来使用。对于缺乏数据积累的企业来说，可以从“销售计划”起步，而且应该利用数据驱动的软件平台，尽可能多地将一线业务人员和外部合作伙伴(如经销商)有条不紊地纳入到“销售计划”体系中来，以避免企业内部少数人“拍脑袋”的计划方式。

对于销售计划的编制，首先要解决的一个问题是“计划的周期”。什么是计划周期？用图7-6解释要比用语言来定义容易得多。明确一个计划周期，基本上需要5个参数。举例来说：每月12日(参数1)完成下个月月初(参数2)到下个月月底(参数3)，以周为单位的(参数4)月度销售计划，这个版本的计划每月循环重复1次(参数5)。

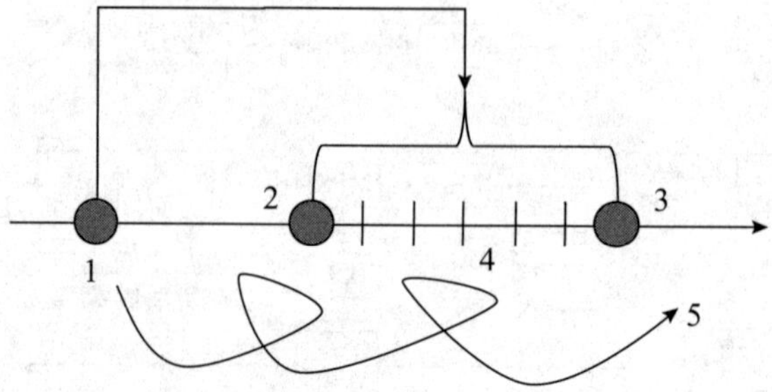

图7-6 计划周期

那么一个企业的销售计划周期又是如何决定的呢？这需要通过专门的“计划周期分析”来确定。如图7-7所示，影响计划周期的最主要的因素就是前面提到的各类部件和原材料的提前期(包括采购提前期和生产周期)。其主要的分析思路如下。

- “短周期计划”，因为是影响生产计划的主要计划，所以尤其关键。“短周期计划”的计划跨度不宜过长，因为计划跨度越长，计划就越不准确。但是，短周期计划的计划跨度也不能过短，以至于无法覆盖主要的生产周期和某些重要的采购提前期。
- 中、长周期的计划，主要是为了满足采购提前期较长的外购件和原材料，以及部分生产周期较长的通用自制件。中、长周期计划还有一个作用是调节淡旺季的旺季备货生产。
- 不同的部件和原材料，应该根据提前期的不同，被不同的计划周期所覆盖。

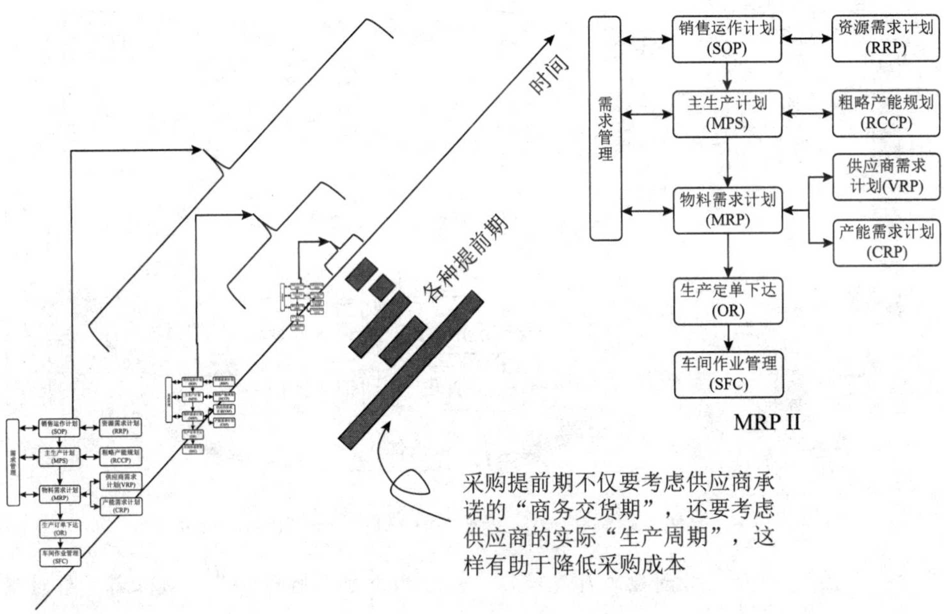

图7-7　计划周期分析

接下来，我们用一个完整的例子来描述一个企业的销售计划全过程。但是，正如上文中提到的，不同的企业对于销售计划编制的界面格式、计算规则、参与人员、业务流程都会有很大的不同，所以利用数据驱动型的软件平台来灵活实现是一个基本原则。而本例主要是给大家一个感性的认识和参考借鉴。

- 首先，如图7-8所示，这家企业是“分公司->大区->营销中心”三个级别的销售管理体系，全国有100多家销售分公司。而集团销售部是最终汇总销售计划并和生产、采购部门进行产供销协同计划的职能部门。而以月为单位的短周期计划覆盖了全国超过7000家经销商。所以，这家企业的销售计划是一个涉及5个层级，4次调整的完整销售计划体系。

- 对于每个层级，在计划编制和调整的过程中，都可以从系统中获得和自己相关的历史数据作为参考。同时，每个层级最后都会对反映实际和计划偏离度的“计划达成率”指标进行考核。
- 因此，整个销售计划又被称为“编制、调整、历史和考核四合一销售计划体系”。

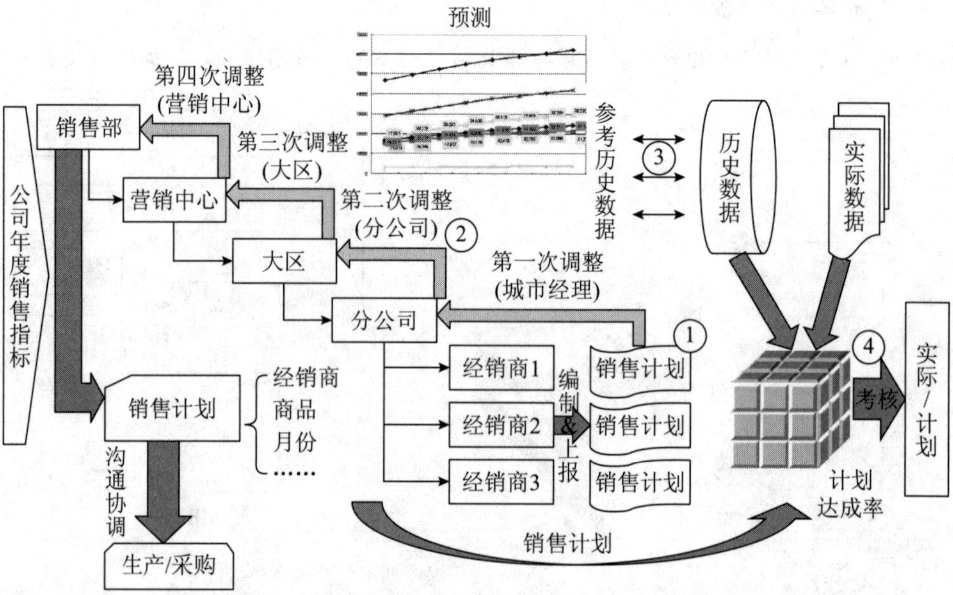

图7-8　举例：编制、调整、历史和考核四合一销售计划体系

- 如图7-9所示，短周期的月度销售计划分两个版本进行，两个版本都是针对下个月的。S12版在每月12日关闭，是主要的月度销售计划版本。S22版在每月22日关闭，是调整版。两个版本的发货优先级不同，S12要高于S22。对于不同层级的计划时间安排，采用的是固定日期的方式。
- 如图7-10所示，经销商每月1日到5日编制S12计划；而在15日到17日可以在S22中对下月计划进行调整。经销商有专门的计划填报及查询页面；也可以查询厂家业务员的历史审核数据及达成率。达成率分为单品达成率和综合达成率。单品达成率的计算为每个单品的发货数/S12计划数。综合达成率 = ∑[min(S1计划数，发货数)/ max(S12计划数，发货数)×(单品金额 / 各单品金额之和)]。

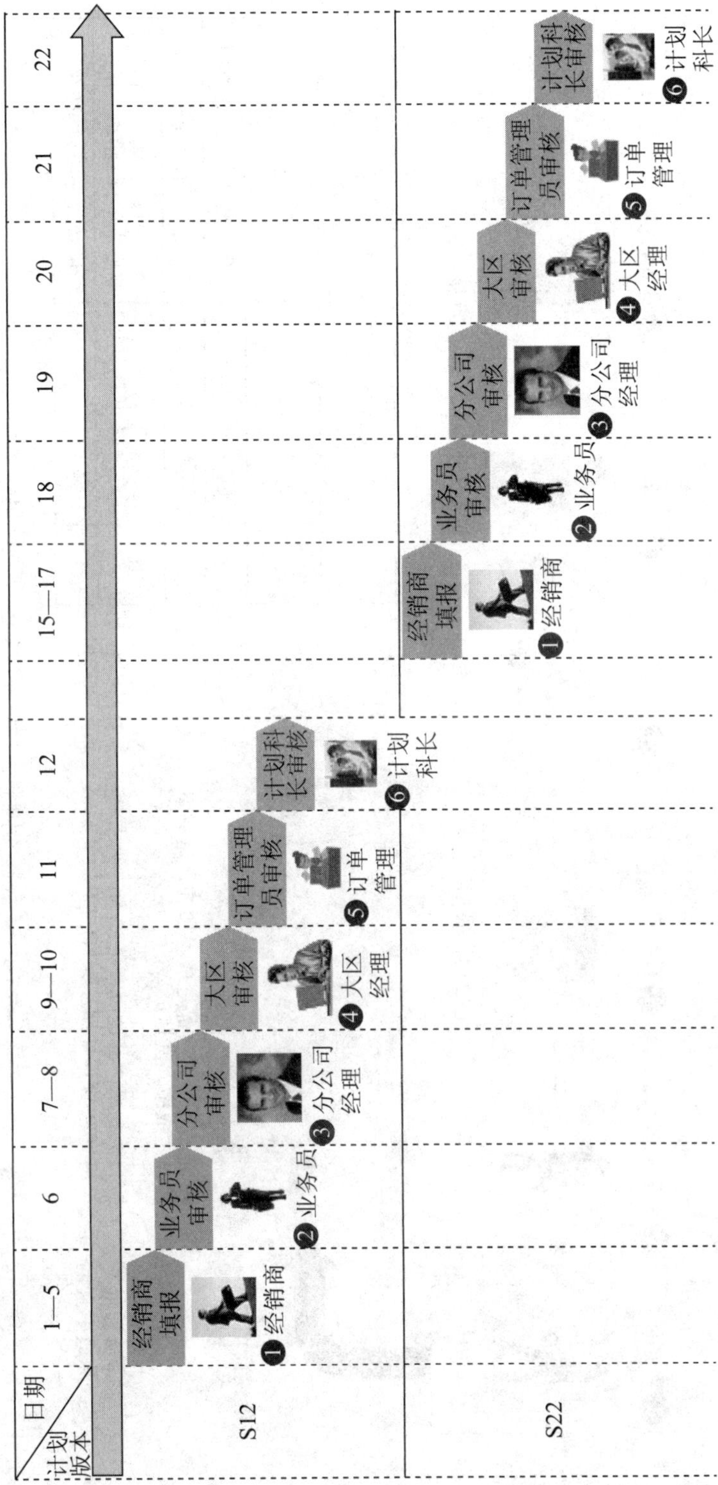

图7-9　举例：销售计划版本

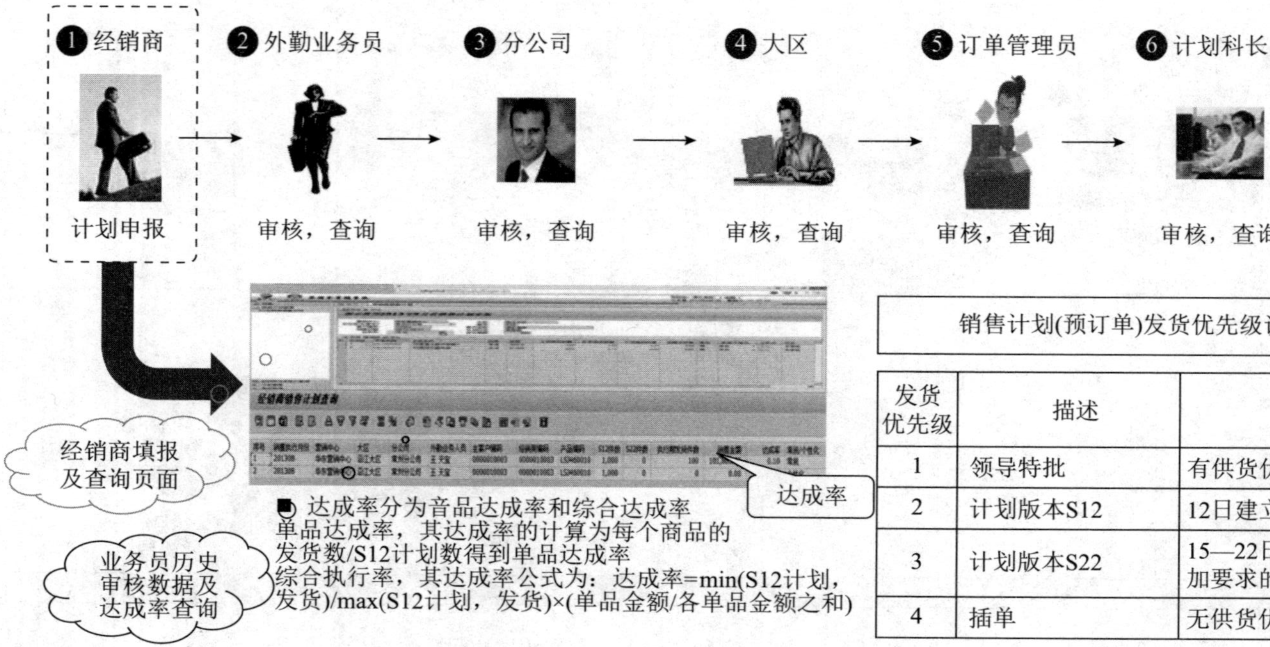

发货优先级	描述	备注
1	领导特批	有供货优先级要求的插单
2	计划版本S12	12日建立的计划版本
3	计划版本S22	15—22日建立的，符合追加要求的计划版本
4	插单	无供货优先级要求的插单

图7-10　举例：销售计划的填报和审核——经销商

- 如图7-11所示，业务员确认计划的日期为每月的6日24:00前和每月的18日24:00前。若超过窗口期，业务员仍未在系统中对销售计划数确认，则系统会在6日和18日晚24:00自动确认。业务员可参考历史销售数据等对每个经销商申报的销售计划分别调整或对经销商上报的总量进行调整。
- 如图7-12所示，分公司(办事处)负责人只能在每月7—8日修改业务员确认后的下个月S12版本的销售计划；在19日修改S22版本的销售计划。若超过窗口期，分公司经理仍未在系统中对销售计划数确认，则系统会在8日、19日晚24:00自动确认到下一环节。分公司(办事处)负责人既可对该层级销售计划单品汇总数据进行修改，也可对该层级所有经销商明细销售计划数据修改。
- 如图7-13所示，大区负责人只能在每月9—10日修改分公司确认后的下个月S12版本的销售计划；在20日修改S22版本的销售计划。若超过窗口期，大区负责人仍未在系统中对销售计划数确认，则系统会在10日、20日晚24:00自动确认到下一环节。
- 如图7-14所示，营销中心订单管理员只能在每月11日修改大区确认后的下个月S12版本的销售计划；在21日修改S22版本的销售计划。若超过窗口期，订单管理员仍未在系统中对销售计划数确认，则系统会在11日、21日晚24:00自动确认到下一环节。
- 如图7-15所示，集团销售部计划科长只能在每月12日修改下个月S12版本的销售计划，在22日修改S22版本的销售计划。若超过窗口期，计划科长仍未在系统中对销售计划数确认，则系统会在12日、22日晚24:00自动确认。计划科长完成总销售计划后提交成品调度中心。
- 如图7-16所示，为了提高销售计划的准确性，除了对于计划达成率的考核之外，另一个重要的机制是将销售计划和销售订单的发货优先级挂钩。发货优先级一共4级，1级为最高，4级为最低。基本原则是和S12计划对应的发货优先级是2；和S22计划对应的发货优先级是3；无计划销售订单的发货优先级是4；最高级发货优先级1用于特殊情况，需特批。

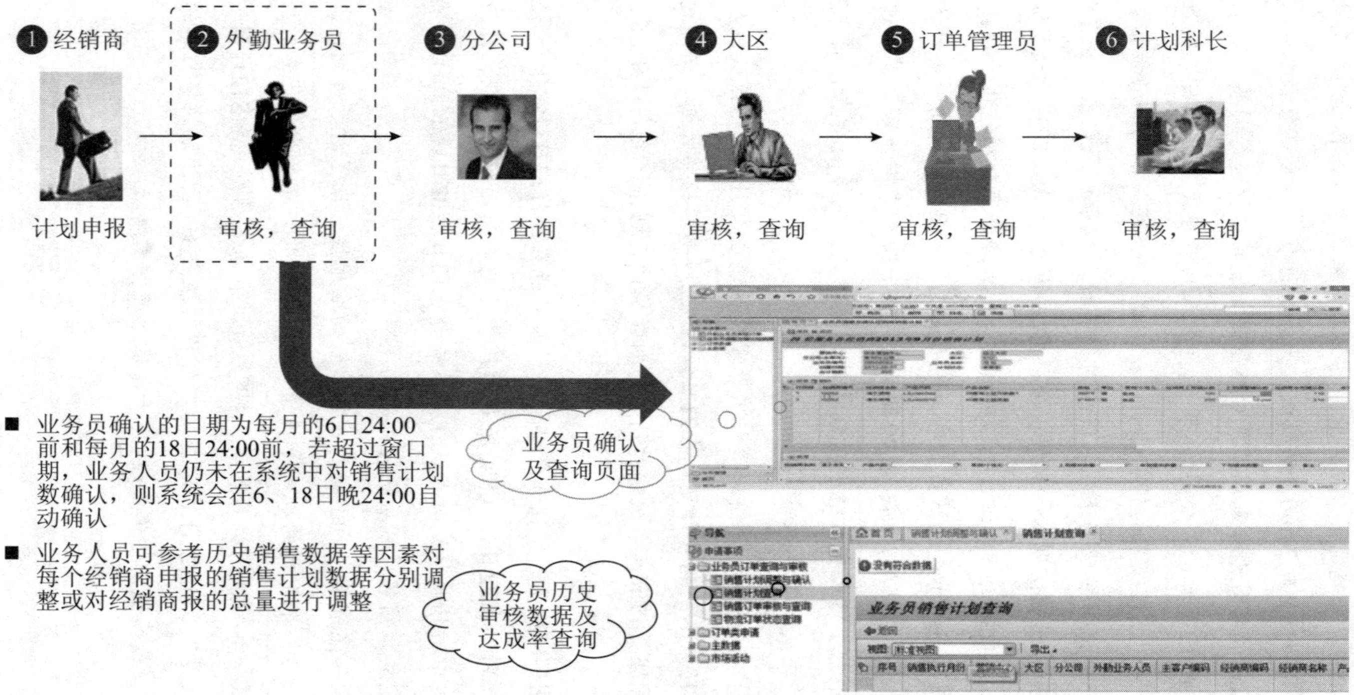

图7-11 举例：销售计划的填报和审核——外勤业务员

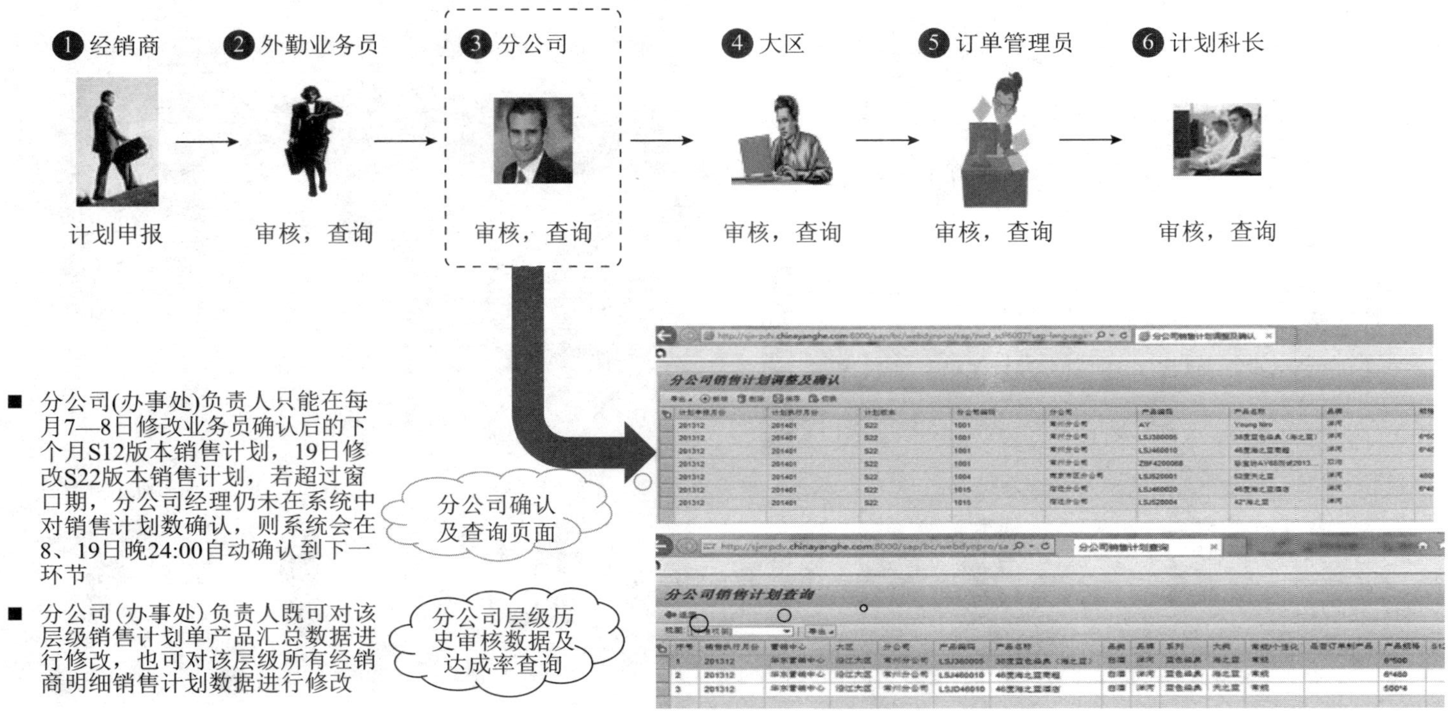

图7-12　举例：销售计划的填报和审核——分公司

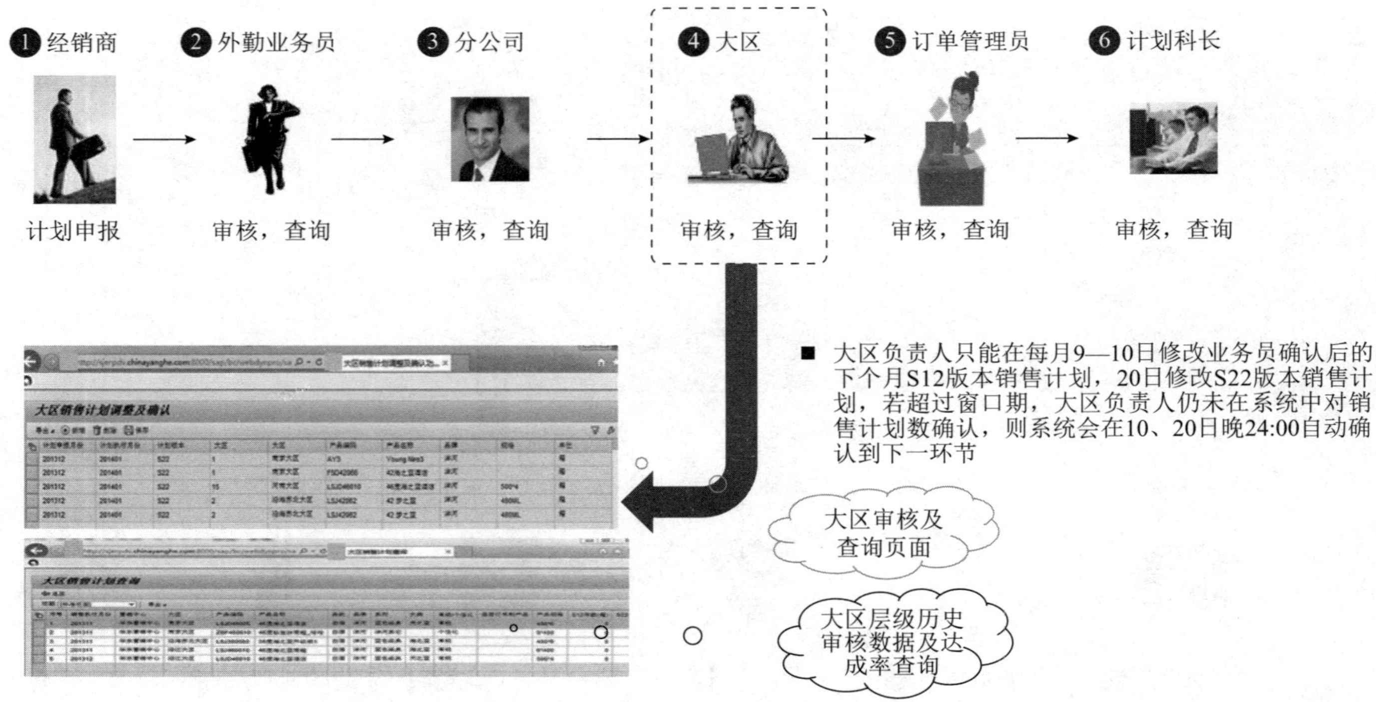

图7-13　举例：销售计划的填报和审核——大区

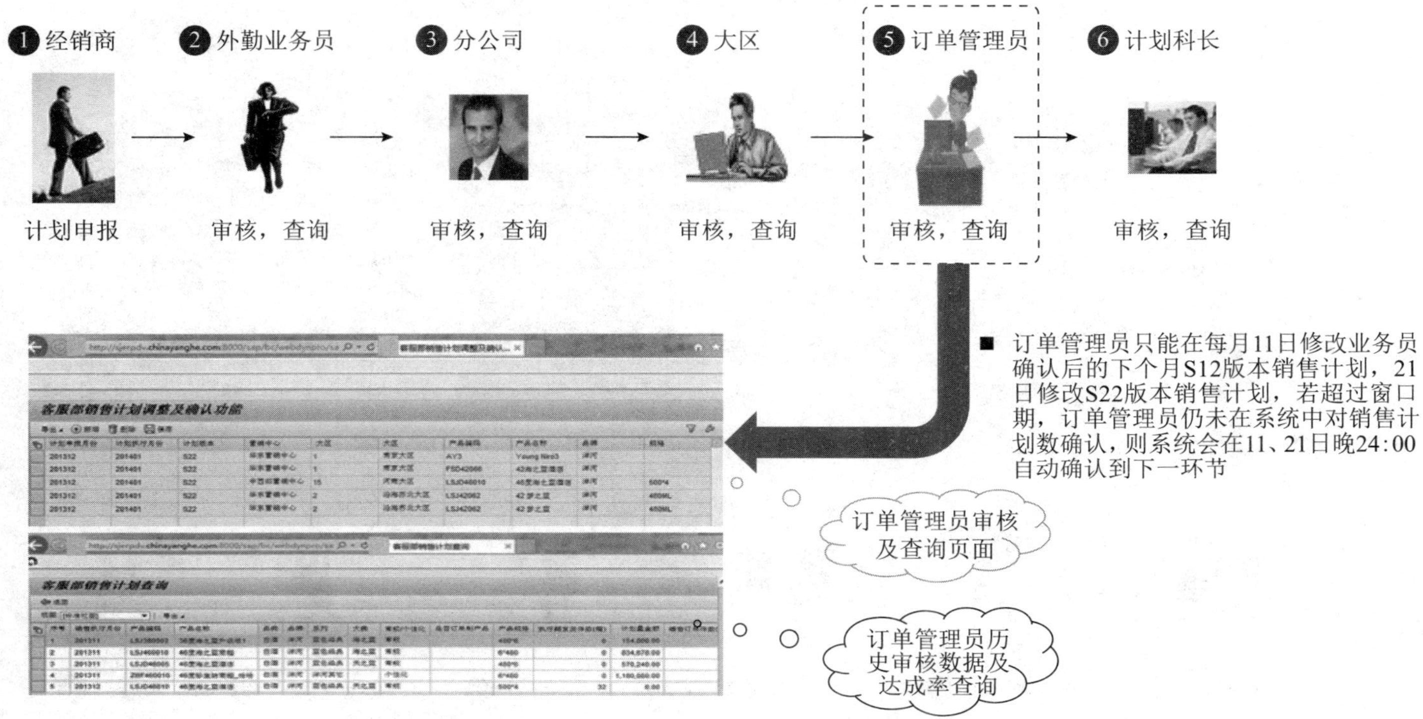

图7-14　举例：销售计划的填报和审核——订单管理员

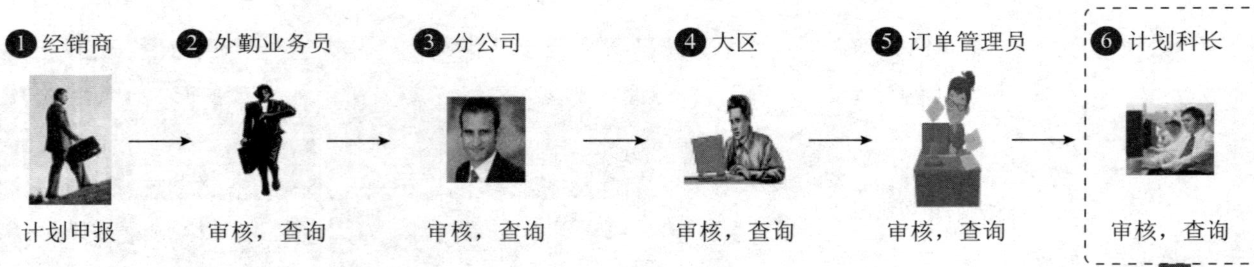

- 计划科科长只能在每月12日修改分公司层级修改后的下个月S12版本销售计划，22日修改S22版本销售计划；若超过窗口期，计划科长仍未在系统中对销售计划数确认，则系统会在12、22日晚24:00自动确认
- 计划科科长导出总销售计划并提交成品调度中心

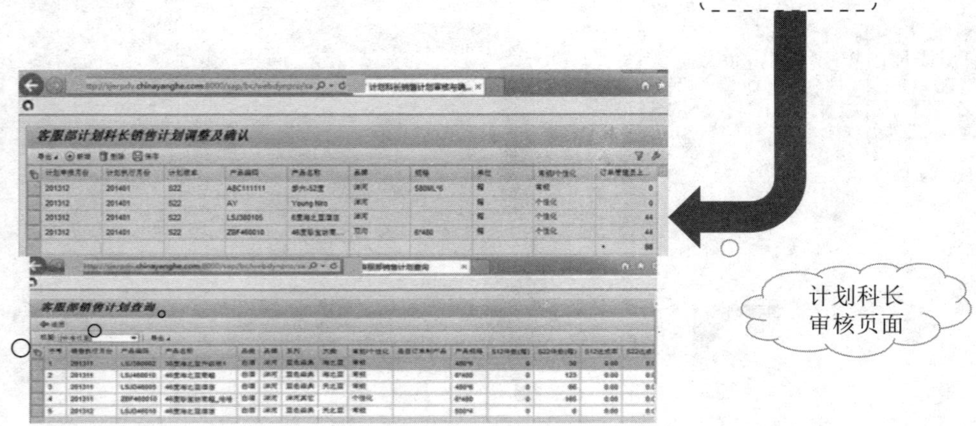

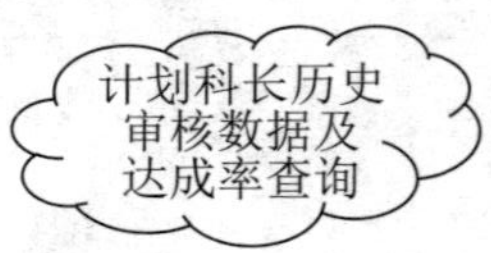

图7-15 举例：销售计划的填报和审核——计划科长

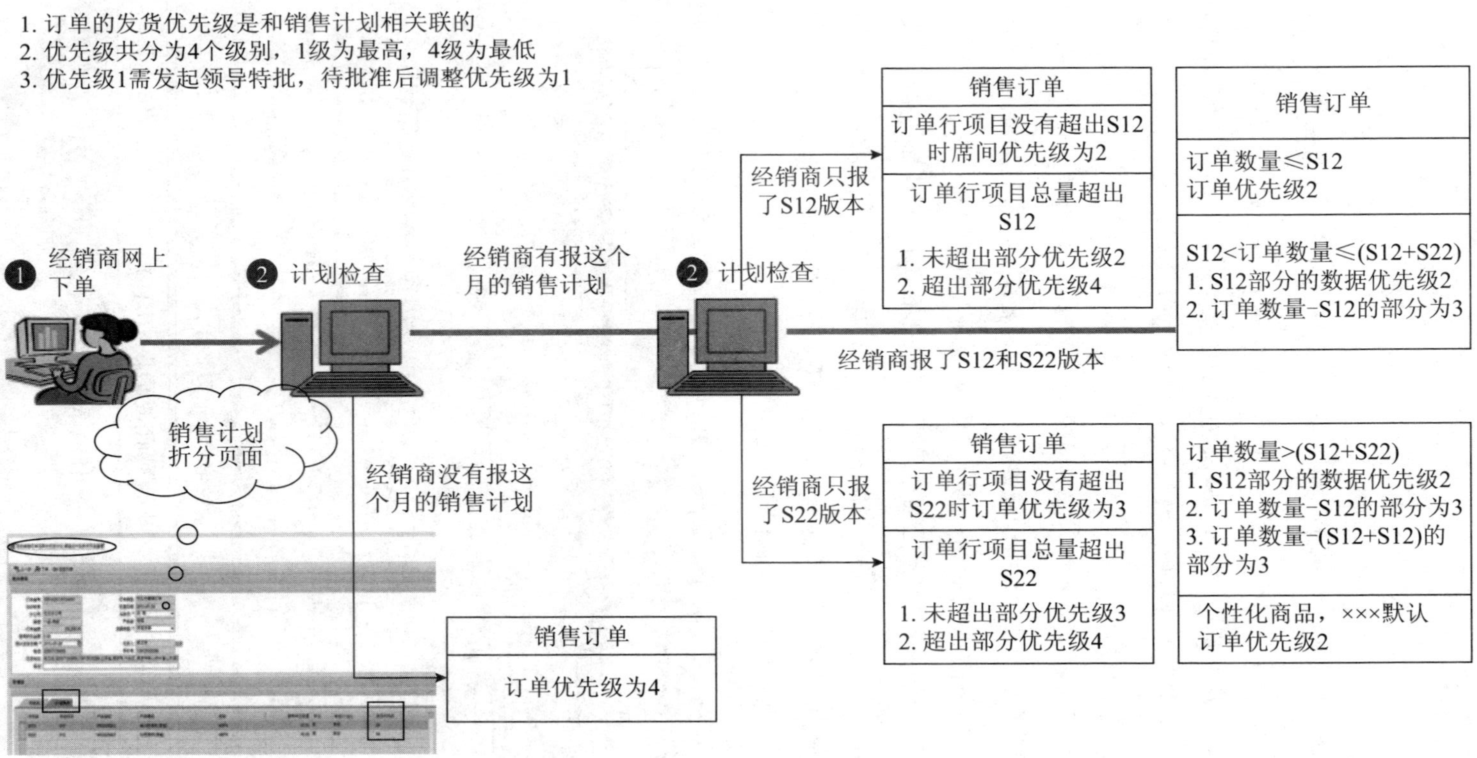

图7-16　举例：销售计划控制发货优先级

销售预测

应用大数据和统计预测工具进行销售预测是另一个获得对未来销售情况判断的方法。这个方向本身就相当宏大，从软件和计算平台的角度来说，可以有非常多的组合，而最上层是以R、SAS、SPSS为代表的统计软件，而下层数据源的管理，既可以是一般的关系型数据库、数据仓库，也可以拓展到以Hadoop为代表的大数据平台，或者内存数据库平台等。

当企业的数据主要还是内部生成的结构化数据，结合外部获取的有限的结构化数据(如相关行业和社会经济统计数据)时，可以将统计软件直接连接到数据驱动型软件平台上，实现计划和预测的一体化的管理(见图7-8)。

在刚开始的时候，甚至还可以使用轻量级的EXCEL统计插件来替代专门的统计软件。如图7-17所示，将各种数据源抽取到数据驱动型平台上之后，将销售历史序时数据及其他相关数据用业务建模和数据建模工具做成数据宽表。然后，用EXCEL统计插件建立预测模型，得到销售预测数据。

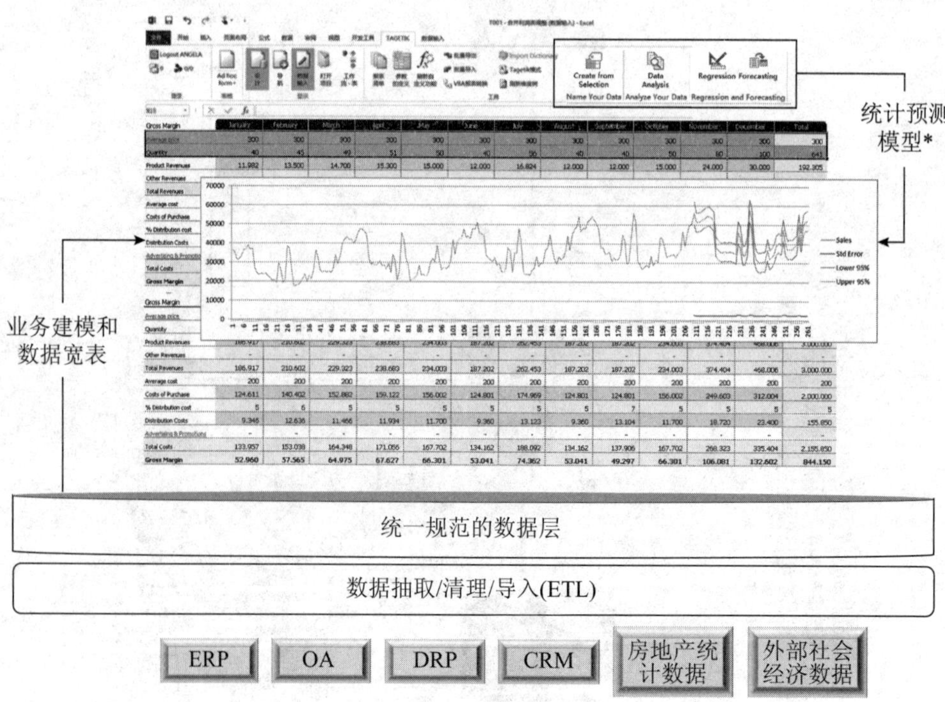

图7-17　销售预测

当然，当企业的数据量增大，对于统计预测工作越来越得心应手之后，除了使用更专业的统计软件作为前端工具，还可以用内存数据库或者大数据平台对整个平台进行升级。关于这个领域，我们将在第十一章“品类管理”中做进一步的介绍(“蟒”模型)。

小结

计划，是另一个传统企业信息化的痛点。在经过多年的折腾之后，我们才逐渐意识到千人千面的计划编制职能，完全不适合以ERP为代表的流程驱动型平台，而适合另一大类典型的数据驱动型管理。本章我们讨论了销售计划和预测。这是一个企业“局部”性质的计划。但是，当销售计划和预测的时间跨度达到半年以上时，这个专题将不可避免地和企业的“全面预算管理”相关。“全面预算管理”是另一个问题多多的管理领域。我们马上就会在下一章进行讨论。

第八章
全面预算管理

痛点吐槽

青年："求大师教我全面预算管理。"

大师："全面预算管理不仅仅是财务预算。它包罗万象，包含企业经营的各个方面，所以称之为全面。"

青年："那怎么做呢？"

大师："全面预算管理是一个包含战略、绩效、计划、预算、流程、KPI的宏大的管理体系。"

青年："那怎么做呢？"

大师："全面预算管理是企业管控中不可或缺的一环。它是公司战略执行的有效工具，是资源合理配置的手段，是业务流程的行为规范，也是绩效管理的依据。"

青年："那怎么做呢？"

大师："戴维·奥特利说过，全面预算管理是为数不多的几个能把组织的所有关键问题融合于一个体系之中的管理控制方法之一。"

青年："那怎么做呢？"

大师："全面预算管理是一个循环，从目标设定，到预算编制，到运营控制，到跟踪分析，到调整，到绩效评估，再回到目标设定，循环往复，不断提升企业管理效率。"

青年："那怎么做呢？"

大师："全面预算管理需要组织保证。"

青年："那怎么做呢？"

大师："全面预算管理需要自上而下、自下而上的反复沟通。"

青年："那怎么做呢？"

大师："预算编制方法包括固定预算、弹性预算、增量预算、零基预算、基础预算、定期预算、滚动预算、概率预算等。"

青年："那怎么做呢？"

大师："预算控制模式又分为柔性控制和刚性控制。"

青年："那怎么做呢？"

大师："预算还可以释放、调整、追加、返还等。"

青年："那怎么做呢？"

大师："你有完没完？有病吧！"

青年："不是，大师，我这里有200多张预算表，您给我看看吧。"

……

青年："大师！您怎么了？怎么晕过去了？"

拍案惊奇

全面预算管理的现状是：铺天盖地的理论和故事，应付不了一堆支离破碎的表。

在整个企业信息化领域，全面预算管理是一道非常独特的风景线：在项目开始之前，大家谈论的都是风花雪月、高大上的管理理念；而项目一旦开始，立马灰头土脸地陷入一大堆矮穷矬的表格当中。

这种现象就如图8-1所示那样，对于全面预算管理的实施落地，其核心和载体是相当多相互关联的预算表格(不论使用的是何种软件)。但是纯粹靠经验和人力来清理和设计这些表格，往往致使这些表格和项目本身如同一团乱麻。而大家曾经高谈阔论的种种理念，对于把这团乱麻理出头绪基本毫无帮助。

那这究竟是怎么回事呢？

NOTE 其实，全面预算管理实施的核心任务，是将企业未来的整个经营情况模拟出来，而大量的、相互关联的表格就是这种模拟的载体。

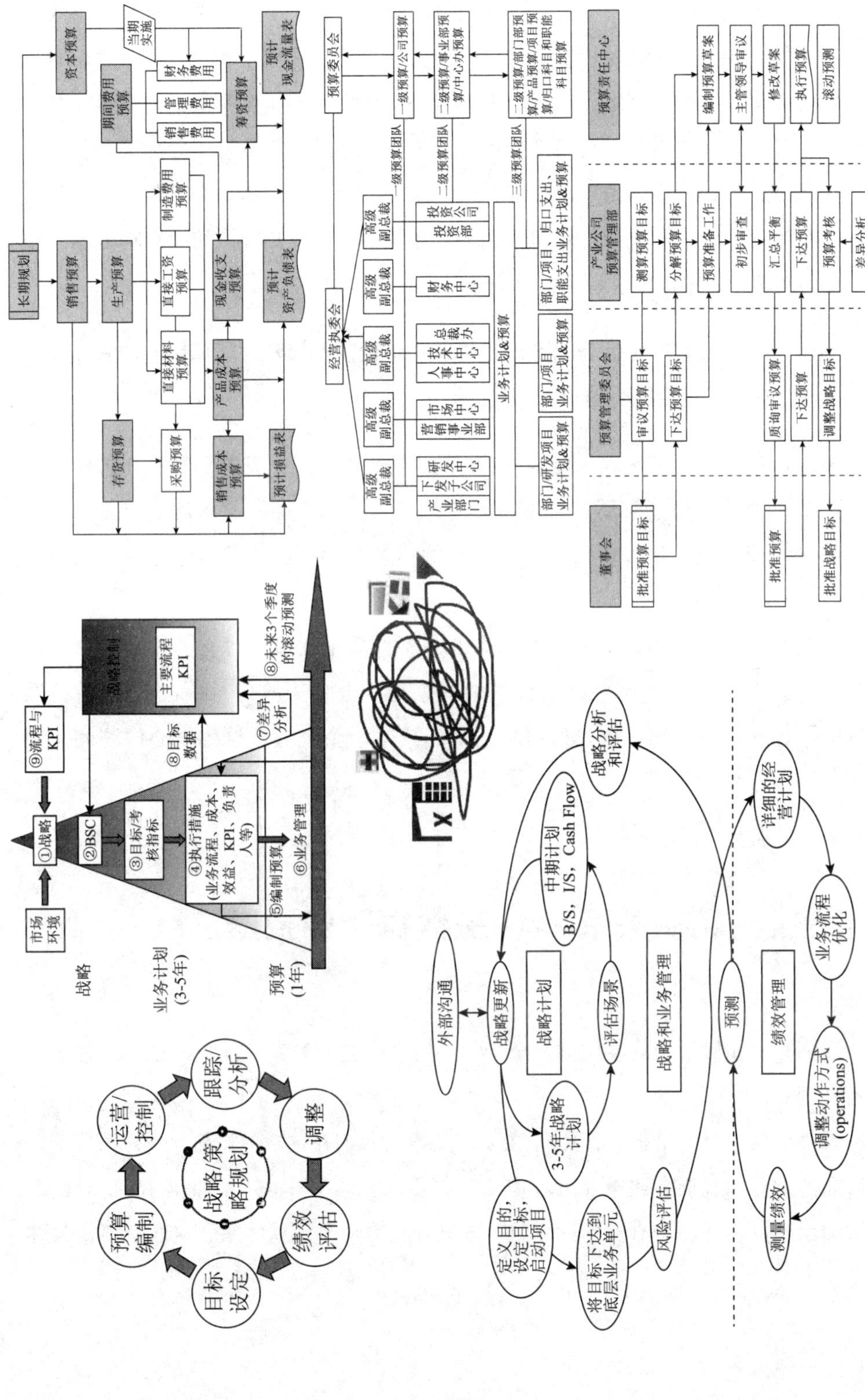

图8-1 全面预算管理现状

但是，不同的企业，不但业务不同，而且对于“模拟”这件事的看法出入也很大。比如，哪些方面需要模拟？如果仅仅模拟财务，那就不叫“全面预算管理”了，但是销售、采购、制造、投资、人力资源、费用是不是全都要模拟？再比如，要模拟到多细？比如采购，是要细到每一种单品，还是归类就好了？如果归类，类目定大还是定小？再比如销售，我们在第七章专门介绍了销售计划和预测。而仅仅作为一个局部的计划，就因为对灵活度的要求太高，就被ERP系统标准功能踢了出去，更何况现在是要把整个企业串起来进行模拟和计划？

NOTE 然而，目前几乎所有的全面预算管理理论都不涉及“如何用一堆表模拟一个企业”这个核心问题。

所以，那些理论当然就只能像图8-1那样围着那一团“表的乱麻”打转转了。当然，那些理论不是没有用。只是，一旦你进入正儿八经的实施落地阶段，你必须先解决“如何用一堆表模拟一个企业”的问题之后，那些理论才能发挥应有的作用。

也正是基于上述的认识和理解，本书并不打算重复那些已有的关于全面预算管理的理念和论述。大家可以从很多别的渠道获取相关的信息。在本章中(见图8-2)我们着重介绍一种解决“如何用一堆表模拟一个企业”这一核心问题的实用方法。

“主题–转换关系–表–主数据”四要素法

要回答“如何用一堆表模拟一个企业”这个问题，答案很简单，就是“你先别陷到表里去。”

要“模拟一个企业”，需要4个主要的要素。我们在这一节先简要地介绍一下。在后面的章节，我们会逐一介绍。本章的主要内容都在图8-3中。图8-3既是对四要素法的示例，也是一个真实(但不完整)的制造业的全面预算体系。这四个要素具体如下。

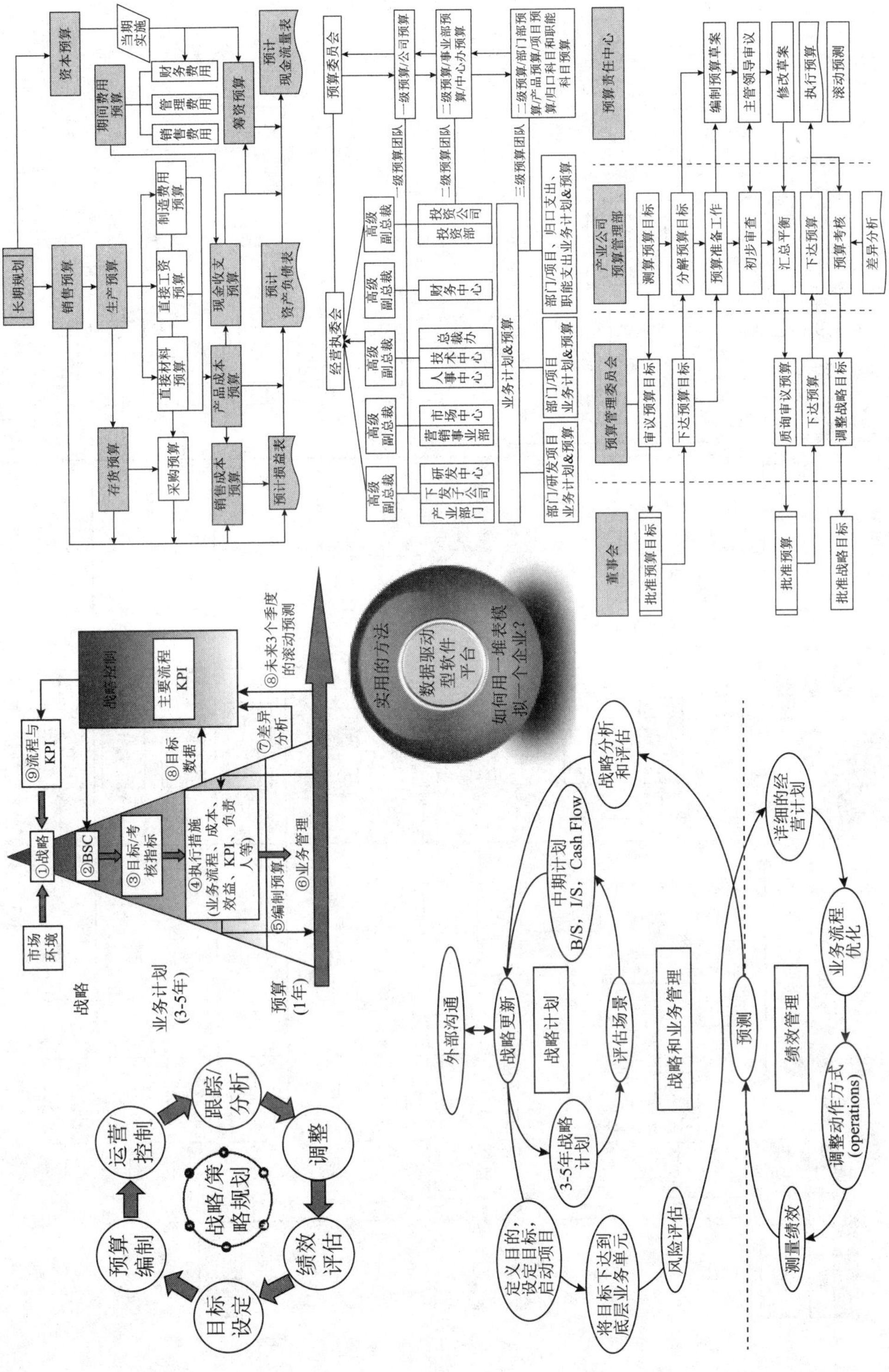
长期规划
资本预算
销售预算
生产预算
存货预算
采购预算
直接材料预算
直接工资预算
制造费用预算
期间费用预算
销售费用
管理费用
财务费用
当期实施
产品成本预算
现金收支预算
筹资预算
销售成本预算
预计损益表
预计资产负债表
预计现金流量表
经营执委会
预算委员会
高级副总裁
产业部门
下属子公司
研发中心
营销事业部
市场中心
人事中心
技术中心
总裁办
财务中心
投资部
投资公司
一级预算团队
一级预算/公司预算
二级预算团队
二级预算/事业部预算/中心办预算
三级预算团队
三级预算/部门部预算/产品预算/项目预算/归口科目和职能科目预算
业务计划&预算
部门/研发项目业务计划&预算
部门/项目业务计划&预算
部门/项目、归口支出、职能支出业务计划&预算
预算责任中心
董事会
预算管理委员会
产业公司预算管理部
批准预算目标
审议预算目标
下达预算目标
测算预算目标
分解预算目标
预算准备工作
初步审查
汇总平衡
质询审议预算
批准预算
下达预算
编制预算草案
主管领导审议
修改草案
执行预算
滚动预测
预算考核
差异分析
调整战略目标
批准战略目标
战略
业务计划(3-5年)
预算(1年)
市场环境
①战略
②BSC
③目标/考核指标
④执行措施(业务流程、成本、效益、KPI、负责人等)
⑤编制预算
⑥业务管理
⑦差异分析
⑧目标数据
⑨流程与KPI
战略控制
主要流程KPI
⑧未来3个季度的滚动预测
实用的方法
数据驱动型软件平台
如何用一堆表模拟一个企业?
战略/策略规划
运营/控制
跟踪/分析
调整
绩效评估
目标设定
预算编制
外部沟通
战略更新
战略计划
3-5年战略计划
评估场景
中期计划 B/S, I/S, Cash Flow
战略分析和评估
战略和业务管理
定义目标,设定目标,启动项目
将目标下达到底层业务单元
风险评估
预测
绩效管理
详细的经营计划
业务流程优化
调整动作方式(operations)
测量绩效

图8-2 本章的重点

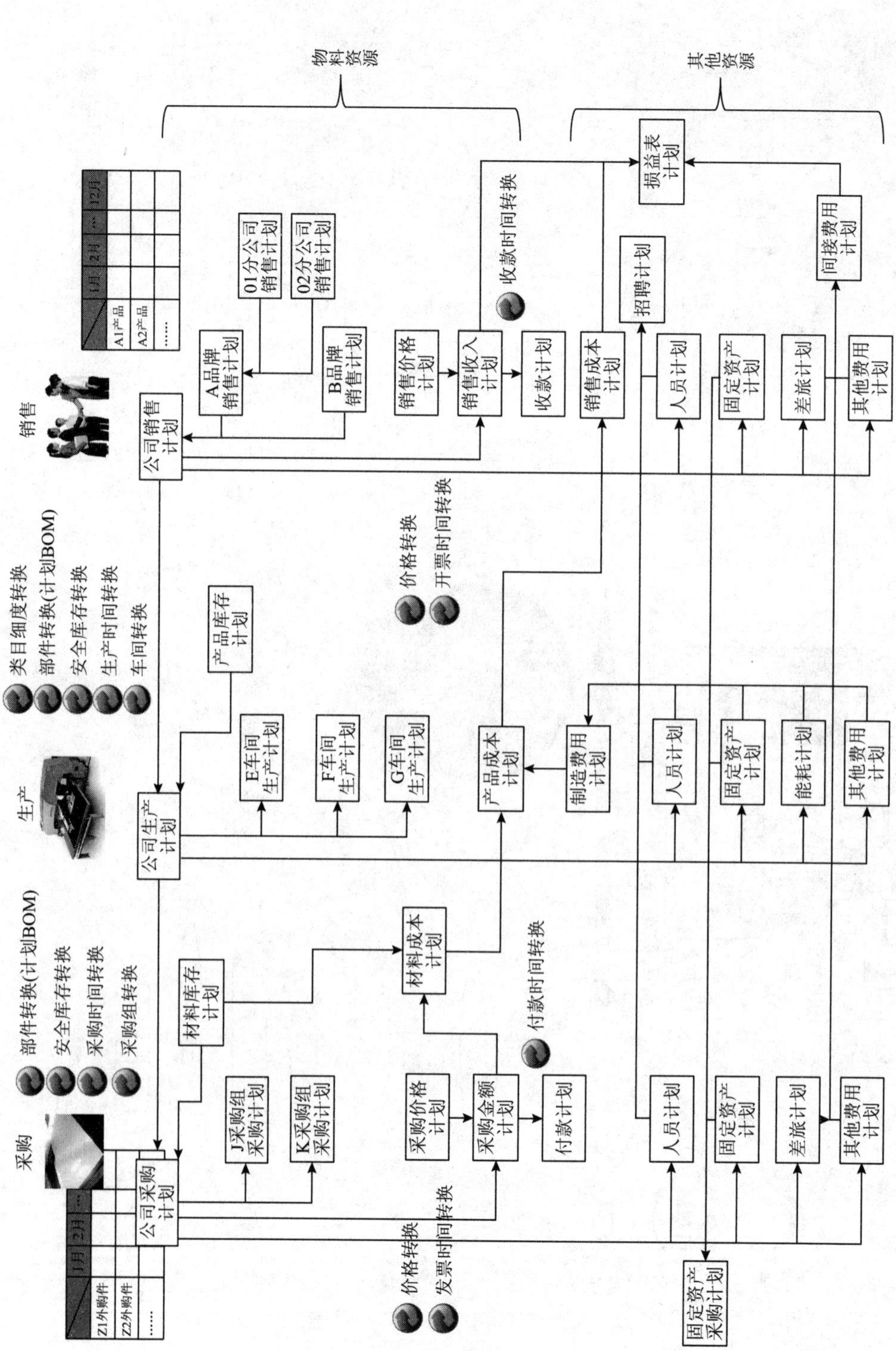

图8-3 “主题-转换关系-表-主数据” 四要素法(TTTM法)

- 主题或计划主题(theme)。有些有经验的专业人士会把相关性强的计划表格进行归类，比如销售计划、生产计划、采购计划等。这样可以更容易地管理整个计划体系。这可以看做是计划主题的雏形。计划主题是整体计划中相对完整、相对独立的一个部分(如图8-3中深底白字的框)。通过计划主题相互之间的依存关系(图8-3中黑色的箭头)，形成了完整的“计划路径”，也就构成了全面预算体系的主体。
- 转换关系(Transfer Rule)。如果一个计划主题依赖于其他计划主题(比如生产计划依赖于销售计划)，那它们的业务之间存在什么样的关系？以至于它们的计划数据之间应该遵循哪些具体的计算关系？这就是“转换关系”。传统的做法把转换关系留给了一大堆计划表中的一大堆公式。这是导致“一团乱麻”的重要原因之一。所以，把转换关系“升级”为四大要素之一，是对全面预算管理体系的重要改进。图8-3中的●标志就代表转换关系。
- 表或计划表(Table)。计划表就是实际编制、修改、模拟、审批计划所操作的数据表。图8-3中左上角和右上角，各放了两个极简化的计划表的样子。每张计划表都必须隶属于一个计划主题。和传统做法不同，现在你必须先设计并确定计划主题和计划路径，再来设计和确定相关联的计划表。
- 主数据(Master Data)。像物料(包括产品、部件、原材料等)、大客户、大供应商、组织机构(公司、工厂、销售部门、采购部门、成本中心等)、重要资产、预算科目、指标、参数等数据，你会在不止一个计划表中使用到，所以必须作为主数据加以统一维护。很多人认为主数据在ERP这样的业务系统中更重要，而在全面预算管理中不太重要，最多就是预算科目这些。殊不知，因为在全面预算中，主数据的颗粒度是不明确的(比如你可能不需要计划到每个客户，但对有些大客户却需要单独计划)，所以主数据的定义和管理就变得比ERP中还要复杂。此外，预算体系中还有一类特殊的数据，我们也纳入主数据的范畴：指标(或者称为数据明细项)。

通过提取出这四大要素，解决“如何用一堆表模拟一个企业”问题的思路就变得清晰起来了。构建整个全面预算体系的过程也称为“建模”，虽然略显技术化，但要比“如何用一堆表模拟一个企业”简炼得多。所以，下文我们也会适当地使用“建模”这个词。

因为“主题”、“转换关系”、“表”、“主数据”这四个词的英文首字母分别是T、T、T、M。这个方法也可以简称为“TTTM法”。

计划主题和计划路径

本节我们以图8-3中所举的制造业的例子，来具体讲解计划主题和计划路径。假设你是一家制造企业的老板，你现在要设计一套全面预算体系给你自己的企业用。

- 销售计划。整个体系当然从销售计划开始。你的公司有多个品牌。A品牌采用的是分公司加经销商的营销模式。所以，A品牌的销售计划以自下而上的方式，从全国的分公司编制开始，并汇总上来。B品牌是电商专用品牌，由B品牌的事业部负责编制。所有品牌的销售计划最后都汇总到公司层面。
- 此外，产品的价格政策由公司统一控制。所以各品牌事业部分别编制产品价格计划，并获得公司审批(图8-3中省略)。销售计划和价格计划自动生成销售收入计划。而收入计划又自动生成收款计划。销售收入计划被自动汇总到损益表计划，而收款计划被自动汇总到资金计划(图8-3中省略)。设计到这里，你发现计划主题和计划路径有这样两个特点。

NOTE 每个计划主题都必须有明确的部门负责。

NOTE 计划路径反映了计划主题之间的依存关系，所以也必然反映了计划的先后顺序。

- 生产计划。生产计划的编制是以销售计划为基础的。你知道从销售计划到生产计划可不是那么简单的，这里面涉及很多问题，比如部件车间的计划，需要根据总装车间的计划和产品的BOM表决定，这就有点像MRP了。但是，在做全面预算的时候需要细到每一个部件，每一个原材料吗？这些问题暂时先不用考虑，稍后会交给转换关系来决定。
- 除了销售计划，产品库存计划(特别是安全库存和淡旺季库存调整)也会影响生产计划。最后，公司整体的生产计划还需要分解到各个车间。到这里，你又有一个发现。

NOTE 计划主题之间的包含关系，并不影响计划路径。

- 比如，公司层面的生产计划包含了车间层面的生产计划；同样地，公司层面的销售计划也包含了品牌和分公司层面的销售计划。但是，前者的计划路径主要是自上而下分解的；后者的计划路径主要是自下而上汇总的。计划路径的不同，完全取决于业务逻辑，而和包含关系无关。

- 采购计划。根据销产供协同的规律，你知道接下来就应当是采购计划了。采购计划主要也有两个来源，一个是生产计划，一个是材料库存计划。编制采购计划的时候，也需要一些相当重要的转换关系。你对这些转换关系有一些初步的想法，所以做了一些记录，以备下一步使用。公司层面的采购计划，还需要根据外购件和原材料的分类分配给不同的采购组来负责。
- 和销售类似，对于一些主要的原材料和外购件的价格，公司采购部门也需要进行一定的预测和计划，并归入采购价格计划的主题。根据采购计划和采购价格计划，就可以得到采购金额计划。再考虑公司的付款账期政策，就可以自动得到付款计划。而付款计划也会自动汇总到资金计划中(图8-3中省略)。
- 另外，根据采购金额计划和材料库存计划，就基本上可以计算出材料成本计划。你知道这是一种可行的较为传统的产品成本计算方法，也可以采用和ERP中标准成本类似的方法来计算产品成本。
- 物料资源条线。到此为止，你知道销售、生产和采购的计划已经解决了两个主要问题：第一，解决了对于物料资源的计划，包括了所有产成品、自制部件、外购部件、外购原材料等计划。第二，计划出了对于销售、生产和采购部门能力(工作量)的要求。接下来，就可以根据这些能力(工作量)的计划来得到对于物料之外的其他资源的计划。你是否感觉这个思路好像有点熟悉？是的，这背后就是第四章“资源、能力、价值模型(RCV模型)”的理念。

NOTE 符合业务规律的管理理念对于搭建计划路径的“大架子”是很有帮助的。图8-3计划路径的背后就包含了MRP和RCV的管理理念。

- 其他资源条线。接下来，你的思路是根据销售、生产、采购部门的能力(工作量)来安排人员、固定资产、差旅、能耗等资源的计划。
- 然后，人力资源部门根据汇总的各部门人员计划，编制招聘计划。人员计划再结合薪资计划(图8-3中省略)就得到了人工成本和费用计划。
- 而各部门的固定资产计划中，既包含已有的固定资产，也包含新增固定资产的需求。新增固定资产的需求会被汇总到采购部门生成公司固定资产采购计划。固定资产采购计划又会生成固定资产付款计划，并更新资金计划(图8-3中省略)。此外，固定资产计划还会自动生成固定资产折旧费用计划(图8-3中省略)。

- 另外，根据差旅计划可以自动推算出差旅费用计划；根据能耗计划可以自动推算出能耗费用计划。这些都被汇总到间接费用计划中。通过这一系列资源和成本费用的计划路径，你又总结出一个规律。

NOTE 成本和费用的计划，最好是由成本和费用动因(Driver)的计划推算出来。

- 产品成本计划。根据会计准则，生产部门的人工成本计划和各种费用计划，都应该被归入产品成本计划。产品成本计划汇总料、工、费的成本后，计算出各产品的成本。你知道对于产品成本，也可以用ERP的标准成本法，根据BOM表、工艺路线和费用分摊表来计算。但是，你觉得传统的成本分摊分配的方法也有它的好处。所幸数据驱动型的平台很灵活，你可以自由地选择方式方法。有了产品成本计划，结合销售计划，就可以很顺利地计算出销售成本计划了。
- 损益表计划。最后，销售收入计划、销售成本计划、间接费用计划都汇总到损益表计划。同样地，资产负债表计划和资金计划也会最后自动生成(图8-3中省略)。这样，计划路径就基本完整了。

转换关系

转换关系看似一个技术化的术语，但只要用业务场景来理解就非常容易。我们接着上文的例子进行讲解。

设计并搭建好计划主题和计划路径，接下去的大部分工作你准备交给专业人员来做。但是，你发现有一些计划主题的编制对业务的要求是很高的，特别是里面隐含着一些业务规则。你知道，现在这些业务规则都需要用转换关系定义清楚。为了让自己对整个体系有更清楚的理解，你决定拿一个场景亲自看一下。这个场景就选

“根据销售计划生成生产计划”吧。

如何根据销售计划生成生产计划呢？这当中主要要解决哪些问题呢？你决定返璞归真，从一些本质性的问题出发来考虑。

- 生产什么(what)？这个问题看似简单，但细想却很复杂。它又可以分成两个问题：一个是生产什么产品？另一个是需要配套生产什么自制部件？因为自制部件是在其他车间，甚至其他工厂生产的，所以也需要计划清楚。
- 生产什么产品？这个问题在ERP中很简单，你卖什么就生产什么好了。因为在ERP中都是明确到单品SKU级别的，所以生产和销售是对上的。但是计划就不同了。首先销售计划就不一定到单品SKU，有些次要的单品被合并计划了，有些同系列不同规格的产品也被合并计划了。其次，销售对于如何将类目进行汇总计划和生产的标准极有可能是不同的。销售倾向按市场需求的相似性汇总；而生产倾向按生产工艺的相似性汇总。总之，这里面需要一项转换规则把销售计划中“卖什么”的数据转换成生产计划中“生产什么”的数据。我们就称这项转换规则为“类目细度转换”吧(见图8-3上部)。
- 生产什么部件？这个问题类似ERP中的MRP和BOM的问题。这需要按一定的规则把产品按部件展开。但是，你现在已经很清楚，ERP中的BOM是用不了的。还是那个老问题：颗粒度的问题。不仅产品的颗粒度未必到单品SKU，部件计划也不会包括所有部件和到单品级别。这项转换关系称为“部件转换”，所用的BOM称为“计划BOM”，以示和ERP的BOM相区别。
- 生产多少(how many)？这个问题主要已经被“类目细度转换”和“部件转换”关系解决。但是，还有一个问题是需要考虑的：安全库存和季节库存波动的问题。如果安全库存要调整，或者需要安排季节调峰生产，那么产品库存计划也将影响生产量。你可以把这项转换关系简单地称为“安全库存转换”。
- 什么时候生产(when)？销售计划只关心什么时候要产出成品货，但是生产计划需要关心各个生产环节什么时候需要交货(包括部件)，以及需要什么时候开工生产。虽然对于计划来说，到月的精度就够了，但是，毕竟这里面有一个时间转换的问题。这项转换关系称为“生产时间转换”。
- 在哪里生产(where)？你的公司有多个工厂和多个车间。生产计划需要最终落实到这些工厂和车间头上。对于计划来说，这个问题和“谁来生产(who)”是一个问题。你知道主要的原则是根据产品和部件的类别分配到不同的工厂和车间。但这还需要回头仔细看一下。这项转换关系称为“车间转换”。

从销售计划到生产计划，大概就需要这些大的转换关系。理到这里，你觉得心理有底多了，对于整个体系也理解得比较多了。虽然，这里面每一项转换关系的具体细节，还需要专业人员结合计划表和主数据的设计来明确。但是整个体系的清晰可见和工作的有条不紊应该是有保证的。

除了上述转换关系，我们再列举一些其他类型的转换关系，不求完整，只是多给大家一些感性认识。

- 量-价-额转换关系。很多时候，我们会分别计划数量和价格。通过数量和价格计算金额也是一种常用的转换关系。除了销售和采购之外，像按照差旅次数和单次平均差旅费用计算总差旅费用、按照人头数和人均工资计算总人工成本等都属于这一类转换关系。
- 单-票-款时间转换关系。下单、发票和收付款之间会有时间差。有时这种时间差还会很大。在计划中纳入这种时间差，对于资金计划尤为重要。这类转换关系，对于销售侧和采购侧都适用。而且，稍加变动，这类转换关系也适用于融资计划、投资计划等其他影响资金流的计划。
- 能力(工作量)-资源转换关系。这类转换关系又称为“定额”标准，是计算完成一定量的工作，需要各种资源的数量的。对于这类转换关系，一定要当心一点：对于固定的资源(对应沉没成本)，比如已经购买的设备，如果计算出来的资源需求小于已有的固定资源，那结果就只是没有新增资源计划而已。已有固定资源是无法“缩减”的。
- 汇率、利率等转换关系。这些常用的计算规则，也可以看做是转换关系。

计划表

计划表是整个体系最后的操作载体。有了计划主题和计划路径、转换关系以及主数据的事先规划，计划表的设计工作将比原来有极大的进步。借用第三章“如何分析”中的说法：

NOTE 大多数时候，我们害怕的是“凌乱”，而不是“数量”本身。

不过对于计划表的设计，还是有一些原则需要讲解的。

- 每张计划表都必须隶属于一个计划主题。
- 计划表的设计必须人性化。
- 将计划编制者需要用到的历史数据和相关联的数据从数据库中自动提取出来，并在计划表中以适当的格式展现(取填结合)。
- 能提供默认值的就尽量提供，尽量减少“空白项”。比如，图8-3右上角那个简单的计划表，如果第一栏有默认的产品，就要比需要操作者手工从菜单中一个一个选出产品要方便得多。
- 系统前端最好能灵活运用公式等功能，比如将EXCEL作为集成的前端。这一点远比看起来的重要；技术上对软件平台的要求也比看起来的难得多。
- 有条件的，最好请美工。
- 计划表内部也存在很多计算公式，有些可以看做是小的、本地的转换关系。一定要注意公式之间的关系，避免混乱的发生(如死循环等)。

计划表本身是和软件平台关系最密切的。不同的软件平台，功能各不相同。优劣的评判可以参考第二章“平台的气质”。

主数据

把主数据作为四大要素之一，足见其重要性，这个在前文中已经解释了。下面我们具体谈一下在设计全面预算体系的主数据部分时需要注意的一些问题。为了方便理解，我们经常会拿ERP系统中的主数据作为比较。

- 主数据的种类问题。和ERP系统不同，你会用到哪些主数据，完全取决于你的设计，数据驱动型的系统是不做预先设定的。主数据的种类一方面和你的全面预算体系的广度和深度有关；另一方面也和你对计划这件事的看法有关。例如，如果你是个传统零售业者，可能客户在你眼里只是匿名顾客，是不值得作为主数据来计划的。但是，如果你是个新型电商业者，你可能觉得对客户进行精心分类，并分别计划是件特别重要的事情。全面预算系统会涉及的主数据主要包含以下几大类。

- 组织结构类，比如公司、工厂、车间、大区、分公司、销售组织、采购组织、仓库、职能部门等。
- 产品物料类，比如品牌、品类、产品、部件、原材料等。
- 合作伙伴类，比如客户、供应商、经销商等。
- 内部资源类，比如员工、固定资产、设备、车辆、建筑物、土地、场所等。
- 财务类，比如预算科目、银行账户、成本中心、利润中心等。
- 指标类(数据明细项类)，比如各种数量指标、时间指标、比率指标、参数等，有时也可把科目纳入这个大类管理。

● 主数据的颗粒度问题。处理实际业务的系统(比如ERP)，主数据的颗粒度往往要到最细。比如你做了一单销售订单，你必须明确知道是卖给哪个客户、卖的是哪几样产品吧？但是，在计划和预算体系里，却不是这样的。所以，定义各种主数据的颗粒度成为全面预算体系搭建中特别重要的一个问题，而这个问题又因为下述两个现象而变得更加灵活多变：

- 同一种主数据可以定义“混合”的颗粒度。
- 比如，你可以将公司里最主要的几个爆款单品计划定到SKU级别。但是，剩下的产品，到小类目就可以了。这时，你的产品主数据的颗粒度就是“混合”的。这种情况在计划和预算体系中比比皆是，比如客户、供应商、部件、原材料、设备等可能都需要用“混合”颗粒度。这也是符合管理的“20/80”法则或者“30/70”法则的。
- “混合”颗粒度会自然引申出一个麻烦的问题：计划路径“开叉”问题。举例来说，对于到SKU的爆款单品，你的销售计划需要分别到数量和价格，然后再到销售金额。但是，颗粒度到三级类目的产品，实际上一个类目包含了很多单品，有可能连数量单位都是不统一的(在有些行业、有些情况下可以统一到标准数量单位上)，所以只能直接做销售收入的计划。这样，计划路径就因为颗粒度的不统一“开叉”了，增加了计划的复杂度。

● 不同的计划主题需要不同的类目体系。

- 例如，上文提到销售倾向按市场需求的相似性汇总产品类目；而生产倾向按生产工艺的相似性汇总产品类目。如果产品的颗粒度不是都到SKU(这是极有可能的)，那就需要专门的转换关系来处理了。

● 主数据相互关系问题。不同种类的主数据，相互之间会存在一定的关系。

这些关系需要专门明确，以避免系统中主数据的混乱。主数据的相互关系主要有三种。

- 归属关系。比如，各种组织结构会分配(映射)给利润中心。技术上归属关系是N：1的。当存在归属关系的时候，计划表中就不要让用户同时填入这两种主数据。其中一种应该是通过另一种自动“派生”出来的。
- 约束关系。比如，某个销售分公司只可以销售某些产品，而不可以销售另外一些产品。技术上约束关系是N：M的。当存在约束关系时，计划表中最好能将约束关系体现在默认数中，比如该销售分公司的计划表中已经列好他们可以销售的产品，或者至少系统应能进行校验检查，以防止错误。
- 计算关系。这主要体现在指标类主数据之间。有些指标类主数据，在主数据定义的时候就存在明确的计算关系。这种计算关系比转换关系简单，但更明确。

- 主数据跨系统统一问题。虽然在全面预算系统中可以灵活地定义主数据，但是完整的计划和预算管理循环需要将预算数集成到业务系统中进行预算控制和检查；也需要将业务系统中的实际业务数据集成到预算系统中，进行“预实比较”。因此，主数据需要在多个系统中(尤其是预算系统和ERP系统之间)进行映射和匹配。虽然数据驱动型系统有专门的工具进行这类数据清洗工作，但是在设计主数据的时候就尽量考虑和外围系统保持一致仍不失为一种好的做法。

从上面的介绍，你可以感受到，如果把主数据定义清楚了，加上计划主题和计划路径，以及转换关系，哪怕计划表还没开始设计，整个全面预算体系就已经非常清晰了。四要素法(或者叫TTTM法)是不是真的很实用？

小结

全面预算管理有很多理念，但是全面预算管理的系统实现的核心就是两个字：“模拟”。要用一个系统、一堆表以及表里流淌的数据模拟出一个真实而复杂的企业的未来，这可真不是一件容易的事。“主题-转换关系-表-主数据”四要素法(TTTM法)就是为这个目的而生的。

第九章
产品成本分析与模拟

痛点吐槽

生产制造业中的产品成本控制一直是个难点，需要管理成本的环节在整个企业是散落在不同的职能部门的，如计划、采购、制造、工程、财务的部门，对于实际成本的组成及成本差异分析通常是一件费劲的事，更不用谈如何在经济环境上下游市场发生波动时有效模拟成本。

遇到这样的问题时，无论是从信息化的角度还是业务管理部门的角度，通常第一个想到的是用ERP系统解决的问题。ERP系统把生产流程管理起来的同时，根据生产计划、原材料投入和生产制造工艺中的相关作业来收集计量相关的成本，ERP系统生产成本控制中的成本流与生产制造是紧密相连的，可以做到完全集成的，图9-1描绘的是典型的生产制造成本控制的流程。

大多数的企业在上ERP系统时都会采用标准成本法来计量成本。标准成本其实产生于20世纪20年代的美国，管理科学家泰罗在《科学管理》一书中说过："科学管理如同节省劳动的机器一样，其目的在于提高每一单位劳动的产量"。而提高劳动生产率的目的是为了增加企业的利润或实现利润最大化的目标。标准成本法也是泰罗制与会计相结合的产物。第二次世界大战以后，随着管理会计的发展，标准成本法的成本控制得到广泛的应用，主要方法是通过标准成本的制定、差异的分析、差异的处理三个部分组成成本控制系统。它以目标成本(标准成本)为基础，把实际发生的成本与标准成本进行对比，揭示出成本差异，使差异成为管理者发出的一种"信号"；以此为线索，企业可以查明形成差异的原因和责任，并据以采取相应的措施，巩固成绩，克服缺点，实现对成本的有效控制。

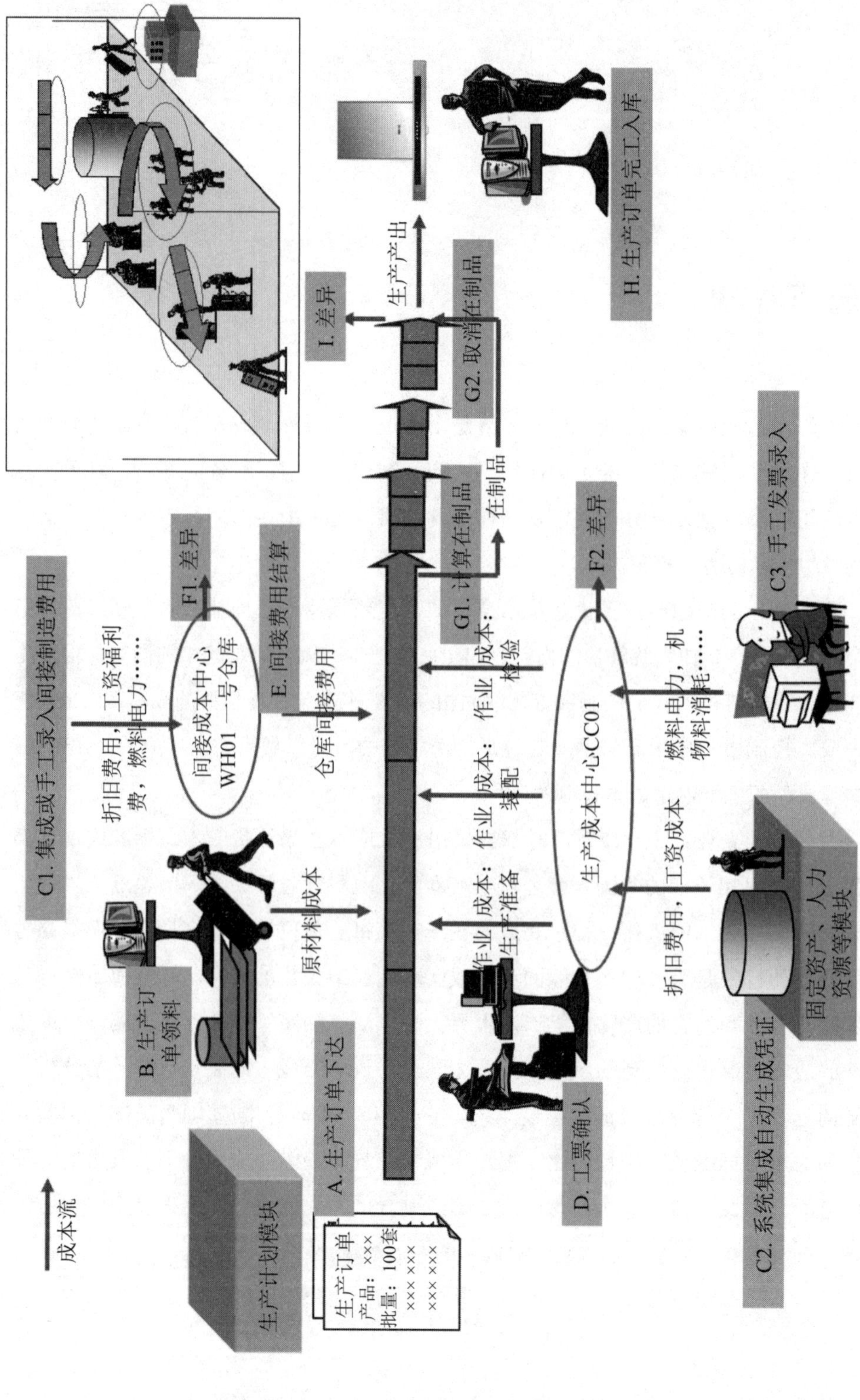

图9-1 ERP系统中的生产成本控制

标准成本法倡导的是在制定标准成本时，企业可以根据自身的技术条件和经营水平，制定标准成本。通常企业在制定标准成本时普遍会大于理想标准成本，但小于历史平均成本。正常标准成本具有客观性、现实性、激励性和稳定性等特点。如图9-2所示，一般产品的标准成本由直接材料标准成本(料)、直接人工标准成本(工)、变动和固定制造费用(费)组成。

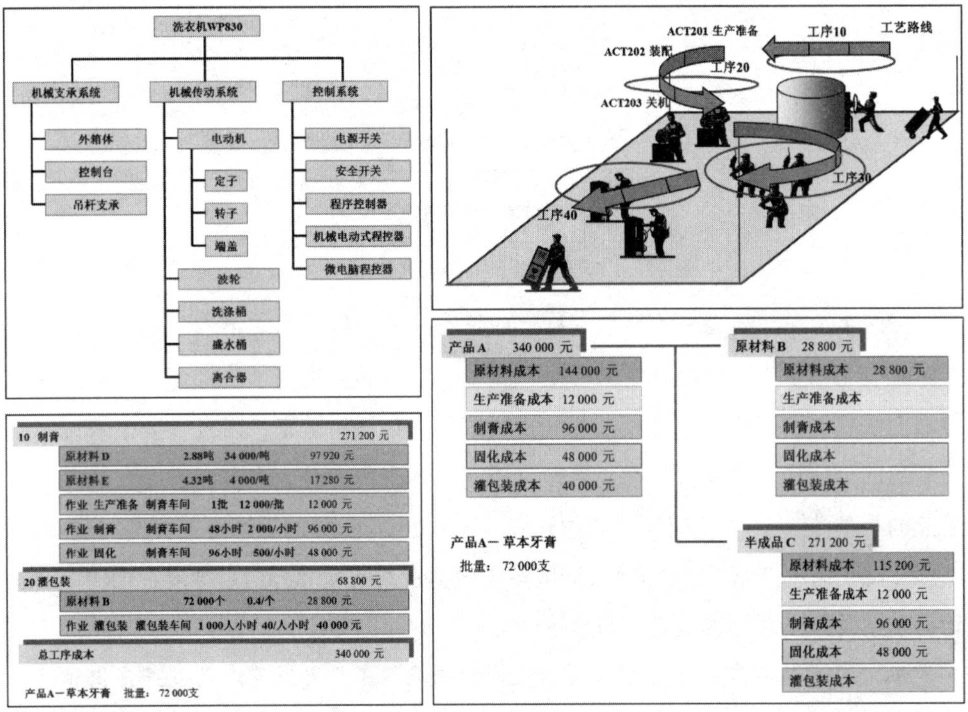

图9-2　ERP系统中的标准成本

采用标准成本法管理的企业，在ERP系统中同时提供标准成本、成本差异和实际成本三项成本资料。通常“原材料”、“生产成本”和“产成品”账户登记实际数量的标准成本，其余额反映的是资产的标准成本，同时设置成本差异账户分别记录各种成本差异(见图9-3)。在会计期末对成本差异进行处理，有些企业采用结转本期损益，将所有差异转入“利润”账户，或者先将差异转入“主营业务成本”账户，前提是成本差异是由不正常的浪费或者效率问题造成的，在差异较大而原因不明的情况下，这种方法可能会造成歪曲成本、脱离实际的情况。有些企业选择调整销货成本与存货法，在会计期末将成本差异按比例分配至已销产品成本和存货成本。

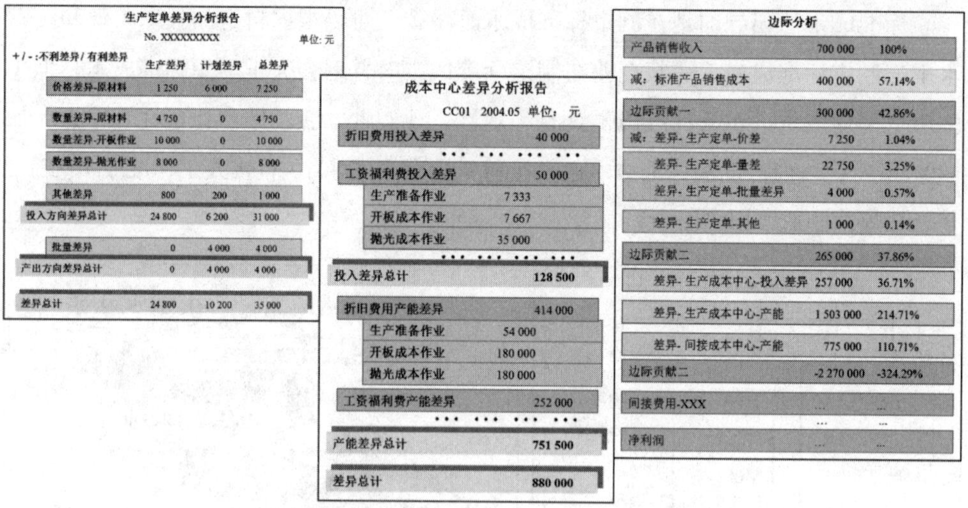

图9-3　ERP系统中的标准成本和差异分析

ERP系统中产品成本也是采用标准成本和差异分析的内在逻辑。虽然这种内在逻辑具有它的优点，但也有它的不足。比如，稻盛和夫在阿米巴经营中曾批评这种方法无法将制造部门真正地和市场和市场价格变化联系起来。而且，至少来说，单一视角的分析毕竟带有很强的局限性。成本差异事实上是由许多因素导致的，包括差异的类型(材料、人工或制造费用)、差异的大小、差异的原因、差异的时间(如季节性变动引起的非常性差异)等。这些多维度多视角的差异分析是很难在ERP中动态地得到结果的，原因也是显而易见的。

- ERP系统中有许多企业自身的生产制造采购等信息，管理的也是产供销的过程，但是ERP系统中无法体现出对成本的影响因素，比如ERP系统中的标准材料成本的核算通常是用材料价格标准去乘以材料用量标准得出标准材料成本，而如果在上游原材料价格发生波动时，我们如果不去调整价格标准，那么材料成本的标准成本是无法反应实际市场状况的。
- 在ERP系统中，也无法通过对原材料的波动预测去建立模型测算对产品成本的影响。
- ERP系统始终不是一个数据分析系统，所以缺乏对成本多维分析的能力。
- ERP系统中的实际的成本控制与预算或计划系统事实上也是脱节的。

成本的差异分析及基于动因的成本模拟是很难在ERP系统中实现的，这也是流程型系统中成本体系发展的缺失部分或者说是一个瓶颈。

拍案惊奇

产品成本分析与模拟更需要一个数据驱动的成本模型，可以基于各种成本影响因素的动态变化，寻找到相应的产品成本的差异。借助多维度因素的综合分析逻辑模型，细化分析成本差异；同时融入市场状况外部动因，动态反映因子变化而导致的成本变动，进行成本模拟，获取目标成本，采用有效控制手段，以达成成本控制的最终目标，更重要的是为企业产品定价和产品类型组合的确定提供数据支撑。

从架构上看，产品成本分析与模拟应用可以抽象成三个主要层面(见图9-4)。

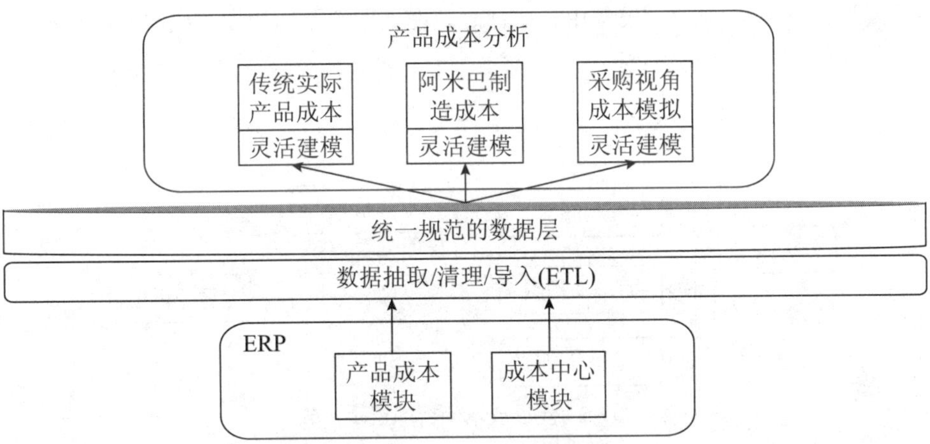

图9-4　数据驱动的产品成本分析架构

- 数据层：承载产品成本分析所有数据，主要包括：
  - ERP成本模块中的实际成本流，成本中心模块的明细成本数据(成本要素、成本中心、内部订单等)；
  - 成本影响因素及前提假设，这部分数据一般并不存在于ERP中，或者可以采集部分供应链系统中的有效数据作为预测的数据源头；
  - 对于外部动因，也可通过行业预测报告，或者大数据的手段获取趋势分析数据。
- 应用建模层：产品成本的计量模型以及按不同视角的分析模型及成本的管理模型都是在模型层面实现的，主要涵盖的内容包括：

- 成本的计量模型(产品结构BOM、生产工艺、生产计划概要等)；
- 基于不同视角的成本影响逻辑模型(影响因子，因子与成本的逻辑关系)；
- 多维成本差异分析模型；
- 计划预测模型。

- 报表及用户交互层：可以使用最终用户比较熟悉的工具，如Excel、Web等，包括交互界面有：
  - 因子调整与输入；
  - Excel 成本分析报表；
  - 动态的模拟界面；
  - 趋势、结构等图标展示。

从逻辑构成上看，产品成本分析模型可满足对于实际成本的分析，月度的滚动成本预测、年度成本预算及5年中长期计划。在这四个不同周期的成本分析与模拟环节，进行基于前提假设因子变动的、多个维度和视角的差异分析(见图9-5)。

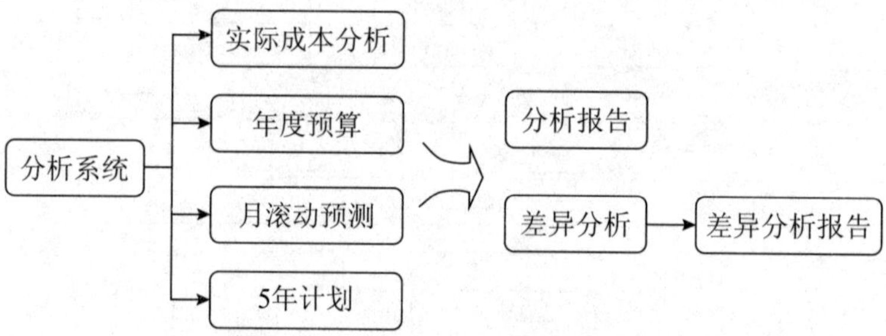

图9-5　产品成本分析的逻辑构成

为了进一步介绍数据驱动的成本模型的分析思路及逻辑构造，我们在这里分享一个汽车制造企业的成本分析案例。在传统的成本差异分析中，往往差异的计算是按照成本要素或者成本项去计量、分类和对比。在这个案例中，有一个比较独特的分析视角是，根据采购方式的视角去分析材料成本。通过对于材料的采购方式的分类去定义不同的变化影响因素，通过这些因子(driver)的变动来归因计算与分析差异，同时根据对因子变化的预测来模拟下一年度的成本计划。在国内汽车行业面临越来越激烈的今天，提高国产化率，控制成本，取得价格优势，成为提高车企核心竞争力的有效手段。在定价决策时明晰成本，在投料决策时平衡各因素，建立把成本差异分析与生产经营波动因素结合的归因分析模型，这种分析模型，可通过外部驱动因子(如市场价格的波动)将差异分析有效传递到成本管理，也可以将价值链的各个环节的波动导致的成本差异一一归因管理成本。亦可通过多版本、多因子的滚动预测进行产品成本模拟。

如图9-6描述，从采购的视角，我们可以把材料采购来源分类为进口件、国产件、自制件等；而动力总成作为车企成本控制的重点，可将其作为另一个分析的视角，把产品结构分解到发动机、变速箱、ECU、非动力总成其他项目。通过这样的分类，把变化因素与不同分析视角挂钩。如汇率作为一个关键的因素会影响进口件的采购价格，对于汇率这个前提因子的变动，在成本差异分析及计划模拟中通过预测或分析汇率的变动趋势，得到相应的由汇率作用引起的成本差异，通过模型计算得到相应的材料成本预测。

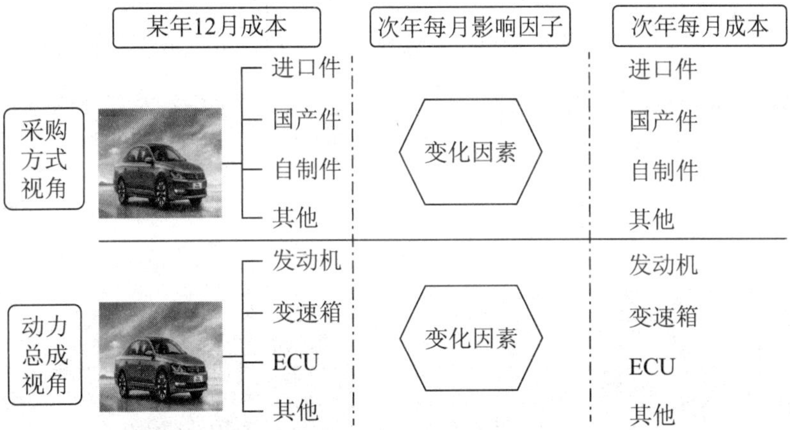

图9-6　产品成本分析的逻辑构成

我们对于材料成本进行更加深入的分析和模拟。比如通过三步法构建“前提(Premise)”与材料成本关联的分析路径。第一步，确定影响采购来源的前提。案例中的整车生产企业的材料采购有几个特点，由于受到技术要求和规格的限制，进口材料及零部件的比率相对较高，随着中国制造水平的提高，国产化是降低成本的一个有效手段，汽车材料采购这个行业整体是比较成熟的，来源稳定，供应链中特别是原材料部分还是由较大的几家主要材料供应商主导市场，采购绩效的提高除了在现在供应商进行精细化采购管理，在物流仓储运输环节通过技术水平革新得以反映，在国产化、进口件来源及价格的管理上也得到充分体现。综合这些行业背景，影响采购的前提(即前面提到的驱动因素)是可以被定义的。如：前提1——“常规采购业绩”，业绩好，成本会体现为下降趋势，作为管理目标采购员的业绩是可以通过量化提升“%”来确定的；又如前提2——“国产化降低的成本”，某些关键零件的国产化项目也是车企非常重视的，国产化项目的产出趋势是呈上升趋势的，也就是说国产化降低成本也可以通过国产化项目来量化；其次，前提3——“进口件价格变化”，对于进口采购来源的管理，合同邀约、运输、仓储环节和时间上比国产件相对长且复杂，价格因素管理的空间相对大，所以对进口件的价格管理上的变化也是影响材料成本的较为主要的因素。图9-7描述了一系列关于采购来源的“前提”定义。第二步，成本基数与前提的归因逻辑确定。所谓成本基数，可以理解为材料成本的实际数，这里需要做的工作是把材料成本实际发生数按照采购来源做重新采集与分类，这个分类收集可以通过对ERP系统中的数据按照成本要素与成本中心的组合自动收集到。第三步，定义前提与相应的材料成本的关系。需要注意的是，在定义前提与基数的逻辑关系时，除了考虑到前提作为影响因子类似于基数的一个调整系数外，还需要考虑相关因子作用于成本项目中是否与车型关联，如何关联，从而在数据模型中把材料成本有序分摊至每一个车型，得到单位成本及相应的成本结构的单位价值。

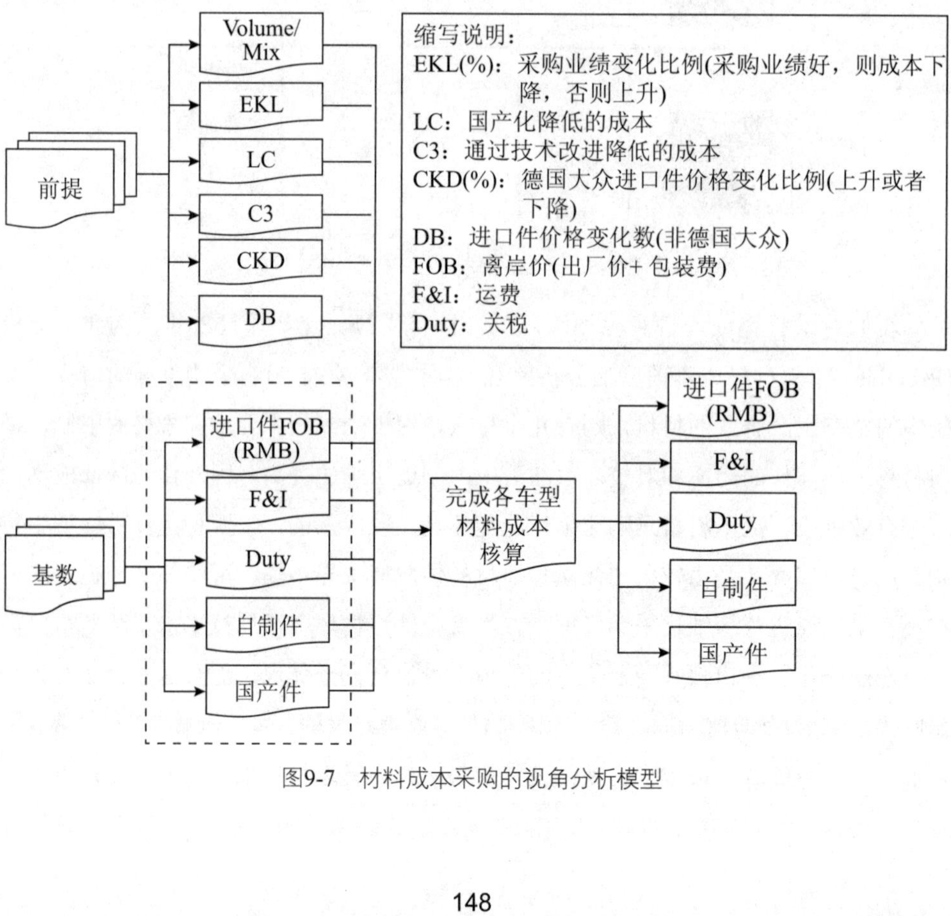

图9-7　材料成本采购的视角分析模型

图9-7勾勒了采购来源的分析模型，运用这个模型，可以在成本分析过程中，定义前提的变化趋势(如按已发生的周期的实际或者平均趋势)，将相应的实际材料成本作为基数，重新按照采购来源的分类，纳入车型与产量因素重新核算单位成本，从而得到以采购来源的视角形成的成本结构及成本数。需要注意的是，这个例子专注于采购来源的视角，对于原材料价格、汇率等全局因素，同样可以形成另一个层面的因子，并关联于相应的原材料成本，如钢铁的价格浮动、橡胶的价格浮动、汇率的浮动等，这类因子叫做General Premise(通用前提)。

NOTE 借助成本的归因分析模型，可以将实际成本按照分析路径重新分类，并将产品的产量等因素的实际逻辑在成本分析模型中模拟，从而计算出按不同视角(如采购来源视角)、前提及分析结构的单位成本，这是精细化成本管理的第一步，也反映了一个企业成本控制的着眼点。另外借助成本分析模型，可运用在采购部门的业绩考核中，针对材料成本的采购，通常衡量Saving(节省值)，可以按全年的均值及考核累积节省值，与长期计划、预算、全年滚动预测、实际成本、目标成本比较。

有了清晰的成本组成和多视角的成本数据，在差异分析上数据驱动的产品成本模型也可以做到在传统ERP成本系统中无法实现的多维度灵活比较与分析的特性。我们还是以上面谈到的“采购来源视角”的材料成本分析模型为例，介绍差异分析的做法。

首先，差异分析按照分析路径可以分成正向分析和反向推移。所谓正向分析是指按照前提基数不同组合的计算结果形成不同版本的成本之间的比较差异。所谓反向推移是指对于去除所有不可比因素最终形成的差异结果，可以按不同视角比较，同时下钻到明细差异，并根据明细反向寻找差异形成的原因。正向分析及反向推移相结合可以从各个角度及颗粒度对于成本差异进行360度的原因追踪与分析，也是对成本核算系统差异分析角度与粒度的一种补充。

其次，谈一下差异分析的内容，简单地说就是比较什么？值得注意的是差异分析的基础是必须构建在可比的两部分信息，也就是说比较的基础是一致的。举例来说，我们通常会分析实际成本与标准成本的差异，或者计划与实际的差异，但是对于汽车制造企业，如果因为结束生产(EOP)的车型导致的实际成本小于标准成本，这种成本下降其实不能真正反映问题。所以在差异比较时，通常会先列出一些特殊因素。在以上这些差异外，对于同一产品的成本差异分析，可再选择两个任意的版本进行差异比较。每一个单一版本的成本计算在成本模型中，根据实际成本的相关基数，选择相关“前提因子”的变化(如上涨%)，通过还原实际逻辑计算，从而得到计算结果，所以两个单一版本之间的差异可以追溯到前提或者基数的差异原因。这样的差异分析，由于颗粒度细，因此总能找到版本之间的差异，同时在分析中也可对版本间的差异值、差异原因进行归类、排序，从而制定管理优先级。另外，差异可分车型、车型大类、品牌及所有车型等进行分析，这个需求看似在数据模型中是简单按车型汇总关系，但是逻辑搭建是具有一定复杂性的，如某一“前提”价格上浮的百分比，其实不能按照品牌和车型直接汇总，必须用品牌大类的总成本去还原产量，这样才能得到“前提”浮动在更高级产品维度上的浮动百分比。

NOTE 如图9-8的差异比较示例，任意的两个版本，可以是不同稿的实际成本分析，也可以是计划之间的差异比较，或计划与年度预算的差异比较，滚动预测与全年预算的比较，上一年实际与当年预测的比较，差异的分布如EOP、SOP、产量差异、产品组合差异、同一产品的差异，都可以按照成本结构明细列示比较，也可按成本机构如国产件的差异，运费及关税、离岸价的差异等进行比较分析。

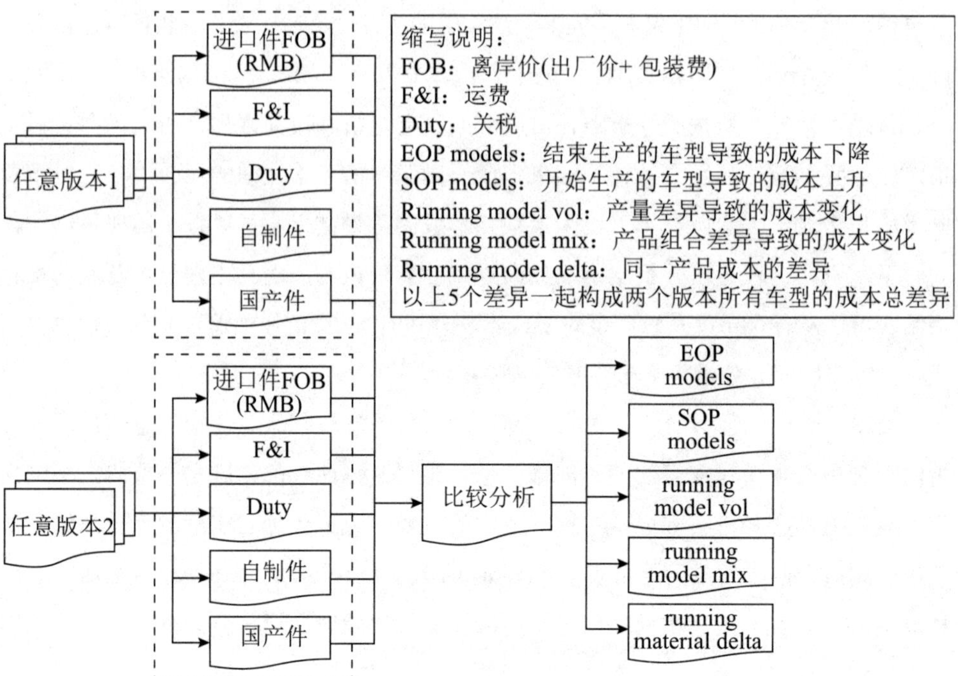

图9-8　差异比较逻辑的示例

数据驱动的产品成本模型还有一个重要的功能点。该功能点可以满足计划层面的成本模拟。企业的成本计划以时间轴划分，通常可以分为：长期计划，以3到5年为计划周期在战略层面对远期成本控制目标进行规划；年度预算，每年对以一个财政年度为单位的成本进行计划与预算；滚动预测，更频繁地结合成本与实际发生额进行全年分月度的预测模拟。

成本的模拟过程包括了以下步骤。

第一部分：数据收集与模型配置

(1) 成本模拟系统可收集产品成本的历史数据(例如前几个年度实际数等)，作为计算模拟的基础。

(2) 在成本模型中，选择或新建成本模拟的全局前提(如原材料价格浮动走势，钢铁的价格浮动+/−%，汇率的假设前提，等等)。

(3) 设定计划模拟的成本视角，如成本结构视角或者采购来源视角作为模型的不同维度，根据不同视角维度和成本项目再建立“相关驱动前提”，这些前提的变化与成本项目直接勾稽。

(4) 以上的步骤为模型结构设置，而计划数据如需要输入前提要素，可以有多种选择，如钢铁或汇率浮动比率可以批量导入，特定前提可在Excel表中按照规定的相关项目一一对应输入。

(5) 从ERP系统抽取分年的实际成本结果，包括总成本、材料成本及明细成本等，以及相应的产量与批售量等信息。

第二部分：成本模拟计算

通过配置及前提与成本项目的关系可以计算出多个版本的成本计划。

第三部分：计算结果差异分析

在逻辑上，不同预测版本之间的差异对比其实与实际成本分析的差异比较的路径是一致的。如图9-9的步骤，对于差异因素，模型中可分布生成差异，并提取具有可比性的部分进行差异对比分析。

成本计划差异分析，也需要调用不同的版本进行对比分析，如全年预测与预算的比较，某一年预测成本与上一年实际比较，或者在某一个月的预测与另一月预测的比较，等等，通过比较能对两个版本间各差异值和差异原因归类、排序，生成差异图表，并结合相应的管理行动来帮助成本控制的有效落实。

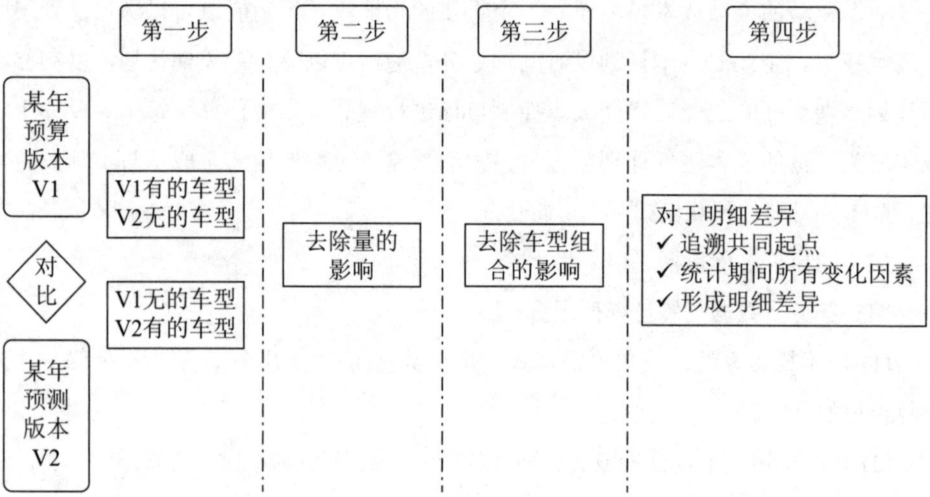

图9-9　成本计划差异分析路径

小结

在生产制造行业的竞争日益严峻的时代，生产成本的控制成为了制造型企业的众矢之的。具有现代生产特征的多地生产，多产品线，乃至多个生产系统，更需要统一的成本管控模型和体系。作为制造型企业计划的重要部分，产品成本计划也需要涉及各个职能部门，如物流、制造、采购和财务等，我们也意识到在计划和成本模拟的过程中，以前其实没有考虑到的包括上下游市场的外部波动也越来越直接地影响到了成本的控制。综合这些因素，制造型企业需要的是像我们本章节介绍的这个成本分析与模拟的模型，作为一个实时成本控制的决策支持体系。这个系统是管理分析、财务与生产系统之间的纽带，也解决了管理与核算角度不一致导致的数据不一致，实际系统不够灵活，模拟计划周期长，复杂度高，缺乏准确度透明度等问题。

数据驱动的产品成本分析与模拟系统可以根据管理要求、会计方法，在ERP实际运营数据的基础上计算并执行各种分摊规则，最终产生产品成本；根据内部外部的影响因素还原实际逻辑的成本，并按不同管理视角细分成本数据，以供差异分析及实时查询。同时，其也可作为产品定价和绩效考核的决策支持体系。

THE DATA-DRIVEN

第五篇　综　合

第十章　动态投资模型
第十一章　品类管理
第十二章　有限产能排产(基于TOC)

MANAGEMENT

第十章

动态投资模型

痛点吐槽

早在2006年，我们就开始向地产企业推广以ERP为主的企业信息化系统。可是收效甚微。当时我们自己的解释是：地产行业赚钱太容易了，只要拿到地就能赚钱，所以地产企业都不太重视企业管理。事后证明这的确是一个因素，但绝不是全部原因。

到2012年，情况发生了变化，在经历了从2008年金融危机开始的一拨先抑后扬的动荡之后，一些行业人士提出了中国的地产行业已经进入了“下半场”，要从“拼胆量”转变到“拼管理”了。地产企业的信息化需求明显增多。就在这一年，我们得到了一个激动人心的项目，为一家排名前十的地产集团实施建设一套打通营销、工程、项目、产品设计、成本合约、采购、运营、财务、资金、人事的ERP系统。这个项目得到了企业一把手的绝对支持，也准备了充足的资金预算(至少一开始我们是这么认为的)。在项目启程时，我绘制了图10-1所示的整体方案。在这个宏伟的方案中(原图是金灿灿的)，我们要用统一的信息化平台(ERP系统)打通整个集团三个方向的集成：(1)前后集成，建立项目全周期管理体系(后来也称为项目全景管理)；(2)上下集成，建立从集团三级管控体系一直延伸到项目内部资源体系(到楼栋和单元)的垂直体系；(3)左右集成，建立各职能条线无缝集成的联合作战体系。以这三个维度的集成支撑整个集团住宅地产、商业地产、旅游地产、工业地产四个业态板块，同时建立以大运营为代表的集团战略管理体系。

然而，就在项目启程不久，我们就意识到了地产行业是一个多么特殊的行业：业务需求和ERP标准功能之间存在着巨大的鸿沟。在对一期项目的需求进行了一定的控制之后，二次开发的功能仍然超过了总体功能的70%(也就是只有不到30%的功能是系统标准功能)。系统开发的高峰期，项目组(不包括甲方人员)有超过一百多人。

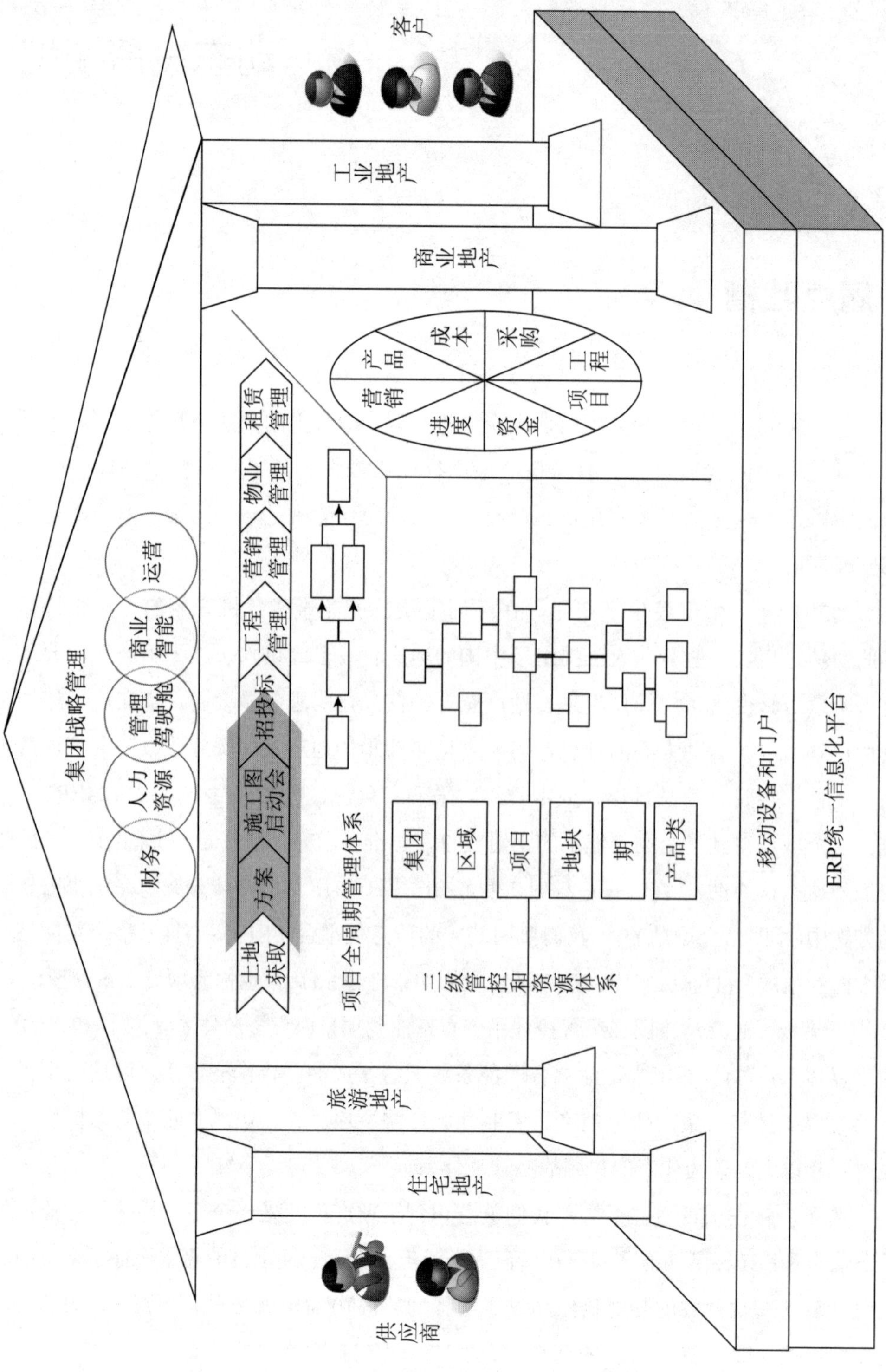

图10-1　基于ERP的地产行业信息化方案

而且，问题还不仅仅在于开发量上：有些模块的开发工作出乎意料的困难，比如，成本模块、货值模块、投资模型模块(在这个项目中称为“启动会”模块)、动态利润模块等。有些模块(比如投资模型模块)还被迫剔除出了项目。

在经历了所有的煎熬和折磨后，凭借着整个项目组(包括甲乙双方)巨大的决心和努力，这个项目最终如期上线。这个项目创造了地产行业信息化的一个历史，它(结合其他内部管理举措一起)甚至还帮助这个企业在资本市场的信用评级中提升了一级。

然而，在最初的成就感褪去之后，反思也随之而来。首先是后续大量的运维工作，以及二期、三期项目不断增加的二次开发需求。其次，在接下来的两三年里，这种“重型”的信息化模式让不少地产同行望而却步。仅有的选择类似模式的两三家大型集团，也因为决心不足和其他原因，无法达成目标。第三，其实也是最重要的一点，在其后的两三年里，技术的发展，特别是数据驱动型的软件平台的发展，让我们看到了真正的问题所在。

拍案惊奇

地产企业的管理，数据驱动要大于流程驱动。

这才是在地产企业推行ERP系统(乃至整个信息化)难度如此之大的根本原因。诚然，在信息化中，数据和流程是分不开的。以ERP为代表的业务流程系统中也有数据；数据驱动型系统中也有流程。但是，在目前的信息技术水平下，这两者还不能在一种系统中并重，只能根据业务场景，选择更侧重哪种类型管理的平台。让我记忆犹新的是那天当客户拿出一整套复杂的启动会版的投资模型(当时在EXCEL中)让我们做到ERP系统中时，我的头分明在嗡嗡作响。我也无法忘记在那个秋天和冬天，成本合约模块不断加入，而非常资深的模块组长成天愁眉苦脸的样子。

事实上，后来我经常把当时项目中画的地产核心业务流程全景(见图10-2)拿出来重新分析，发现超过一半的管理场景(图10-2中圈中的部分)应该都是数据驱动型的，比如投资模型(当时还没有提出动态投模的概念)、货值管理、成本合约、动态资金和盈利、项目进度(后来称为项目全景计划)、面积管理、产品标准化等。而只有不到一半的管理场景是流程驱动型的，比如销售管理、采购和合同管理、甲供材管理、工程变更管理、收付款、财务记账等(图10-2中还有一部分是系统外的流程)。

所以，当2015年，另一家新锐的上市房企要做动态投资模型、项目全景计划、和商务智能时，我们将方案定位在了数据驱动型平台之上。之后，项目的事实也证明那是再明智不过的选择了。而我们对于数据驱动型管理也有了全新的理解。

动态投模管理及版本

NOTE 投资模型，是指企业在进行大规模项目投资时，收集并综合被投资项目的各方面信息，并将相关数据进行综合汇总、明确数据之间的相关性和计算规则，并以数学模型的方式最终计算出被投资项目的财务回报等关键指标的方法。

投资模型是地产等行业有效的、关键的管理决策工具，为项目投资、大盘推演、费用管控、税筹规划、储备结构及风险评估等管理动作提供关键数据支撑。在地产行业，投资模型的编制涉及设计、工程、合约、运营、营销、财务、商业管理、酒店管理等多个条线和部门，所以投模编制实际上是对一个项目全方位、全景式的模拟和计划，而动态投模又比投模编制更进一步，如图10-3所示。

NOTE 动态投模是指在项目全周期中，根据项目的实际情况和实际数据，不断滚动更新投资模型中的数据，获得项目最新的、“动态”的全景式表现的方法。所以，动态投资模型成为了地产企业名副其实的管理核心。

投模编制用到的是第四篇中所谈的数据计划(模拟)；而动态投模实质上是第三篇所谈的数据加工(见图10-3关于不同颗粒度数据的加工和根据业务处理逻辑的数据加工)；不论是编制还是动态投模，都会大量用到第二篇所谈的数据分析。所以，动态投资模型是一种综合性的数据驱动型管理场景。

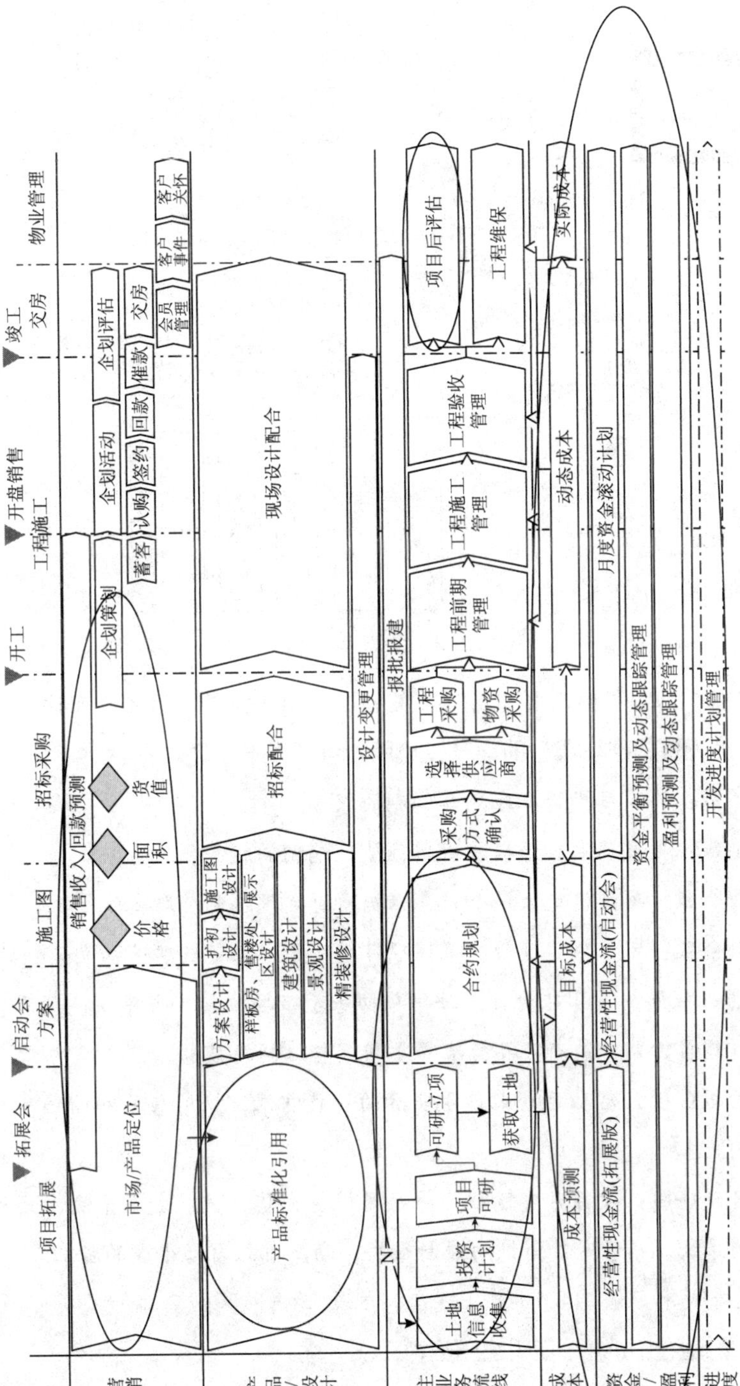

图10-2 地产项目核心业务流程全景中数据驱动型的管理场景

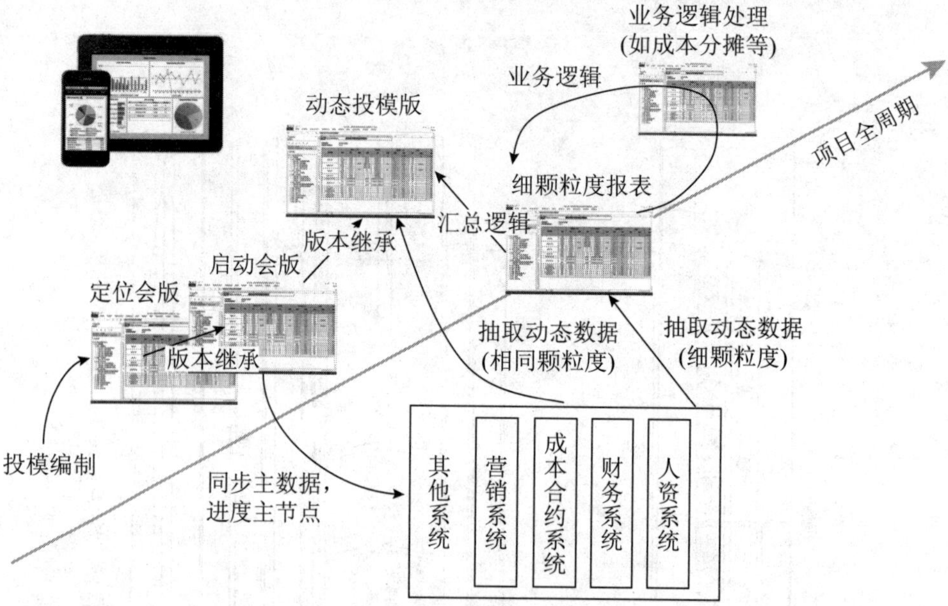

图10-3　动态投模管理

如图10-3所示，我们需要随着项目的开展，用不同的“版本”来区分和管理不同时间点上的投模数据。典型的地产投模版本包括以下几种。

- 定价版：为项目投资取地测算编制的版本。
- 拿地版：项目确定后根据地块实际情况编制的版本。
- 定位会版：项目确定后一个月，根据项目定位编制的版本。
- 启动会版：定位会通过后，根据项目总平开发方案及建造标准编制的版本。
- 年度基准版：项目启动后，每年年初基于市场预判、当年年度预算、开发节奏、销售计划、最新产品标准等重新调整编制的版本。
- 调价版：项目启动后，来自于实际的销售需求，只对售价和销售节奏进行调整的版本。
- 月度动态版：项目开发过程中，每月根据销售系统、成本系统、面积系统、计划系统、销售定价审批的最新数据，动态刷新自动生成的版本。

投模系统版本一般由集团统一规定。如果下属地区或者项目需要更多版本编号，可以向集团提出申请，集团统一维护。

业务需求

对于动态投资模型，除了企业总体的需求，企业内部不同层面的管理者和业务人员对管理和系统的需求是不同的。比较典型的企业角色和他们的需求包括以下几种。

- 集团总部管理层。投模作为决策支持的重要方法和过程需要满足以下条件。
  - 投模编制过程的标准化：在投模编制过程中，编制的总体参数、计算逻辑和主数据根据公司管理要求在系统中实现标准化。
  - 动态投模数据的精准性：在投模各个版本的更新时，应该以实际的业务发生为基础，反映实际的指标。
  - 投模的支撑性：投模作为公司管理核心和基础之一，打通各个业务条线，集成各个系统数据，为公司预算、决策和经营提供精准、快速的信息支撑。
- 地区总。作为运营支持的重要方法和过程，投模需要以下信息。
  - 准确反映运营动作：实际数应当通过系统自动获取而非手动输入的方式确定数据在上下游系统之间的一致性。投模中应该可以进一步设置勾稽关系校验，从而可以在业务上判断数据的合理性。
  - 和目标指标的比较预警：在各个阶段定义高优先级的指标，并提供对应的集团内参考值和业界参考值协助运营的优化和提升。
  - 精细化管理：精细化要求投模管理的颗粒度必须到楼栋，而不是传统线下管理只到业态的颗粒度。
- 运营用户。对于投模的直接使用者，投模系统需要满足以下要求。
  - 投模的高效化：投模编制和动态投模应当是一个用户提供必要输入，系统自动快速生成的过程，而不必人工介入。这使得关键用户可以在短时间内完成一个版本的投模制定。
  - 易用：输入界面和信息简单直接，可以自由生成不同情境下的不同版本，并且可以进行比较分析。
  - 支持敏感性分析：投模计算依赖的参数和假设可以进行假设调整，比如面积、节点时间、成本、回款率等，从而可以得出在这种假设条件下可以期待的各阶段的运营状态。

除了根据不同的角色，我们也可以如图10-4所示，按照决策支持、公司和项目层面的运营支持来归纳和总结对于动态投资模型的需求。

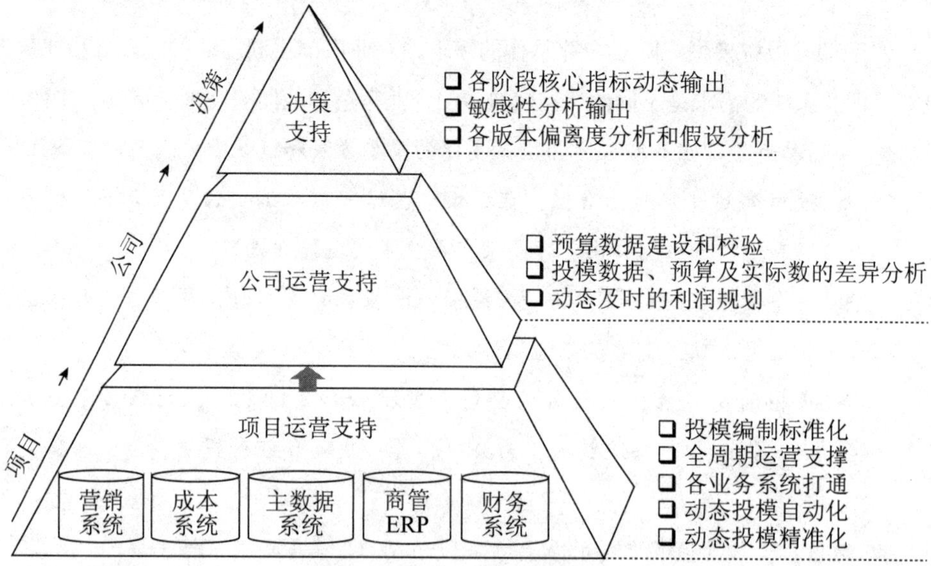

图10-4　投模管理需求总结

此外，整个投模体系从系统和管理交付的角度来说，主要分成三大部分：投模编制、动态投模和投模管理规范。前两部分是主要的信息化落地，第三部分则是相应的管理规范。对于这三部分的建设目标，如表10-1所示。

表10-1　投模管理系统的目标

	投模编制	动态投模	投模管理规范
项目目标	通过投模规则标准化将投资回报测算管理模型固化，实现战略管理运营目标一致性	打通投模和各个系统的逻辑和数据连接，使得在全项目生命周期中能够持续精准地输出动态投模核心指标，确保项目经营目标达成	明确投模管理的责任主体，组织协同分工及考核机制，确保投模管理规范化运转
管理痛点	静态投模逻辑关系被随意修改； 静态投模的计算条件被随意修改； 填报复杂，工作量大，版本更新困难； 缺乏版本控制，协作困难	决策层做审批决策缺乏实时准确可信的数据支撑； 当定价调价、目标成本变更、里程碑调整时，业务层不能获知该调整对项目目标的影响； 当规划指标、建造标准等发生变化时，难于及时反馈到项目动态投模的指标； 各项目动态投模的数据来源于线下统计，导致数据滞后，缺乏时效性和准确性	投模管理各地区公司标准粗细不统一，无统一的管理办法； 集团已明确投模责任主体，地区公司各项目之间没有统一、明确的责任岗位； 对投模数据异常无预警和管理措施

（续表）

	投模编制	动态投模	投模管理规范
实现的关键路径	基于投模管理模型报表，在系统中建立数据模型，并按照不同需求提供不同的编制模板，更加贴合不同使用者的不同需求； 集团对投模报表的固化格式，统一输出投模决策数据； 基于数据模型，支持用户自定义动态的分析和管理报表； 管理定位会、启动会等多版本投模，并实现在线审批	关键业务审批环节(定价调价、目标成本调整、关键节点调整、面积变更)提供核心指标； 打通面积、计划、成本、销售系统数据，动态进入投模系统(月度回顾)	集团需要出具投模的管理办法，各地区公司统一管理规范； 明确投模管理流程，由流程驱动业务
交付标准	投模编制流程和表格， 投模版本管理	月度动态版本回顾， 四大流程审批数据集成， 核心数据统计分析(利润、货值、资金、IRR)	《投模管理办法》

系统需求

能满足上述业务需求的投模系统应该具备如下五大特征。

- 精准性：投模系统及时反映精准的业务状态。
- 集成性：打通投摸和各个系统的主数据和业务数据。
- 支撑性：支撑决策支持，提供预算和利润规划准确的数据支持。
- 智能化：支持动态分析、预警分析、敏感性分析和差异分析等
- 标准化：逐步推进不同层级的业务和管理标准化。

如图10-5所示，投模系统必须能够管理投模需要的主数据和版本管理，支持统一和差异化的计算逻辑管理和从源数据直接抽取所需的业务数据功能(同时能够自我实现自我包含，即存在于其他系统的数据实现自动抽取，没有系统支持的数据就通过投模系统实现系统化)，才能真正支撑精准和动态的投模管理。

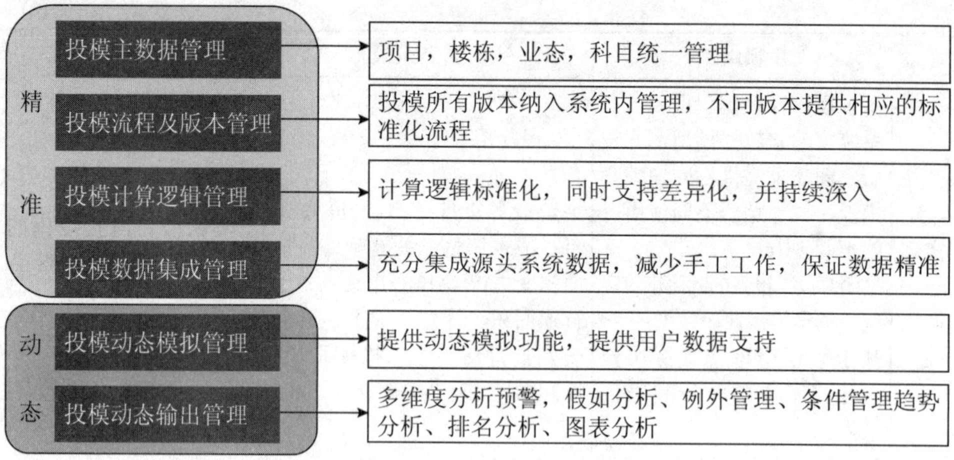

图10-5　投模系统需求

下面的章节我们会从投模编制(静态投模)和动态投模两个方面来详细阐述投模系统的主要特点和要点。

投模编制

投模的编制相当于“单个项目的全面预算编制”。所以，我们在第八章“全面预算管理”中介绍的方法也适用投模编制体系的建立。

(1) 计划主题和计划路径

图10-6就是投模编制的计划主题和计划路径示例。在此，我们不打算详细介绍这个计划路径示例。但是，这里的一个特点值得大家参考：这个计划路径是按照纵横向的矩阵设计的。纵向，按照计划主题的相关性和先后次序，横向，依照计划主题的负责部门，鉴于此，我们可以总结如下。

NOTE 纵向：先后有序，流程三分。横向：部门权责，各归其职。

此外，这个计划路径本身已经非常清晰和一目了然，所以，可以直接用于投模编制的系统驾驶舱的设计。

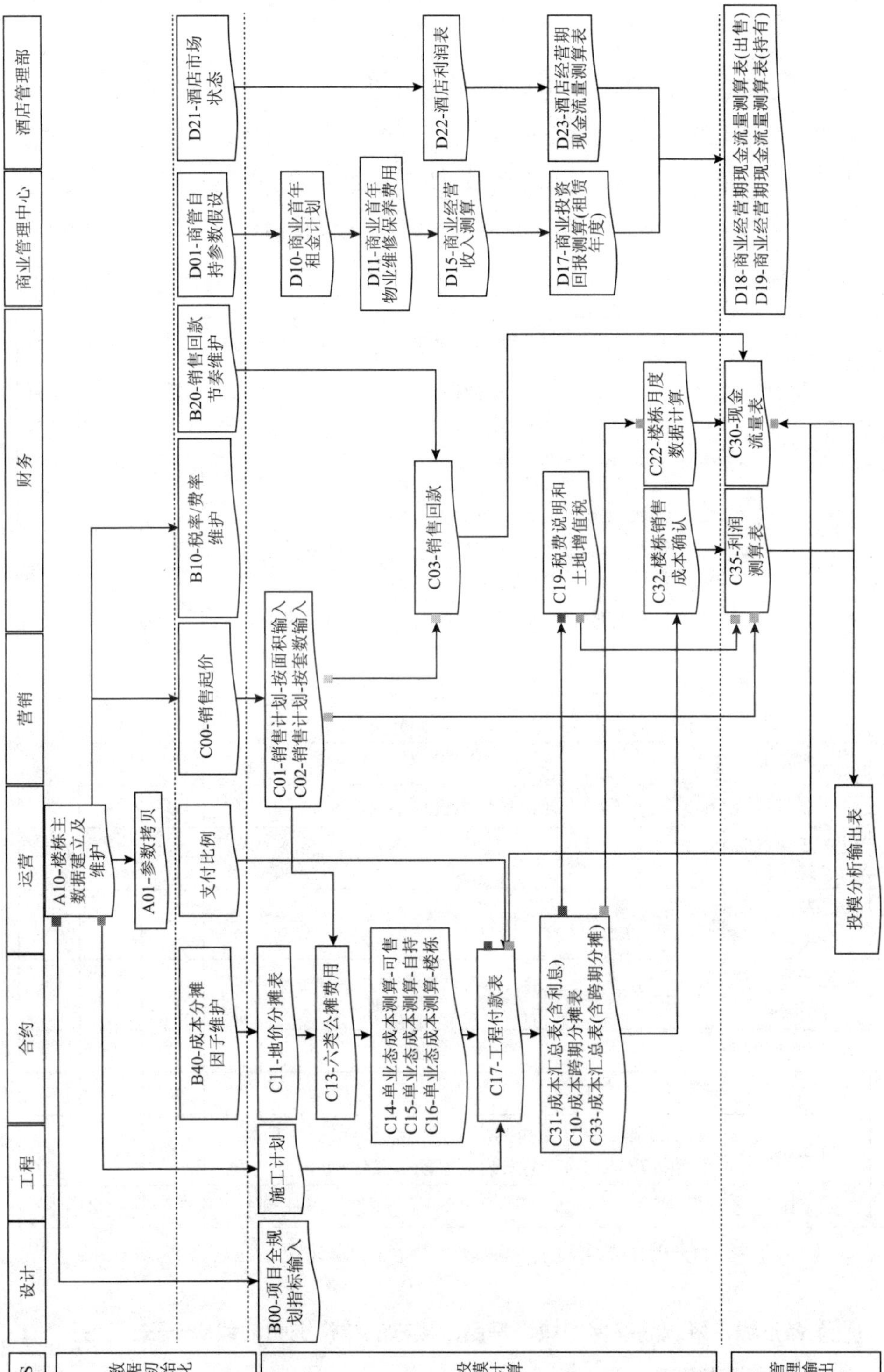

图10-6　投模计划路径(定位会，启动会)示例

(2) 主数据

除了计划主题和计划路径，主数据也是整个动态投模体系的重要要素。对于地产行业来说，管理的颗粒度到底到哪个层面，一直是一项有争议的问题。投模系统需要支持不同颗粒度的数据，比如拿地版可以到业态，启动会版到楼栋。本文不打算讨论不同颗粒度的利弊。在本示例中，启动会版的投模的管理颗粒度到“楼栋”一级(见图10-7)。

标准化设定					
	分项名称	取数标准	集团	地区公司	项目
一	成本输入				
1	成本消耗量	根据每个成本项的原始指标系统自动获取相对应的值，比如六类费用总体概念设计对应的指标是建筑面积，系统会自动获取相对应的可售或自持的建筑面积，有些特殊成本项可手工输入消耗量	×		
2	成本系数单位	各项目自行输入，集团可以指定参考标准供各项目参考，并提供参考和实际值的差异分析	×	×	×
3	成本单价	各项目自行输入，集团可以指定参考标准供各项目参考，并提供参考和实际值的差异分析	×	×	×
二	税费输入				
1	税费测算基数	根据每个税项的测算基数系统自动获取相对应的值	×	×	×
三	成本及税费分摊标准				
1	产品及楼栋的分摊标准	确定各个成本项的分摊标准	×		
2	单位成本的分摊标准	确定各个成本项的分摊标准	×		
四	收付款比例				
1	标准工期	确定标准工期	×	×	×
2	付款比例	根据工程计划节点和标准工期结合楼栋性质(精装/毛坯/地库/购物中心等)来确定每期付款比例	×	×	×
2	回款比例	根据销售开始时间和回款节奏确定每期回款比例		×	×

图10-7　示例：指标类主数据 - 标准化设定

NOTE 各条线、系统间确保地块、产品、楼栋的结构统一与编码一致，这是实现动态投模的基础。

下面我们要搞清楚楼栋主数据的“3WC”事项。

- WHAT —— 投模系统的“楼栋”概念
  - 物理楼栋(或物理楼栋组)：实际工程中的楼栋(或一组楼栋的集合)。
  - 逻辑楼栋(简称楼栋)：基于测算目的而在投模系统中拆分的最小单元。

一个楼栋，可以是一个物理楼栋，一个物理楼栋的一部分，一组物理楼栋，或是几个物理楼栋的某个部分的组合。每个楼栋一般需要通过投模系统一整套报表逻辑的梳理才能得出需要的数据。

- WHEN —— 什么时候数据需要细分到楼栋粒度?

投模系统主数据按照楼栋来管理，在进行投模数据输入之前，必须按照要求建立楼栋数据。

拿地版的投模，业务上只需到“业态及产品类型”粒度，无须到楼栋粒度；系统技术实现上，要为每个“业态及产品类型”指定且唯一指定一个楼栋(业态楼栋)；定位会、启动会及以后版本的投模，业务及技术都要求细到楼栋粒度。

- HOW —— 楼栋的拆分原则
  - 不同业态类型的物理楼栋，需要拆分，如可售、自持；
  - 不同产品类型的物理楼栋，需要拆分，如可售_联排别墅、可售_小高层；
  - 不同装修类型的物理楼栋，需要拆分，如精装、毛坯；
  - 不同计税类型的物理楼栋，需要拆分，如普通住宅、非普通住宅、非住宅；
  - 不同分期或组团的物理楼栋，需要拆分，如分期1、分期2。

具体来说，首先楼栋必须按照产品类型进行拆分，即一个楼栋里面包含不同产品类型，必须按照不同产品类型拆分成不同的楼栋，如某栋楼1~2层为底商，2~33层为高层，那么此时该栋楼需分为两个楼栋分属不同的产品类型。车库部分可以按照地下车库一个类型建立一个楼栋。配套可以按照配套明细分别建立楼栋。

其次，在拿地版还没有具体到楼栋明细之前，可以按照一个产品类型一个楼栋的方式建立，但下面情况需要拆分成不同的楼栋：

- 一个产品类型如果分期开发，需按产品类型拆分楼栋，如分属于三期，拆分成三个楼栋；
- 一个产品类型如果分属不同的计税类型(普通住宅、非普通住宅、非住宅、限价房、公租房)，需要拆分楼栋；
- 一个产品类型如果分属不同的装修类型(精装、毛坯、地库、酒店、购物中心)，需要拆分楼栋。

- CODE——楼栋主数据编码

由于启动会前楼栋主数据随投模版本的变化很大，而启动会后楼栋主数据已基本稳定，因此启动会之前即使是同一楼栋，其楼栋主数据编码也会随投模版本不同而不同，启动会之后(含启动会)楼栋主数据编码的主数据版本编码不变。

楼栋主数据编码原则应该由集团统一规定，投模系统和其他业务系统如销售系统应该遵循同一原则，这样大大方便了数据集成的工作量。

此外，楼栋主数据所涉及的属性里面所需的业态、计税类型等的明细编码原则也应该由集团统一规定。

(3) 面积指标数据

面积管理是地产项目管理的重要内容，这对于投模管理也不例外。所以，面积相关的指标是一类专门的主数据。在地产行业，面积指标是由一系列相互有关联的指标组成的。大部分规划面积指标按照楼栋(物理或逻辑)输入；投模管理中很多成本核算数据都和面积指标有直接的联系，很多项目是基于面积指标核算出来的成本。一些公摊费用也是通过面积指标直接分摊到业态楼栋的。所以面积指标的准确性对整个投模系统的准确性是很重要的，也是所有业务数据的开始。

(4) 投模编制的关键点

最后，对于投模编制体系的设计来说，除了计划主题和计划路径、转换关系(本文略过)、计划表(本文略过)以及主数据这些要素之外，还有如下一些关键点。

- 输入输出模块化
  - 将输入表和输出表分开；
  - 输入表尽量简单，输出可以根据需求灵活展示，按照不同版本、不同颗粒度、不同需求设置不同的输入表单以方便用户输入；
  - 投模的标准化参数和设置的输入项集中设计。
- 数据抽取自动化
  - 尽量采取数据抽取的方式自动获得数据；
  - 减少手工工作量，比如面积来自于面积系统，工程计划节点来源于全景计划系统，项目主数据来源于主数据系统；

  - 同时提供用户数据输入的界面，减小系统层面的强依赖。
- 计算标准化
  - 借助投模系统逐渐进行投模编制过程中的标准化(集团/地区/项目层次的标准化，比如成本中的指标设置、单价和系数及分摊标准等)，简化用户输入工作。
  - 收集投模所需参数(如税率、费率等)作为计算的基础，系统将会支持集团层次、地区公司或项目层次的参数设置。
  - 对于逻辑推导出的结果，尽量按照逻辑计算规则，避免直接输入，比如回款比例可以按照各地回款节奏推导出来。
  - 自动计算的结果如有需要可以手工调整，但系统将会提供自动计算和手工调整的差异分析。

限于篇幅和这部分内容的专业性，我们对于参数和标准化设置不做详细解释。

动态投模

动态投模是基于过审静态版(以下称定版)，抽取实际的数据而形成的一个动态版本。其主要用于监控在当前时间节点上，计划的执行和定版之间的偏离度。动态投模的生成是根据实际动态成本及付款和实际销售及回款，调整未发生的成本和销售节奏，同时更新面积和计划后而生成月度动态版本和年度动态版本。图10-8形象地反映了动态投模各版本的关系，以及其与定版之前版本的关系(见图10-8)。

NOTE 动态投模生成有三个关键：(1)系统数据的集成(面积、计划、销售、成本)；(2)各个业务条线按照规定的时间按时在业务系统中更新数据；(3)定义未发生的数值的调整逻辑。

动态投模的数据来自于投模编制静态版本和其他系统，系统采取数据抽取的方式从其他系统自动获得数据，并根据投资模型的原则和规范对数据进行自动加工，如果需要，系统允许用户手工修改抽取或计算出来的数字。表10-2列出了动态投模中一些主要指标的加工和计算原则举例(计算原则应该根据不同需求来配置，支持不同投模版本的不同处理方法)。

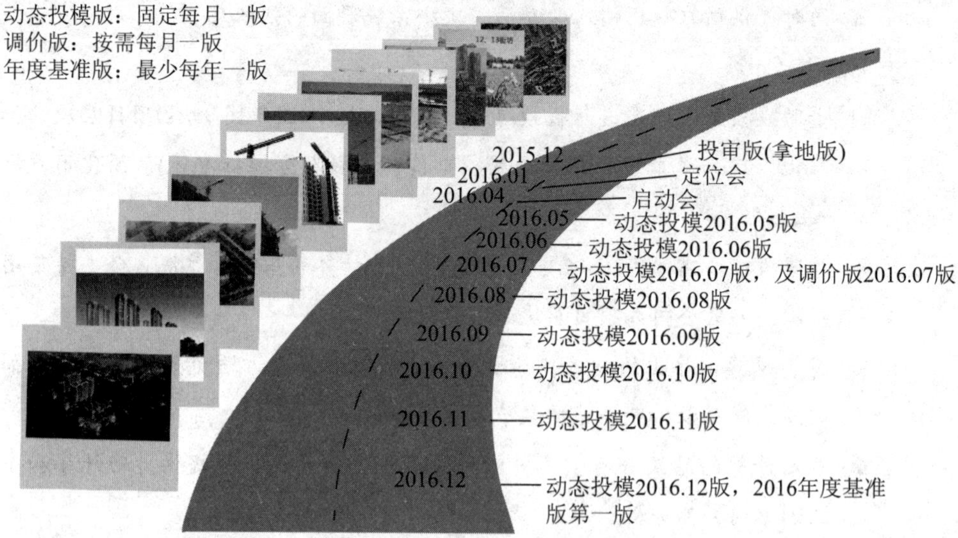

图10-8　动态投模版本关系

表10-2　主要动态指标及其计算原则示例

指标	实际发生数	未发生数计算原则
动态收入	销售系统直接抽取到月到楼栋	在实际月份之外的后续计划月份， 每月销售面积 =(计划销售总面积-实际月份实际销售面积之和)×(该月原计划销售面积 / 后续计划月份的计划销售面积之和 × 100%) 每月销售额 = 每月销售面积 × 每月销售价格(原计划价格)
动态回款	销售系统直接抽取到月到楼栋	将(动态货值总额-实际回款总额)按后续计划月份的每月计划回款额占后续计划月份的所有计划回款额的比例分摊到每个计划回款月份
动态成本	成本系统直接抽取或者手工输入最新动态成本，根据面积或者其他因子分摊到业态和楼栋	
动态付款	财务系统抽取或者手工输入实际发生付款	将(动态成本-实际已付款)按后续计划月份的每月计划付款额占后续计划月份的所有计划付款额的比例分摊到每个计划付款月份
动态期间费用	财务系统抽取或者手工输入实际发生费用	输入或者计算后续未发生费用

动态投模中的各种动态数据和指标，最终会被加工并自动生成项目的三个最主要的动态指标：动态净利润、动态IRR(内部收益率)和动态货值(见图10-9)。

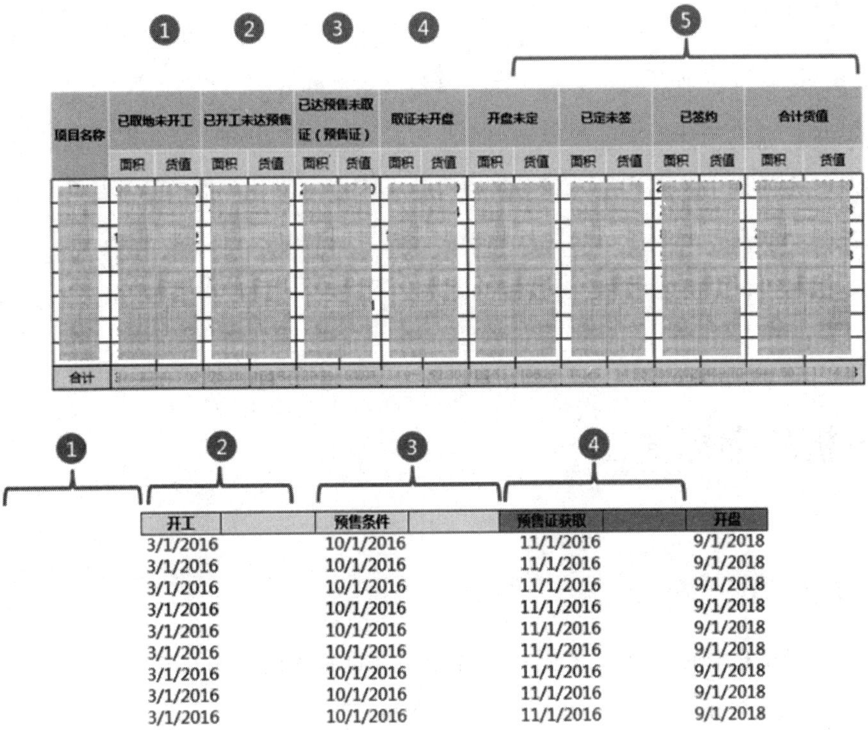

图10-9　动态货值

(1) 动态净利润

项目的动态净利润相当于项目的一张动态的利润预测表(包含已经发生的数据和对将来的预测数据)。构成净利润的各项收入、成本、费用、税金等都有明确的数据来源和计算规则。通过数据驱动型系统的数据抽取能力和数据加工能力，最终计算出动态净利润指标。

(2) 动态IRR(内部收益率)

动态IRR是根据项目全周期的现金流预测(包括已经发生的现金流和预测的现金流)，依据IRR的计算规则，计算出来最接近项目当前状况的动态内部收益率指标。构成项目全周期的各种现金流预测都有明确的数据来源和计算规则，而IRR的计算公式也是系统的一项标准功能。

(3) 动态货值

货值是地产行业的一个专用术语，是指处于不同开发阶段的项目、地块、分期或者楼栋，它们预计未来能取得的销售收入。其相当于以预计的市场价格来评估处于各种状态的地产“库存”。动态货值有两个特点。第一，货值始终是和“状态”相关的。“状态”代表了货值距离市场的远近，或者说离“兑现”的远近。第二，货值是由面积和价格这两个因素决定的。

分析和指标输出

(1) 指标输出

动态投资模型的成果，首先是表现在和项目有关的一系列指标和报表上。图10-10是动态投资模型输出指标的示例；表10-3则是投模分析报表的示例。

	指标	数据逻辑	更新频率
一	总项目		
1	项目总收益	销售物业净利润＋自持物业净收益	月
2	项目总收益率	项目总收益/〔销售物业收入＋自持物业净现值〕	月
3	项目总体IRR	使累计净现值为零的贴现率，自持物业经营性净现金流折算NPV到开业第一年计入	月
二	可售		
1	销售毛利润	销售收入–开发成本（管理口径）–土增税–营业税及附加	月
2	销售净利润	项目毛利润–期间费用–所得税	月
3	销售毛利率	项目毛利润/销售收入×100%	月
4	销售净利率	项目净利润/销售收入×100%	月
5	回款比	回款/销售	月
6	支付比	支付/销售	月
7	经营性现金流	累计现金流入–累积现金流出	月
三	自持		
1	经营期净现值NPV（万元）	经营起点后15年每年净现金流折现到经营起点所得净现值，扣减留存资产投入按20年折旧对所得税的影响，得到后续每年净现金流，除以折现率计算	月
2	经营期持有物业净收益（万元）	自持物业经营期净现值－自持物业投入	月
3	经营期持有物业收益率	自持物业净收益/自持物业净现值	月
4	投资回收期（静态）	以第一年支付为起点，不考虑时间价值的情况下计算投资回收期	月
5	投资回收期（动态）	以第一年支付为起点，考虑时间价值的情况下计算投资回收期	月
四	利润规划		
1	利润规划	根据结利时间（竣工备案时间）提供动态利润规划数据	按需
五	预算指标		
1	预算指标	提供投模中和预算指标相关的数据	年

图10-10　投模输出指标示例

表10-3　投模分析报表示例(部分)

类别	输出	颗粒度
总经济指标概况	IRR，毛利率，净利润额，销售收入，任意版本之间的差异对比	按公司、按项目
投模价格分析	动态净利润，年度均价和增幅	按公司、按项目、按业态、按年
成本变动情况	土地成本，开发成本，不可预见费，税费和定审版的差异	按公司、按项目
经营性现金流	经营性现金流	按公司、按项目、按年

(2) 分析模拟

除了标准的报表和指标分析，动态投模还有更为强大的分析和模拟功能。比如通过调整各种关键动因和假设参数模拟项目在不同情况下的表现(即所谓的大盘推演)等：

- 动因调整敏感性分析，比如地价、售价、面积指标、开发节奏、业态等动因和参数的调整，并可以迅速计算出经济关键指标。
- 多维度的比较(项目之间，公司之间)、汇总(楼栋->项目->公司)、趋势(按月按年)、矩阵等分析(见图10-11)。

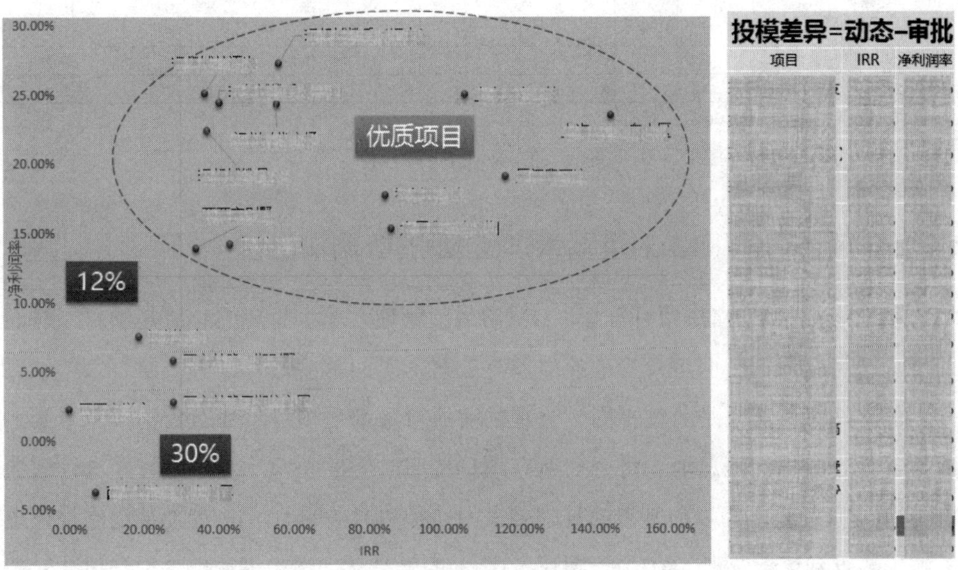

图10-11　投模模拟分析示例

(3) 责任矩阵(RACI)

此外，对于投模的不同指标、主题和报表，都应该由不同的部门负责。而除了负责部门以外，其他部门也有“参与”、“征求意见”、“通报”等不同的角色。这就构成了图10-12所示的RACI矩阵(责任矩阵)。这属于《投模管理规范》的范畴。

	设计	工程	成本合约	营销	财务	商业管理中心	酒店管理	城市公司运营	集团
经济指标	A	A	A	A	A	A	A	C	I
销售计划				R	C			C	I
现金流量(月度)			A	A	R	A	A	C	I
利润测算					R			C	I
施工计划		R						A	I
工程付款		A	R					C	I
全项目规划指标	R		A					C	I
地价分摊表	A		R		A			C	I
土地增值税					R				I
税费说明					R				I
成本汇总			R						I
六类公摊模版(可售)	A		R	A	A				I
六类公摊模版(自持)	A		R		A	A	A		I
单业态成本测算模版	A		R			A	A		I
自持参数假设	A		A		A	R	R	C	I
持有物业经营期现金流量表			A		R	A	A	C	I
商业投资回报测算						R		C	I
商业运营成本						R		C	I
酒店现金流预测							R	C	I
酒店市场状态							R	C	I
酒店勾稽关系及假设说明							R	C	I
建造标准	R	A	A	A		A	A	C	I

R=责任人 A=参与 C=征求意见 I=通报

图10-12 RACI矩阵示例

(4) 项目管理(PM)对运营管理(OM)的数据输出

在地产行业，PM指项目管理，OM指运营管理。项目管理的对象是项目，时间跨度是项目全周期。而运营管理的对象是公司，时间跨度是月、季、年、三年、五年。但这两者其实只是角度不同，管理的实质对象都是项目。动态投资模型事实上成为了项目数据的汇总池。将企业所有项目按照时间期间切片，并将数据进行适当的转换(这往往是因为以前割裂的管理带来的口径和习惯的不同)，就能从动态投模统一输出数据到运营管理(OM)中。图10-13所示的就是从动态投模输出数据到运营管理中的企业经营预算。

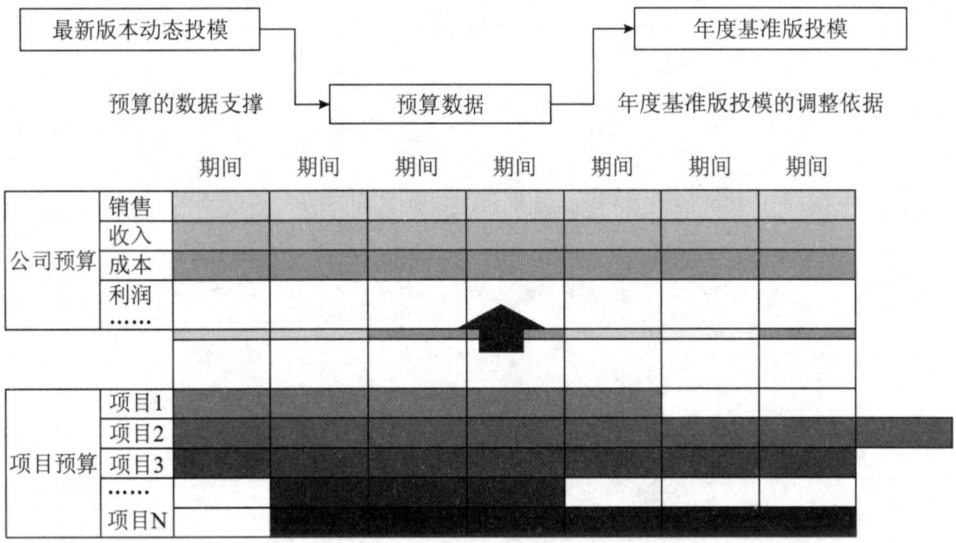

图10-13　项目动态投模和企业经营预算的关系

小结

动态投资模型对于地产行业是如此有用，它实际上是项目全周期管理的集大成者。当年在ERP平台上苦苦挣扎而无法实现的目标，在数据驱动的管理平台上可以相当轻松地实现。而地产企业中，还有很多管理场景，如成本管理、项目全景计划、产品标准化等也都应该在数据驱动型平台上实现。

第十一章
品类管理

痛点吐槽

(甲为甲方CIO，乙为乙方项目经理)

甲：“售前的时候，你说你们的整体方案包含了零售行业解决方案？”

乙：“是啊，是以ERP系统的增强包形式提供的。整体方案还包括POS系统、BI系统。我们提供的是端到端的解决方案……”

甲：“你还说零售行业解决方案包含了品类管理？”

乙：“是啊。”

甲：“现在你对着系统告诉我，品类管理在哪里？”

乙：“呶，不就在这里吗？定义品类，还能输入品类角色、价格、促销……”

甲：“就这个？”

乙：“对啊。”

甲：“这个只能把品类管理的结果输入系统。你之前讲的品类管理8步法的过程在哪里实现？”

乙：“过程啊？简单的过程可以就在这里做啊……”

甲：“不可能简单，需要反复分析、调整、测算、模拟。”

乙：“复杂的过程ERP里做不了。ERP里的品类管理主要是为业务的执行服务的，是后端供应链和前端POS的基础。”

甲：“那你售前的时候大谈品类管理8步法，不是有意误导我们吗？”

乙：“不是啊，品类管理对零售的确很重要啊，我们要把完整的业务讲清楚。但这次的系统主体还是做执行的。我们的SOW里约定了就是做这几个系统的实施啊。品类计划的过程并没有包含啊。不信你可以翻SOW。”

……

甲："那现在怎么办？这个我们肯定要，否则我没法交代。"

乙："但这的确不在范围内啊。"

甲："我不管。"

……

乙："要不这样吧，8步法中有些分析的任务，可以用BI来实现。我们把POS、ERP和其他系统的数据抽到BI中，可以基本实现品类评估、品类绩效卡和其他一些相关的分析。"

甲："可是BI只能看，做品类管理还需要计划、模拟，而且品类管理要的数据远比这几个系统多，BI里连手工输入数据都不可以。"

乙："先将就一下，毕竟这是范围外的。要真正实现还要靠这方面的专业软件，等这个项目开展到一定阶段，你再立个专门的小项目吧。"

甲："这方面的专业软件之前也都看过，好的不多。而且，大多数都只能实现很局部的功能。比如，有个国外的软件，为超市的食品杂货定价，效果很好。但对于日用百货，就不大适合了。而且如果要做二次开发，代价和工作量都很大。当初我们也是这个原因，就相信了你们，希望在大平台上一起实现。你现在告诉我实现不了，这不是坑人吗？"

……

乙："要不这样吧。你看，现在你们公司重心都在线上，而且你们老板现在非常重视大数据……"

甲："是啊，我们马上就要推进大数据项目，你们有好的方案吗？"

乙："当然有啦，过两天等我们这个项目上了正轨，我叫我们大数据的专家来给你介绍介绍。不过，我的意思是，你可以和你老板说：8步法的品类管理体系是在实体店为主的时代提出的，已经不能满足公司目前线上主导的战略需要，你建议把品类管理的分析计划这一块结合大数据项目来做。这样，既满足了公司战略和业务发展的需要，又给大数据项目找到了一个实实在在的目标……"

甲："又把这块从你的项目里踢出去了……"

乙："本来就不在项目范围里。"

甲："咳，你讲的这个思路倒不是没有道理，也只能这么办了。"

拍案惊奇

传统的品类管理体系，在国内还没有真正实现，就快要过时了。

传统的品类管理体系(或者称为“8步法品类管理”)是在1993年由美国食品营销协会(Food Marketing Institue，FMI)首次系统提出的。当年，FMI联合可口可乐、宝洁与Safeway Store等16家企业和流通咨询企业组成了研究组，对食品业的供应链进行调查分析。在总结了行业的许多成功经验之后，提出改进供应链管理的详细报告，在该报告中首次系统地提出了ECR(高效消费者回应)和品类管理的概念。经过FMI的大力宣传，ECR和品类管理最终被零售商和供应商接受并广泛应用于实践。

品类管理对于零售行业的重要性是毋庸置疑的。但是，传统的品类管理体系在我国的实践中却面临两个主要问题。

NOTE 品类管理体系本身只是一个管理“框架”，长期以来，它的信息化支撑是很成问题的。

- 这一点即使在美国也是如此。因为品类管理涉及大量的数据分析、加工、计划、模拟的任务，在数据驱动型软件技术还没有成型的情况下，市场上为数不多的一些专业软件都是基于具体“场景”写死的。就像上文提到的，做超市食品杂货定价的软件，却做不好日用百货的定价管理；做定价的，又不能做促销、选品或者品类整体评估；做分析的专业软件(比如BI)，又不能做计划和模拟；而如果企业有一些特色(或者创新的想法)，就更需要二次开发了。总之，传统软件开发模式“天生”就不适合品类管理这个领域。
- 国内的情况更糟。一方面，国内企业的信息化投入比美国要差一大截；另一方面，品类管理的理念本身还在推广和渗透的过程当中。这样就更没有足够的养料来滋养这样一个软件细分市场了。

NOTE 传统的品类管理体系本身具有一定的局限性，特别是在线上电商和大数据时代所暴露出来的局限性。

- 深入了解品类管理的人会有一个体会：8步法的有些步骤是非常含糊的，比如品类策略和品类战术。深究原因，是因为：

NOTE **品类管理体系本身是在用一个“结构化”的方法来面对一个“非结构化的、具有强烈不确定性的”市场。**

- 所以，当深入到品类战术的时候(比如选品战术、定价战术)，品类管理体系只能提示各种需要考虑的因素和各种已知的经验。但是各种因素和经验，孰轻孰重，如何综合出一个结果，就需要从业者人为判断了。而大数据的兴起，其实为解决这个问题带来了巨大的机会。因为大数据本身就是要从海量的数据中发掘出规律，所以，将大数据技术“注入”品类管理体系，必然能让整个品类管理更好地应对“非结构化的、强烈不确定的”市场。
- 此外，传统的品类管理体系发源于实体店零售。虽然线上、线下在很多商业逻辑上是一致的，但毕竟还有很多差异。这也需要品类管理体系和软件平台能够很灵活地调整并适应各种新的商业模式。

虽然存在这样两个问题，但是品类管理的理念对零售商来说还是非常关键的。而本章的目的就是在传统品类管理体系的基础上，解决上述两个问题，让品类管理的理念更易落地、更易演进，并寻找到与大数据相结合的方式。

传统的(8步法)品类管理体系

作为基础，我们首先要对传统的品类管理体系做一些介绍，以方便大家对后面的方案的理解。限于篇幅，我们的介绍尽量做到精炼和概括。

传统的品类管理体系，又被称为“8步法”品类管理。如图11-1所示，整个品类管理被分解成前后相连的8个步骤和任务：(1)品类定义；(2)品类角色；(3)品类评估；(4)品类绩效卡(或品类评分表)；(5)品类策略；(6)品类战术；(7)计划执行；(8)回顾与改进。其中，第6步“品类战术”又可以分解成明细的专题任务，比如选品战术、定价战术、促销战术、展示战术等。而第8步“回顾与改进”又将整个过程带回了第1步，从而形成了一个周而复始、持续不断的改进循环。8步法品类管理体系本身也体现了PDCA(计划-执行-检查-行动)循环(戴明环)原则。只是，8步法品类管理显然更注重和细化“计划”环节。事实上，从第1步到第6步都属于PDCA的“计划”环节。

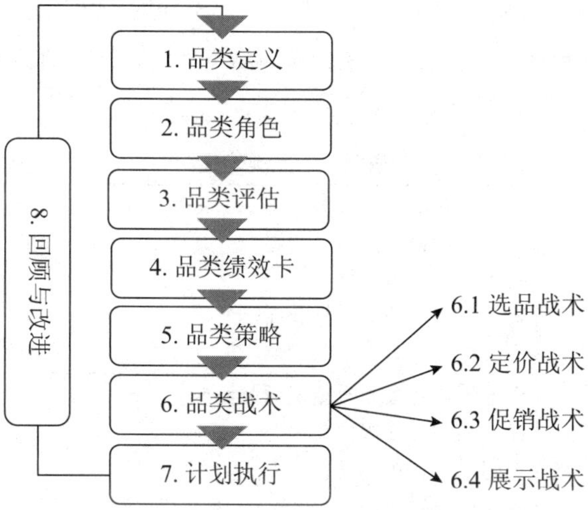

图11-1　传统的(8步法)品类管理体系

(1) 品类定义

NOTE 品类(category)，是指消费者认为相关且可相互替代的一组特殊商品或服务。(百度百科)

8步法品类管理的第1步是“品类定义”，就是将所有商品归类到一个层次结构中去。今天，受电商的影响，我们习惯把品类的层次结构(树)称为“类目”体系。而类目则分为一级类目、二级类目、三级类目……层层往下。说实话，这比原来的“次品类、大分类、中分类、小分类”的叫法要科学方便多了。

NOTE 值得重点注意的是：品类定义要按“消费者”的认知来进行层次分类。

比如对于洗发水来说，如果消费者的认知是先到品牌、再到功能，那么品类分级就应该是品牌在上、功能在下。但如果消费者的认知是先到功能、再到品牌，那么品类分级就应该反过来。

需要留意的是，在电商环境下，品类定义的消费者认知导向的唯一性反倒是弱化了。这主要是因为线上不存在线下的货架摆放的问题。而线上的搜索功能、多维度分类查询功能、排序功能、广告位功能等都使得商品的展示方法比线下更为灵活。但是，总体来说，消费者认知仍然是建立品类定义(类目)体系的最重要依据。

如表11-1所示，品类定义首先要进行消费者分析，利用各种手段理解消费者。而对一个企业来说，品类层次定义也不是唯一的。不同的销售渠道可以有不同的品类层次结构。另外，如图11-2所示，用于采购的品类结构和销售的品类结构也可以是不同的。所有这些都被称为“多维度品类定义”。

表11-1　品类定义

消费者分析	全面了解消费者行为 从历史销售数据中获得趋势 引入消费行为数据 强大、坚实的大数据仓库 预测分析能力
品类定义	根据消费者行为重定义商品结构 设定品类经理级别 不同渠道针对性结构 灵活调整的能力
品类定义的典型问题	我们的品类是消费者习惯的吗？(婴儿奶粉是食品类还是母婴类) 各个品类结构的深度一样吗？(生鲜与零食) 品类下的细分类是不变的吗？(VR应该属于哪个品类) 各个渠道的品类结构一样吗？(线上与线下，卖场与综合超市) 采购的品类结构与消费者的品类结构一样吗？

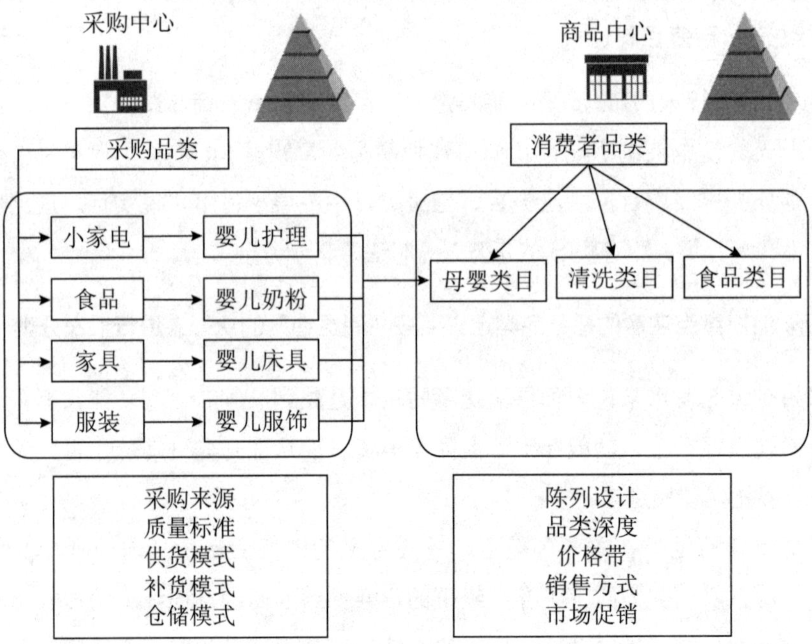

图11-2　多维度品类定义

(2) 品类角色

不同的商品对于零售商的意义是不同的。有些商品是一个零售商的“招牌”，比如某些低价药对于平价药房，3C产品对于京东，书对于当当，等等。零售商必须保证这些商品的价廉物美以吸引流量。而另一些商品是为了在顾客冲动型消费时，为零售商提供可观利润的。也就是说，每种商品都扮演了一种不同的“角色”，这就是品类角色所要分析和确定的。

品类角色的划分有不同的标准，有些称为零售商导向的，有些称为顾客导向的。表11-2是一种被普遍应用的、较全面的划分方法，被称为跨品类分析法。而事实上，随着各种新的商业模式的涌现(比如电商、O2O、微商等)，根据新模式和新业态的商业特点和技术特点(如长尾理论)，零售商应该大胆地打破藩篱，重新审视品类角色的划分方法。

品类角色会用到后面的很多地方，比如定价战术、展示战术等。

表11-2　品类角色

目标性 吸引目标客户的卖点，也是招牌菜	零售商必须是这个品类在市场上消费者偏好的主要供应者 零售商赖以与众不同的关键 品项涵盖既深且广，售价具有竞争力，亦是促销的重点 资源投入最多，即人员、系统与科技的发展核心
常规性 满足目标客户日常所需，进而强化消费者选择来店消费	零售商必须成为同级竞争者中这个品类的主要供应者 协助消费者对零售商形象角色的区分 品项涵盖广泛亦颇具深度，售价具有竞争力，常有促销
季节性 满足目标消费者季节性、事件性之需要，进而持续吸引顾客来店消费	零售商需成为该品类的主要提供者 强化消费者对零售商形象角色的区分 品项涵盖合理，售价具有竞争力
便利性 满足目标消费者一次购足的需要，增加方便性与冲动性购买的机会	强化零售商一次购足的形象 在获利的强化上，扮演重要的角色 有选择性地提供品项，较少促销

(3) 品类评估

品类评估的目的是全面、深入地分析零售商目前的状况，以及与市场、竞争对手的差距，从而找到自己的强项和弱项，为品类绩效卡(评分表)和品类策略提供数据支持。

虽然前两步也需要大量的数据分析作为支撑，而这一步则完全是一场大范围的、有特定主题的“数据分析”。所以，第三章“如何分析”中介绍的分析方法完全适用于这个步骤。表11-3是典型的品类评估的6大分析主题，以及细分主题，可以看做是“分析路径法”在品类管理中的实际应用。

表11-3 品类评估

消费者评估	谁在买	目标消费者是谁 这些购买者的特质
	怎么买	买多少 多少人买/渗透率 忠诚度如何
	何时买	购买频率/周期 购买的季节性
市场评估	品类的竞争态势(与市场和同业)	品类绩效：金额、数量比较
	品类内的销售趋势(与市场和同业)	次品类 制造商 品牌
	发现品类成长机会点	
商品评估	寻求最适品项数量	
	涵盖范围(深度及广度)	次品类、区隔、品牌 与竞争者的差异
	畅销品	在市场上畅销，但没上架→机会 只在该零售商销售畅旺，市场上则否→风险
价格评估	正常价(主要品项)	与竞争者比较 同质商品的比较 售价相同吗 有竞争优势吗 历年售价变化
	促销价(主要品项)	与竞争者比较 售价 折扣 同质商品的比较
促销评估	促销成果概观(与市场)	了解促销成果 找出促销过度/不足
	促销方式(与市场)	各种促销形式之占比 促销方式上的差异(次品类，品牌)
	促销效益	哪一档促销带来最大业绩 何种促销方式最有效 有任何促销方式上的趋势吗

(续表)

陈列评估	品类区位(section adjacency)	区位选择 连结性 面积大小
	品类货架(plan-o-gram)	消费者决策树(Consumer Decision Tree) 排面大小与商品供应天数(Days of Supply)

(4) 品类绩效卡

品类绩效卡(也称为品类评分表)，是基于前面所做的全面的品类评估，提取出最重要的指标，制定出一套评估指标体系。这套评估指标体系可以涵盖零售商各个层面的各种角色，比如各级类目的负责人、店长、采购，以至于整个公司，等等。不同的人员角色、不同的品类角色，都会有不同的评估指标。如目标性品类，其特点是吸引客流，成为消费者购买首选，评估它的指标应以销售额、人流量为主，而不应以利润为主。

如图11-3所示，品类绩效卡需要明确指标，并通过各种技术手段采集到可靠、真实的指标，并用各种易于理解和直观的形式展现出来。

业绩	利润	成本	营运	消费者
金额	毛利	采购	供应天数	满意度
数量	毛利率	仓储	周转率	购买频率
占比	投资回报率ROI	物流		客单价
	营业利润			成交率
	净利润			来客数量
	单店资产回报率			

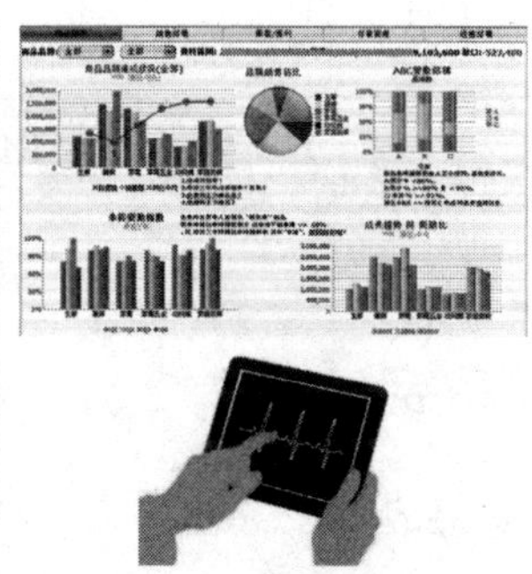

图11-3　品类绩效卡

(5) 品类策略

经过了前面几个步骤的定义、分析、评估，在进入“战术”阶段前，零售商需要先明确自己当前应采取的大的策略。如图11-4所示，根据目前的市场情况和自身的突出问题，目前的优先策略应该是增加流量(来客数)，提高转化率(交易量)，还是需要创造出利润来满足投资者的要求？企业在各个发展阶段和各种情况下，各种策略的优先级是不同的。

从品类管理的角度来说，不同的策略又会和不同角色的品类相关。比如，如果当前的优先策略是增加流量，那么拿出目标性品类，投入大补贴，打一场价格战和口水战应该是不错的选择。再比如，如果要扩大自己的地盘和势力范围，那么主动去进攻别人家的目标性品类(可能只是自家的常规性或便利性品类)就是一种选择。事实上，这些品类策略在电商行业都曾激烈上演过。

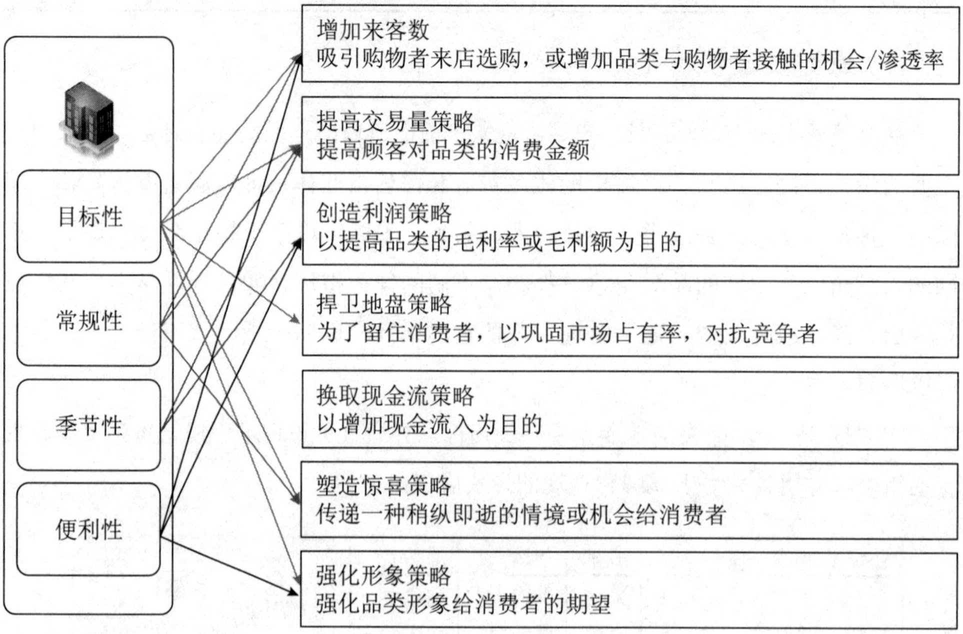

图11-4　品类策略

(6) 品类战术

选品战术

选品战术，也经常被称为“高效商品组合”战术。它的第一个层次是说零售商选择哪些商品来进行销售。如图11-5所示，零售商需要持续不断地优化自己的商品组合。很多时候，商品的保留、剔除、新增需要以品类会审的方式进行决策。

对于实体零售来说，选品战术还有第二个层次：门店或门店集群层次。这是因为同一品类在不同地区表现差异很大，而实体零售的商品展示空间是有限和昂贵的，所以，需要精细化地管理到各个门店的商品组合。从统一品类商品，到门店个性化商品组合，需要考虑很多因素，例如：

- 什么商品应该出现在哪个门店集群中？
- 哪个是被分配为目标性商品，但在一线城市中又被认定为便利性商品？

● 需要在指定的商品配置表中放入多少个商品？什么商品应该被替换？

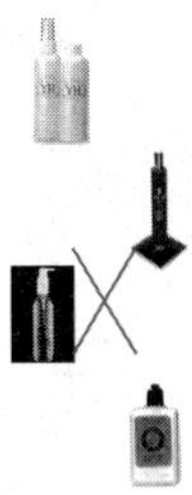

No	商品	策略	价格带	
1	身体乳液(Body Lotion)	现金牛	低价位	(……)
2	日霜(Day Cream)	目标型	中等价位	(……)
~~3~~	~~控油清洁(Cleanse of Oil)~~	~~现金牛~~	~~中等价位~~	(……)
4	身体混合乳液(Body Blend Lotion)	形象提升	高价位	(……)

图11-5 品类会审(例)-常规护肤品

零售商都希望自己的产品组合是“高效”的，但问题是“怎么做到高效”。选品战术(高效商品组合战术)所涉及的影响因素实在是太多了，从企业大的战略和定位，到线上线下的区别，再到各种细节，都会对“什么才是合理的选品”这个问题的“正确答案”产生影响。而非常遗憾的是，传统的品类管理体系只给出了一些指导性的原则、分析手段和操作流程，而无法提供具体的综合实操手段，更不用说对信息化的指导了。

定价战术

定价战术在传统品类管理中又被称为“高效定价”。和“高效商品组合”一样，在8步法品类管理体系中，“高效”两字只代表一种目标和愿望。影响零售定价的因素非常多，而且复杂，并且随着市场和技术的变化，其还在不断演进。如图11-6所示，零售商曾经一度从以竞争为核心的“传统定价方式”向以消费者为核心的“优化方式”转变。这后面的逻辑有一定的道理。比如，根据消费者的意愿来定价，就能够获取更好的利润。再比如，消费者“感知”到的价格和实际的价格水平虽然有关系，但并不完全一致。所以，通过目标性商品的较低定价，结合店面陈列、促销、广告、尾数定价法等一系列手段，可以“营造”出低价的印象，等等。

但是，电商的发展又将这种转变给“扭转”了回来。顾客在不同的电商平台间的转换几乎没有任何成本，比价也非常方便。而一些专门的比价平台让价格变得更加透明。而互联网新经济的“赢者通吃”特性和资本参与方式的转变，让价格竞争重新回到了核心位置。正是在这种背景下，电商平台上屡屡爆发以补贴和价格战为基本元素的营销活动。

图11-6　定价战术的演进

所以，定价战术实际上也是一个极其复杂的问题。除了大方向上的变迁，定价战术还涉及各个层面的细节问题。限于篇幅，我们不会对这些细节问题进行介绍。有兴趣的读者可以找到非常多的这方面的资料和信息。而定价战术，就是如图11-7所示的，要将各种各样的价格影响因素、定价方法，甚至小技巧糅合出最后的定价结果。可想而知，这将带来以下两个结果。

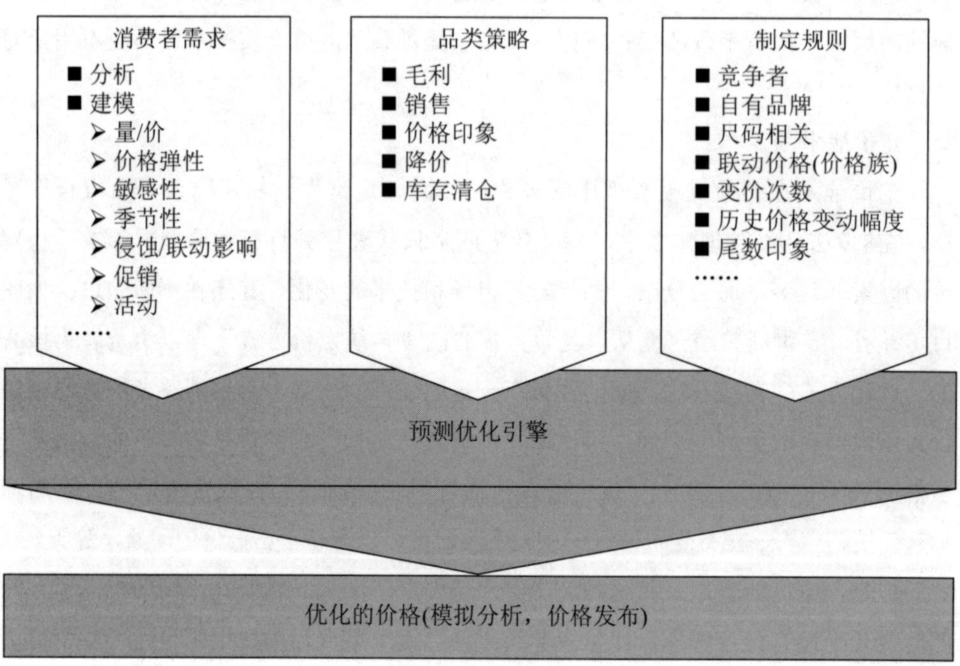

图11-7　价格优化

- 不同的业态、不同的公司，定价的考虑因素和方法是极其灵活的，很难想象一种固化的、又普遍适用的综合定价方法；
- 这个过程非常需要信息系统的支撑。

在数据驱动型软件平台成熟之前，这两个要求难以得到满足。因此，在这个领域，要么就是一些适应面很窄的商业软件(或者定制开发的软件)，要么就是还在使用EXCEL等基础工具。

促销战术

消费者对于零售行业感知最多、也最强烈的可能就是促销了。像电商双11、大家电行业的“三国杀”、滴滴和快的的补贴战等，最后都演变成了全民狂欢的社会性事件。对于促销战术，传统8步法品类管理体系主要在两个方面提供原则性的指导。

- 第一个方面是对各种促销手段的分类和分析。常见的促销方式有打折、买赠、返券、积分、秒杀、下次优惠、抽奖、店内陈列、地面导购、消费者教育(品鉴)、主题促销等，种类非常庞杂，在操作、注意事项、针对人群、优缺点上各有千秋。
- 第二个方面是对促销操作的流程和方法。相对于经验型操作方法，品类管理提出的是从促销指南、促销机会分析、促销计划确定、到促销计划实施、最后到促销回顾的PDCA式的闭环管理流程和方法。

NOTE 和选品战术、定价战术一样，8步法的品类管理体系无法提供以灵活的、量化关系为核心的分析、模拟和决策体系来支撑如此复杂的促销战术。更进一步，现在越来越重要的大数据分析(比如商品亲缘关系对促销的影响)只能作为一个个“孤立点”来影响促销战术。

展示战术

展示战术，无论对于线下的实体店，还是对于线上的网店，都是非常重要的。但是，这两者也因为各自的特点发展出了不同的方法和理论。

在线下实体店，展示战术又称为高效产品陈列，它是收入和成本“两头连”。一方面，实体店的空间和货架是一种“稀缺资源”，是实体店经营的主要“约束条件”，也是主要的成本驱动因子。另一方面，展示战术又直接影响着消费者的消费欲望和消费体验，影响着终端氛围营造。线下实体店的展示战术发展出了一些特殊的理论和原则。

- 磁石理论。其主要是为了引导消费者逛完整个卖场，消除卖场中的死角，在卖场的某些地方放置能吸引消费者目光的产品，形成卖场中的磁石。
- 商品亲缘关系。其主要是为了将有较强亲缘关系(相关性)的商品摆放在一起，以刺激冲动性购买和连带销售。
- 购买决策树。其主要是为了让商品的摆放层次更符合购物者的决策过程(从而让购物体验更舒服)，比如洗发水、卫生巾等日用品是先功能再品牌，还是先品牌再功能。
- 公平货架原则，即产品的货架空间，根据产品的表现(销售额、销售量、利润)来进行分配。
- 其他物理陈列因素，比如通道与客流方向、横向与纵向陈列、最佳陈列位置等。

对于线上的网店，虽然展示仍然非常关键，但情况发生了很大的不同，这主要是因为以下几点。

- 线上的空间是无限的、无成本的。所以，商品数量可以大大增加，长尾理论发挥作用。电商的成本驱动因子主要变成了物流、运营管理(流量、促销等)。
- 虚拟空间仍然有“位置”概念，但变得更为动态。除了网站本身的各级入口，站内关键词搜索、特征搜索、排序、广告位、推荐算法等让个体顾客的展示和流量路径更趋灵活和个性化。
- 虚拟空间缺少实物体验，更加依赖视觉平面设计。
- 展示的优化更依赖数据。大量的顾客行为数据被采集和分析，用于优化展示。这方面发展出了各种实用的方法和理论。
- 移动APP和微信等平台上的电商在展示战术上展现出和传统电商不同的特点，其中小屏幕(触摸式)、随时随地、社交性三个特点的影响最显著。

(7) 计划执行

计划执行又称为品类实施，实质上是将品类管理前6步的计划结果(比如选品、定价、促销、展示等)输出给实际运营管理来进行执行。这个步骤涵盖了零售商大部分的日常运营管理工作，从推出一个新品、更换价格标签、执行一次主题促销活动，到更改网站首页图片，等等。

(8) 回顾与改进

在8步法品类管理体系中，第7步“计划执行”和第8步“回顾与改进”是相当简单的，简单到甚至有点“潦草”，好像就是为了把PDCA的“环”“闭”起来。这当中，第7步计划执行的确没什么好多说的：这是运营领域的事。虽说这个课题实际上很大，而且“执行力”是一个甚至比“战略和计划”更重要的事，但毕竟需要划分一个“边界”。

第8步中的改进也的确没什么好多说的，要么去调整计划(如各种品类战术)，要么去改变执行中的具体做法。但是，“回顾”这个步骤却属于“被严重低估了复杂度”。回顾的复杂性来源于两个因素。

- 颗粒度问题。这个问题类似于“动态”投资模型的问题(参见第十章“动态投资模型”)。实际上，动态投模要比投模编制还要复杂(参见第十章图10-3)。为了“回顾”，你必须把各种颗粒度的实际数据进行加工以后，才能和“计划”具有可比性。
- 相关性问题。品类管理的复杂性在于：存在大量无法确定的因果关系。举个例子来说，你执行了一个促销计划，销售上升了。你可以肯定销售上升是这个促销计划带来的吗？为什么不可能是隔壁老王的店刚好搬走造成的呢？你可以肯定这场促销做得够好了吗？如果换两种商品来做促销，是不是销售更好，利润更高？

简要介绍完了传统的8步法品类管理体系。我们不难发现，8步法品类管理更多的是一种管理“框架”，在没有信息化支撑的情况下，它将非常难以实现。而且，由于它所面对的市场本身具有巨大的不确定性，在它的“结构化”框架内，一定要注入大数据的分析方法，才能最终达成它的目标。也正因为如此，数据驱动的品类管理方案包含两个进阶。

NOTE (1)基于明确量化关系的“全面模拟”模式；(2)将明确量化关系和大数据分析相结合的“虫草”模型。

“全面模拟”模式

上文的介绍可以揭示一个本质性的事实。

NOTE 8步法品类管理体系本质上是一种特殊的计划体系。

正如第八章“全面预算管理”所指出的，这样的体系的核心问题是“模拟”两个字。所以，第八章中介绍的“主题-转换关系-表-主数据”四要素法完全适用于品类管理。此外，在8步法中，数据的分析、加工、计划(模拟)是完全交织在一起的。这一点是传统的BI方式所无法应付的，但又恰恰是数据驱动型平台的优势。而8步法中的“回顾”步骤，又是一个类似于“动态”数据的概念(参见第十章“动态投资模型”)。

NOTE 品类管理的“全面模拟”模式是基于数据驱动型平台，将品类管理8个步骤中的数据分析、加工、计划(模拟)无缝整合在一起的综合应用。

图11-8给出了“全面模拟”模式的示例。图中上半部分是一个统一的数据驱动型平台。在这个平台中，品类管理8个步骤的前6个直接体现为“计划主题”(在数据驱动型平台上，计划主题和分析主题其实是一体的)。

值得注意的是，要真正实现“选品战术、定价战术、促销战术、展示战术”等战术，必须要将计划主题向企业内部延伸到“采购计划”、“物流计划”、“门店计划”(实体店)，进而到“销售预测”、“库存计划”，以及各种收入、成本、费用和利润的测算。

NOTE 这就意味着：各种战术的决策，能够直接模拟出运营和财务上的结果。这和原来“碎片式”的品类管理软件相比，简直是天壤之别！

此外，在品类管理体系搭建过程中，不同的业态、不同的公司可以根据自己的特点灵活设计整个体系。比如，对于实体店来说，最主要的成本驱动因子是实体店的物理空间；但对于电商来说，综合物流成本和运营成本是主要的成本驱动因子。同样的商品，受到体积、供应商远近、零售商的供应链管理方式等因素的影响，在这两种渠道中就展现出不同的成本特征。所以，图中上半部分的“计划路径”、具体的“转换关系”、“表”等都有可能截然不同。

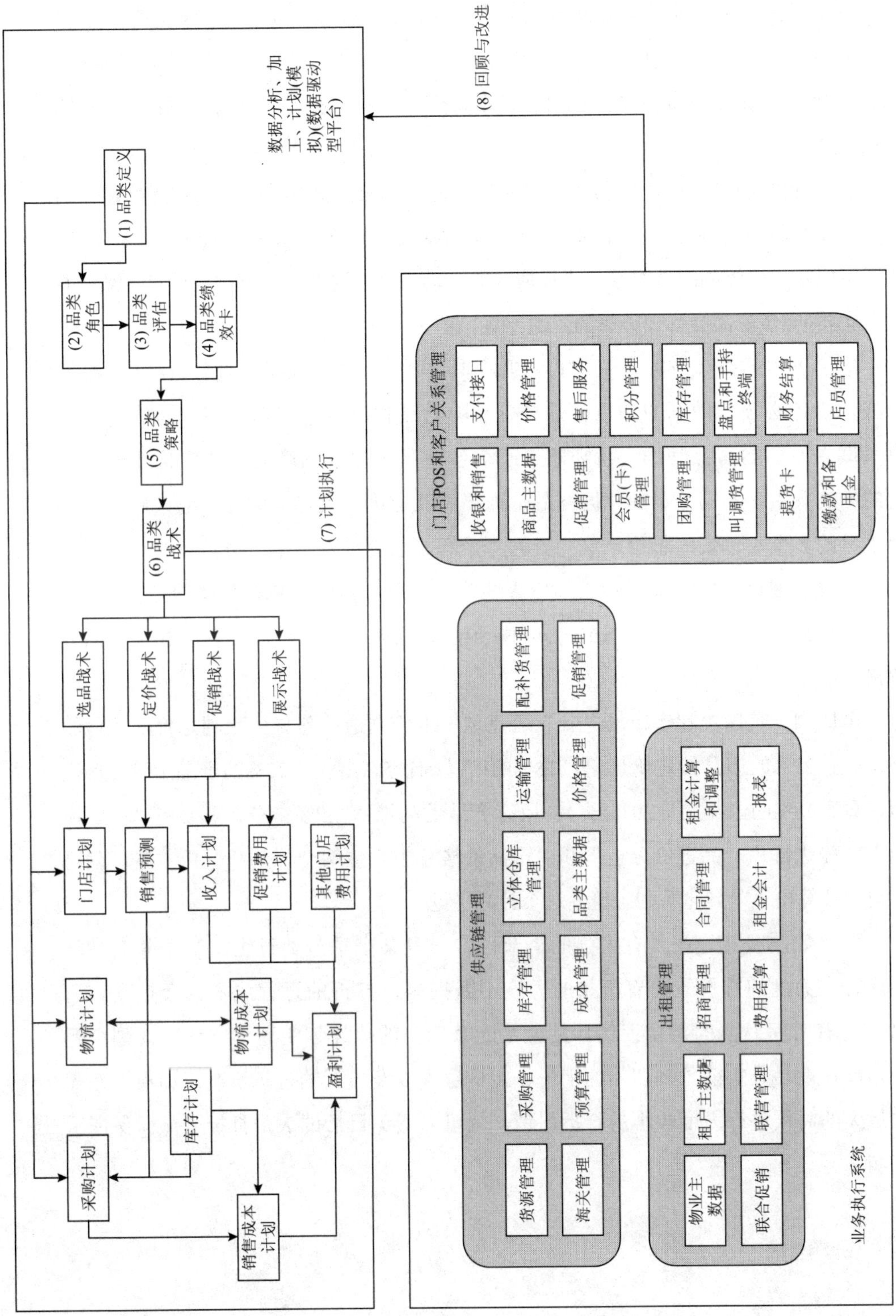
数据分析、加工、计划(模拟)(数据驱动型平台)
(1) 品类定义
(2) 品类角色
(3) 品类评估
(4) 品类绩效卡
(5) 品类策略
(6) 品类战术
选品战术
定价战术
促销战术
展示战术
门店计划
销售预测
收入计划
促销费用计划
其他门店费用计划
物流计划
物流成本计划
盈利计划
库存计划
采购计划
销售成本计划
(7) 计划执行
(8) 回顾与改进
门店POS和客户关系管理
收银和销售
支付接口
商品主数据
价格管理
促销管理
售后服务
会员(卡)管理
积分管理
团购管理
库存管理
叫调货管理
盘点和手持终端
提货卡
财务结算
缴款和备用金
店员管理
供应链管理
货源管理
采购管理
库存管理
立体仓库管理
运输管理
配补货管理
海关管理
预算管理
成本管理
品类主数据
价格管理
促销管理
出租管理
物业主数据
租户主数据
招商管理
合同管理
租金计算和调整
联合促销
联营管理
费用结算
租金会计
报表
业务执行系统

图11-8 “全面模拟”模式

品类管理的第7步“计划执行”，从信息化的角度，体现为前6步的结果输出到各种业务执行系统(图11-8下半部分)，比如ERP和供应链系统、门店POS系统、网店、全渠道营销系统、出租管理系统等，并依托这些系统，持续不断地开展业务。

品类管理的第8步“回顾与改进”，体现为各种业务执行系统中的数据被抽取到品类管理系统中，通过自动化的数据加工，消除了数据颗粒度和口径的不一致，形成了可比较、可控制的品类管理执行情况的“动态”表现数据。这样，图11-8展示了一个完整的8步法品类管理体系的落地方案。

除了上述的整体方案，我们再以几个具体的“计划主题”为例。比如，在定价战术中，必须要做到的一点就是自有品牌商品和对应的名牌商品之间的定价应有关联关系。自有品牌的定价要略低于名牌商品。除了品牌之间的定价要维持一定的比例关系，不同分量的相同商品也需要关联定价。大包装的售价应该略低于同等重量的多个小包装的总价。这一类的“平价关系定价”就是一个具体的“计划主题”。这是通过抽取并分析购买频率等参数，运用一定的计算模型(转换关系)来计算出合理的平价系数(Price Parity Quotient)，进而能够自动计算出各种相关商品的价格。

再比如，美国“超级市场之父”迈克尔·卡伦创造的差异化毛利定价法。他的做法是：27%的产品按进价出售，18%的产品加价5%出售，27%的产品加价15%出售，剩下28%的产品加价20%出售，所有产品毛利维持在9%左右。只要在“全面模拟”中先进行“产品进价分析”和“产品价格分类”这两个计划和分析主题，就可以自动计算出“差异化毛利定价”这个计划主题。

再比如，服装行业具有很强的季节性。一旦某个季节要过去，当季的商品就要进行大力度的打折。随着折扣的力度不断提高，打折的过程成本也会提高。所以，随着时间发展的折扣促销计划就是一个专门的“计划主题”。这个计划主题让你能在商品开售前预测商品的销量、定价层次以及日后的打折情况。如果能在需求量大的时候进行力度较小的打折促销，就可以避免日后的大力打折，从而保证了利润率。

融合大数据的品类管理("虫草"模型)

从传统的8步法品类管理的角度来说，基于数据驱动型平台的“全面模拟”模式已经是一个相当大的技术进步了。但是，它们仍然有一个共同的缺点：就是以“结构化”的方式去应对“非结构化的、具有强烈不确定性的”市场。

举例来说，假如我们在促销战术中只对女性外衣促销，而不对女性外裤同时促销，并且基于“69%的女性会在单趟购物购买外衣后再购买外裤”的假设来进行在线推荐(线上)或商品陈列(线下)，并据此预测总体的销售量。那“69%”这个假设参数的“靠谱”性就相当重要了。在“全面模拟”模式中，这些假设参数就是以“转换关系”体现的(注：如果对这章中的“转换关系”、“计划主题”等术语还有所模糊，请参见第八章“全面预算管理”)。“全面模拟”模式中所有的数据和计算都是基于“明确”的量化关系的。而这就恰恰是它的最大局限性：因为市场上的各种关系都是“不明确”的。就拿这个69%的女性外衣和外裤的商品“亲缘关系强度”来说，它是依靠大数据的工具和方法挖掘出来的。所以，如果不用大数据方法把市场中各种隐藏的相关性关系挖掘出来，“全面模拟”模式就只能做到在较高层次上的粗略的模拟和计划，而很难做到像这个例子中这样细度和精度的计划和模拟了。或者，即使是勉强做了，出来的结果也很难令人满意。

将结构化数据模型和大数据模型融合在一起(见图11-9)就可以真正解决上述问题。基于“明确”量化关系的结构化数据模型就是“全面模拟”模型，负责搭建整体的框架，以及企业内部(后台)业务(如采购、物流、门店、运营、财务)的计划建模。而大数据模型负责挖掘出市场中各种隐藏着的相关性关系。在目前的技术条件下，两者的融合主要体现在以下方面。

NOTE 大数据发掘出的相关性关系用于全面模拟模型中的转换关系。

上述例子中女外衣和女外裤的商品亲缘关系，就是通过大数据挖掘出的一种相关性关系，这种关系及其统计上的关系强度(例子中的“69%”)就可以作为全面模拟模型中的一种转换关系(从促销计划到销售预测)。

因为，如图11-9所示，结构化数据模型的部分有点像“虫”，而大数据模型部分又有点像“草”。而且和虫草这种神奇的生物类似，这个模型也是两种截然不同的数据模型融合在一起，所以，可以将这种模型形象地称为“虫草”模型。

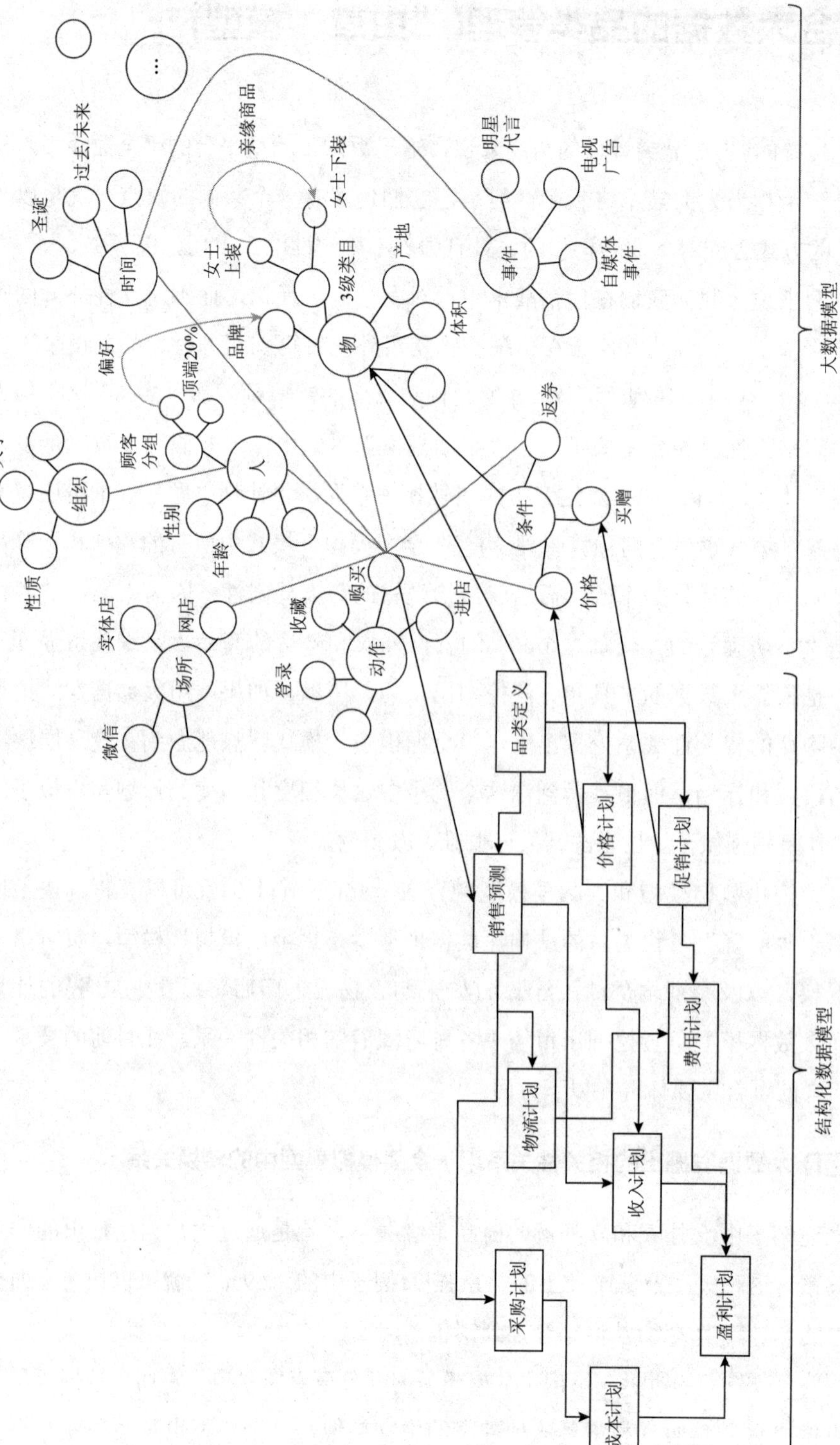
大数据模型
结构化数据模型
时间
圣诞
过去/未来
…
亲缘商品
女士下装
女士上装
3级类目
产地
体积
物
品牌
偏好
顶端20%
顾客分组
人
性别
年龄
组织
大小
性质
场所
实体店
网店
微信
动作
收藏
购买
登录
进店
条件
返券
买赠
价格
事件
明星代言
电视广告
自媒体事件
品类定义
销售预测
价格计划
促销计划
费用计划
物流计划
收入计划
采购计划
盈利计划
成本计划

图11-9 “虫草”模型

除了“虫草”模型整体，我们再以一个具体的场景为例。例如，拿选品战术来说，如果一个零售商希望撤走一个食用油类单品。传统的做法是给该品类下的所有商品排序，撤走卖的最慢、最少的商品，依据的是销量和购买频率。但是，如果通过市场购物篮的大数据分析，你发现这种商品是被最重要的一批顾客所喜爱的。而最重要的一批顾客贡献了70%的利润。你显然不想把他们喜爱的商品从货架上撤走。所以，当一种单品将商店吸引顾客的能力、出现在大购物篮里的概率、与其他商品的跨类联系等考虑进去，你的选品结果就很可能不同。假如分析表明，你最重要的客户群更偏爱相对高价的商品(比如橄榄油)。同时你定位出了重要客户群常常在哪些门店购物，进而发现有几家他们常去购物的商店并没上架高端食用油。如果你马上采取行动(在这几家店引入这种橄榄油)，那不仅此橄榄油的销售量会显著提高，而且会为你带来高利润的顾客群体更高的满意度。

最后，我们再简要介绍一下图11-9右侧的大数据模型。因为大数据分析目前还是一项前沿技术，所以并没有统一的方法论。目前大多数大数据分析还是基于主题、或者称为基于场景的。比如，要分析商品间的亲缘关系，要计算推荐商品，要分析营销事件的效果，预测未来的销售量，等等。而我们在图11-9中所展示的是一种更通用和更统一的大数据模型。

在这种模型中，首先，是用各种手段将数据分解成各种语义学的基本要素。如图11-9所示，这些基本要素并不多，主要有人、物、动作、条件、事件、场所、组织、时间、关系等。每个基本要素又具有各种分类或特征。有些分类是自然的，有些分类是人为的，比如人的性别分类是自然的，而物作为商品的品类定义(类目)就是人为的。还有一些是人为定义标准，但根据数据统计自动分类的，比如对于顾客的重要性分组就属于这种。分类(或特征)的某个具体值，如性别的男或女，称为特征值。就好比女装就是天猫一级类目的一个特征值。事实上，天猫本身是电商网站这个场所分类(或特征)的特征值。

而接下来的第二大步，就是用大数据工具来挖掘隐藏在各种特征值组合间的相关性关系。比如，商品的亲缘关系，体现为类目和类目之间的相关性(在一定的其他前提之下)；高效的推荐算法，依靠的是某些客户特征组合和商品特征组合之间的相关性。而销售预测，是过去的某些特征组合和未来的某些特征组合之间的相关性。

NOTE 总之，不论具体用何种方式，相信将结构化数据模型和大数据模型融合在一起的“虫草”模型，都将是零售业数据管理的重要发展方向。

小结

品类管理是零售业的一项重要管理内容。但是，传统的8步法品类管理体系只是一种管理“框架”。数据驱动型的软件平台是品类管理真正落地的关键所在。同时，我们相信，将结构化数据模型和大数据模型融合在一起的思路即将影响很多行业和领域的未来。我们称之为“虫草”模型。

第十二章
有限产能排产(基于TOC)

痛点吐槽

我做了10年企业信息化后才去读的MBA，属于“高龄学生”。学校的运营管理方向在全美也是数一数二的。有一次，我和教授聊天。

我：“我发现我们完全没有讲MRP II。”

教授对我微笑：“你原来是做ERP的？”

我：“很多很多年。”

教授：“那你的项目中有没有MRP II做好的？换个说法，你有没有看到过MRP II做好的项目？”

我会意地笑了：“一些(a few)。”

他略带调侃地笑道：“是一些(a few)，还是很少(few)，还是没有(none)？好吧，开个玩笑。你觉得问题出在哪里？”

我：“通常来说，我们会归咎于客户数据质量太差。而客户一般也会认账，会同意说他们公司的基础管理还太弱，跟不上先进的ERP系统，特别是当中的MRP II。”说到这里，我有点不好意思地笑了。

“但你心里其实不这么认为，对吗？没关系，这无关诚实。有时候我们心里有些疑惑，但并不确定。”

我：“是的。首先，不可能所有的公司数据质量都差到支撑不了MRP II。毕竟，如果一个公司如果连内部工艺路线的数据都采集不到，那么这家公司是怎么正常运转的呢？其次，我自己拿着我们提供的工艺路线数据收集表，到车间现场去看过。坦率地说，收集这些数据是不可能完成的任务(mission impossible)。我现在上了这门课后，就更这么认为了。比如说，工序间的等待和冗余时间，怎么可能作为一种参数来收集呢？这太荒唐了。”

教授点点头：“你说的没错。但我们现在假设，仅仅是假设，如果有什么魔法可以收集到这些数据，MRP II是不是就没有问题了？”

我不假思索地说：“还是不行的。因为当生产计划运行出来之后，如果有工序超出了产能，基本就无计可施了。说是要么增加产能，要么手工调整生产订单。增加产能有时候非常困难；而手工调整生产订单基本就是句废话。所以，在跑生产计划的时候，能做的就只有双手互握(cross fingers)了……”

“祈祷(Pray)！”我们一起哈哈大笑起来。

教授：“我想你自己已经回答了你的疑问。不过，我倒很好奇，在项目中，你们最后如何收场呢？”

我：“一般有三种处理方式：第一种是客户把数据再导到系统外面，用EXCEL或者自己开发的一些小程序来手工排产。我前面讲了，很多客户认为是自己的数据质量有问题，所以就认了这种方式。这种方式对实施方来说是最省事的。在中国，大多数这类项目合同都是固定金额的，很不合理，所以，也是无奈之举。第二种情况，客户意识到MRP II本质上还是无限产能排产的，所以我们就说服他们把排程扔给MES(注：制造执行系统)或者APO(注：高级计划优化器)去做。这样倒是能带来新的生意机会。第三种情况实施方最惨，就是直接在ERP上做增强开发，把产能约束考虑进去。”

教授：“那第三种情况你们的开发逻辑是什么？”

我：“第三种情况和MES都面临一个开发逻辑的问题。其实很多时候，是客户把他们以前手工排程的思路告诉我们，我们优化了之后再写成程序。说实话，我现在发现，很多思路和我们课上学的TOC的思路是类似的，都是基于瓶颈的。但是，问题是这些开发定制性都太强，很难真正产品化。虽然每次的思路都差不多，但每次都要根据客户的实际情况写很多代码。真希望有朝一日能有种更好的平台来处理这种计算。”

教授：“很有意思。其实你有没有发现TOC是非常符合常理的，是一个车间的主管立刻就能理解的。倒是MRP II，更像是你们搞信息系统的，为了方便开发硬生生造出来的。好啦，我相信今天的谈话对我们彼此都很有收获。记得把《目标》(*The Goal*)读完。”

我：“读完了。前半部分非常棒，但后半部分有点晕(lost)。”

……

拍案惊奇

MRP II(制造资源计划)就是皇帝的新衣!

是的，这句话听起来比较刺耳。要知道MRP II至今仍然是大多数ERP(企业资源计划)软件的生产计划模块的核心思想。很多从业人员(包括我自己)，以及大量的企业已经在这个问题上无谓地浪费了太多的时间。而且将来还可能继续浪费大量的时间。乔布斯曾经说过，浪费别人的时间就相当于在谋杀生命。那既然谈到了这个问题，还是直截了当、开诚布公吧!

MRP 和 MRP II

这个专题是关于生产排产的。

NOTE 生产排产，简单来说就是企业应该在什么时间生产多少什么东西。

从ERP主流程(见图12-1)来看，这个问题出现在图中大箭头的位置，主要涉及两个功能：主生产计划(MPS)和物料资源计划(MRP)。从图中也可以看出，这两个功能处于企业产供销协同的核心位置，绝对是承上启下的中枢。然而，是的，问题就出在这个地方。

故事要从MRP讲起。MRP(物料需求计划)是企业信息化领域最早的一类应用。它是把产品按照构成它的各种组件和原材料一层一层展开(称为BOM表)。然后，只要知道需要多少产成品，以及手头有多少库存，就可以算出需要采购多少各种各样的原材料，以及需要生产多少各种各样的组件、半成品和产成品。如果加上估计采购和生产所需要花费的时间(称为“提前期”)，不就解决了“在什么时间生产(和采购)多少什么东西”的问题了吗？MRP的逻辑如图12-2所示。事实上，就排产来说，MRP只解决了一半问题。

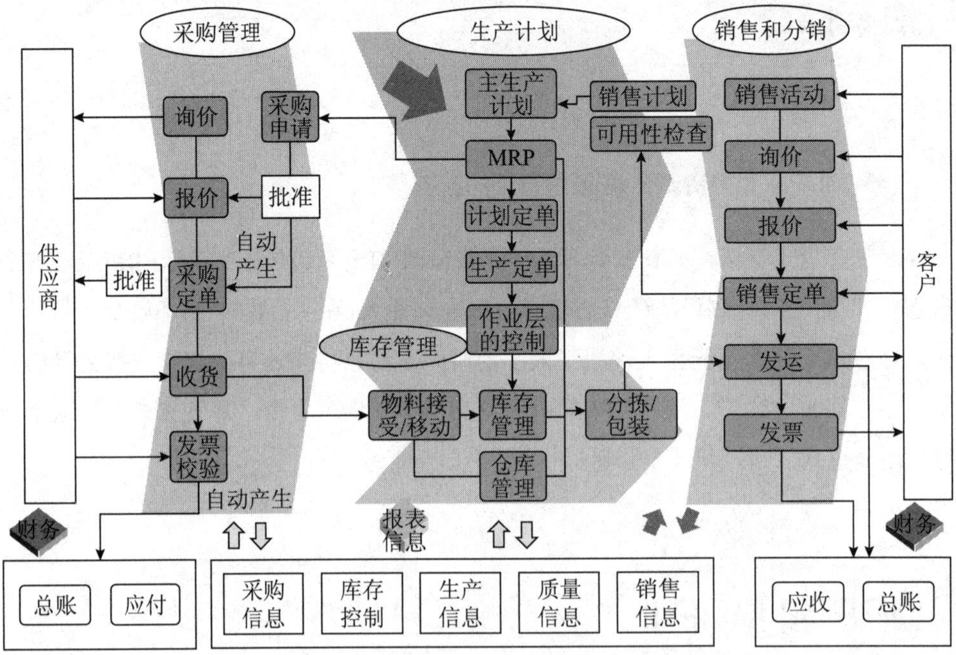

图12-1　ERP主流程

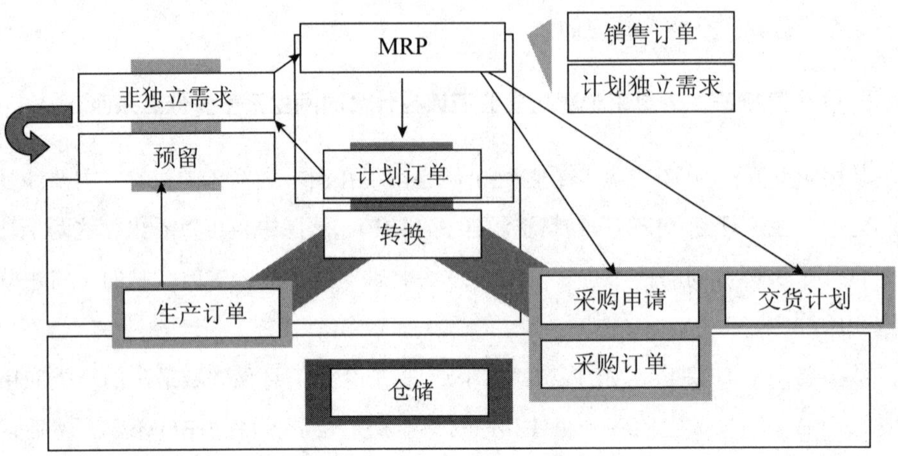

图12-2　物料需求计划(MRP)

NOTE MRP算出来的数量是准确的，但是时间是不准确的。

道理很简单，在MRP中，生产提前期这个东西是很不靠谱的。你就每种东西估一个时间，这有可能管用吗？你也不看看车间现场各种各样的排队、等待和大大小小的订单、批次。总之，MRP生产排产在时间上是不靠谱的。但这种不靠谱有一个好听的名字，叫“无限产能排产”。也就是假设你的企业的产能是无限的，那这种算法就有可能是靠谱的。而且这种“无限”是随时随地的“无限”，不是说你一段时间总量上产能大于需求就可以。所以，按这种定义，你的产能基本不可能是“无限”的。所以“无限产能排产”只是“不靠谱”的比较好听的说法而已。

那既然MRP用于排产不靠谱，而且问题主要出在产能上，那就改进吧。首先，把MRP从“物料”的计划拓展到“制造资源”的计划(这下包含产能了)。这样，名字也有了，竟然还是“MRP”，只是代表的是制造资源计划，所以加上“II”，叫“MRP II”，一方面以示区别，另一方面表示了它们之间的传承关系。

好听的名字有了，但具体怎么解决产能的问题呢？MRP II的思路如图12-3所示。MRP II是包含MRP的。它对于MRP的改进主要体现在两个方面。

- 它将整个生产计划分为多个层次。其主要增加了MPS(主生产计划)和SOP(销售与运作计划)这两层。这个改善是很有意义的。原来MRP一层的时候，在有些企业(比如机械制造行业)，组件和原材料的计划一起“跑”出来，可能多达几万条，而且时间还是错的。要想调整计划，简直令人绝望。现在分层了之后，你可以对重要的组件先跑MPS。把这些组件的计划调整到位之后，再对原材料和其他组件跑MRP。
- 它对每个计划层次都增加了“产能检查”。等一下，不是说好的“有限产能排产”吗？不应该是在排产计算中就把产能考虑进去吗？怎么变成了事后检查呢？关于这个问题的真实原因我们无法考证。但是，“事后检查法”(我们姑且这么称呼)却是在信息系统的开发和标准化上是最容易实现的。

正是因为“事后检查法”让MRP II变成了“伪有限产能排产”，也就是说仍然是不靠谱的。下面我们再花些笔墨来分析一下MRP II的具体问题，毕竟这个问题涉及面很广。

MRP II的产能陷阱

下面分析的三个问题，都带有一定的逻辑上的悖论(逻辑陷阱)，所以我们将它们称为“MRP II的产能陷阱”。

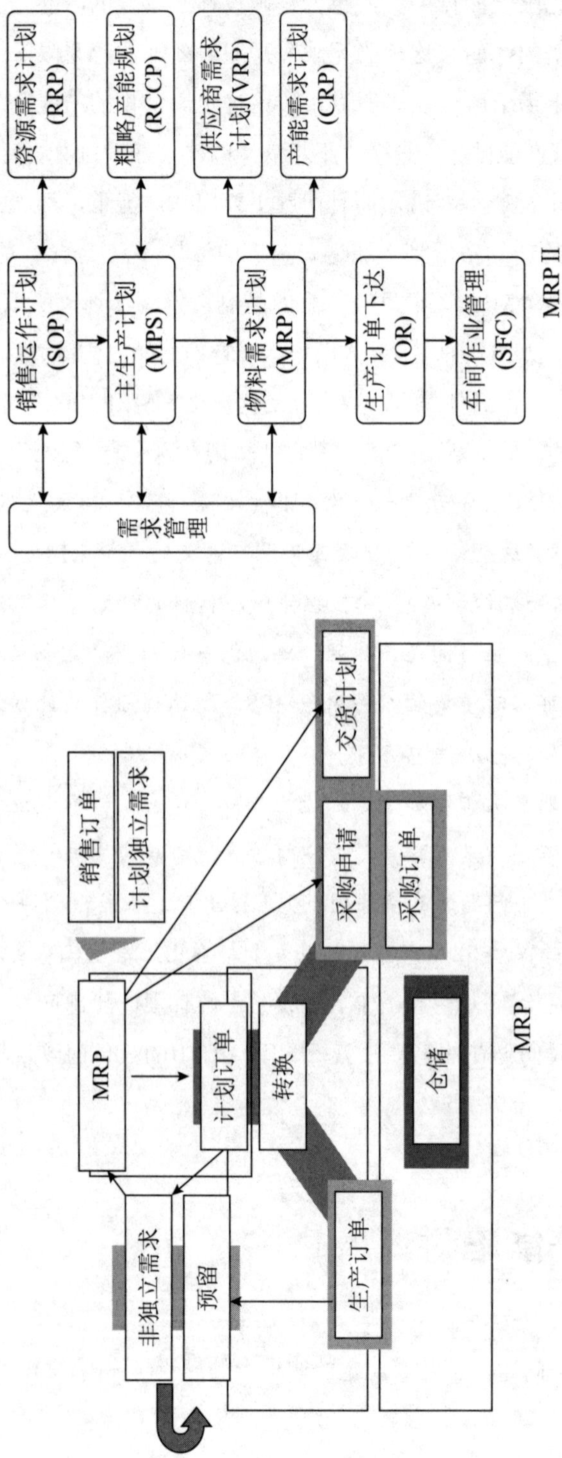

图12-3 制造资源计划(MRP II)

MRP II产能陷阱(一)——次序问题

这个问题在上文“痛点吐槽”和MRP II的介绍中就提到了。如图12-4所示，MRP II在实际计算的时候，是不考虑产能的(图中产能需求的计算)。只是在事后去和可用产能进行比较，展示出“这样子排程，产能会不够哟”，然后就让你自己去做“产能平衡”。怎么做呢？要么是增加产能(大家加加班)，要么是如图12-5所示，“手工检查并修正运行结果”(等于没说)。

其实，这里的大错不是“事后检查”本身，问题的关键是：如果你去车间现场看看，排产时主要的约束因素就是“产能”，而你在计划排产的时候，完全不考虑产能，因和果的逻辑关系就错了。而且，这里面有一个巨大的问号没有回答：如果不是产能，那么时间究竟是什么东西决定的呢？

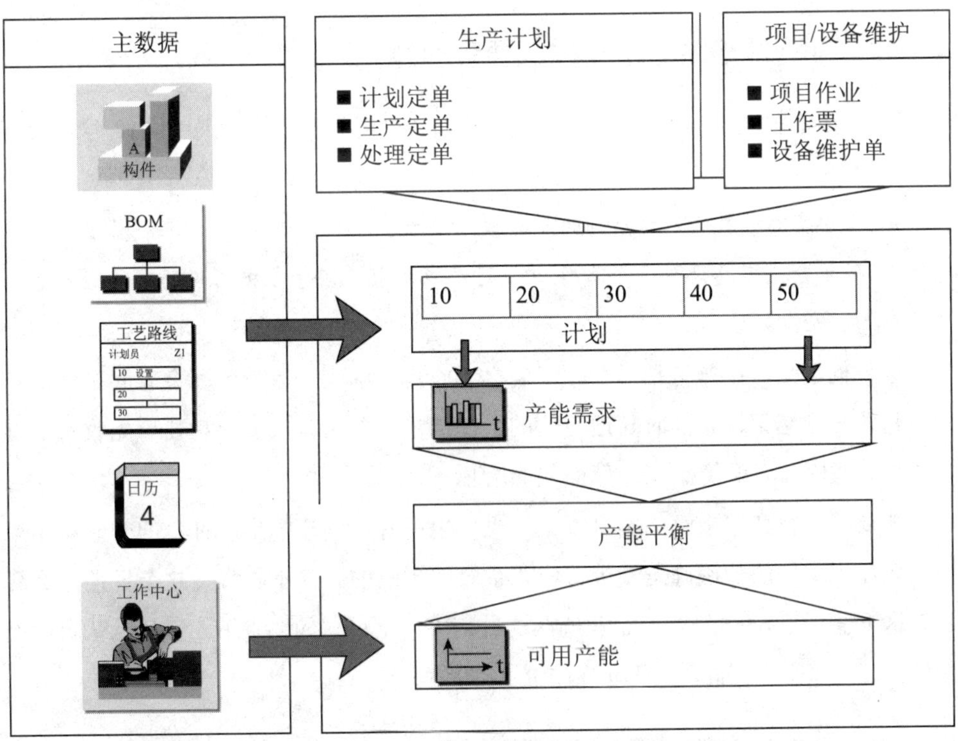

图12-4　MRP II 中的产能陷阱(一)——次序问题

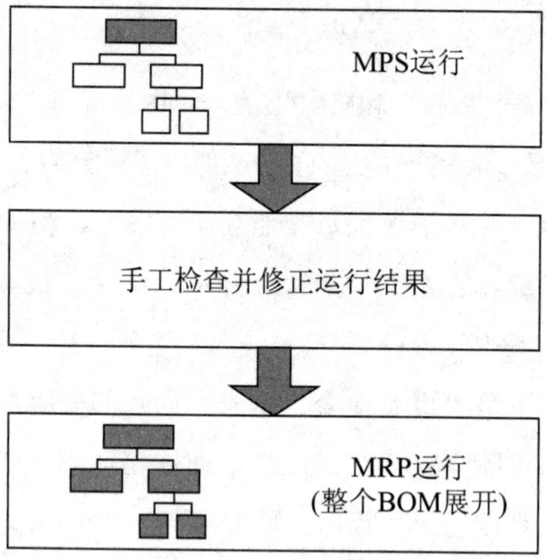

图12-5　MRP II 中的产能陷阱(一)——次序问题

MRP II产能陷阱(二)——时间要素问题

MRP II实施中，企业是一定要收集工艺路线的时间要素的(见图12-6)。这主要有两个目的：

- 用于实际计算生产订单的开始和结束日期；
- 用于分段汇总计算每个工作中心的产能需求，用于上文所说的产能检查和产能平衡。

这下问题来了：等待和冗余时间怎么“收集”的呢？等待和冗余时间是产能瓶颈引起的一个结果，是随时随地变化的。在这里，怎么就成了一种要事先收集的参数了呢？逻辑和因果关系在这里再一次错乱。

那要是等待和冗余时间不“收集”呢？也不行。别忘了生产订单的开始和结束日期，在现实中的的确确是受等待和冗余时间影响的。你不收集，这个日期怎么算呢？这下蒙了吧？ 可怜很多企业就在这种霸王硬上弓式的要求下，最后承认自己的精细化管理水平不到位，而无法在ERP中实现排程。

MRP II产能陷阱(三)——倒排程问题

我不知道有没有人像我一样疑惑过：MRP II为什么如此钟爱倒排程？所谓倒排程就是如图12-7所示，根据产成品的交货日期，往前倒推生产订单的结束日期和开始日期，以及相关组件和原材料的订单结束日期(交货日期)和开始日期(下单日期)。

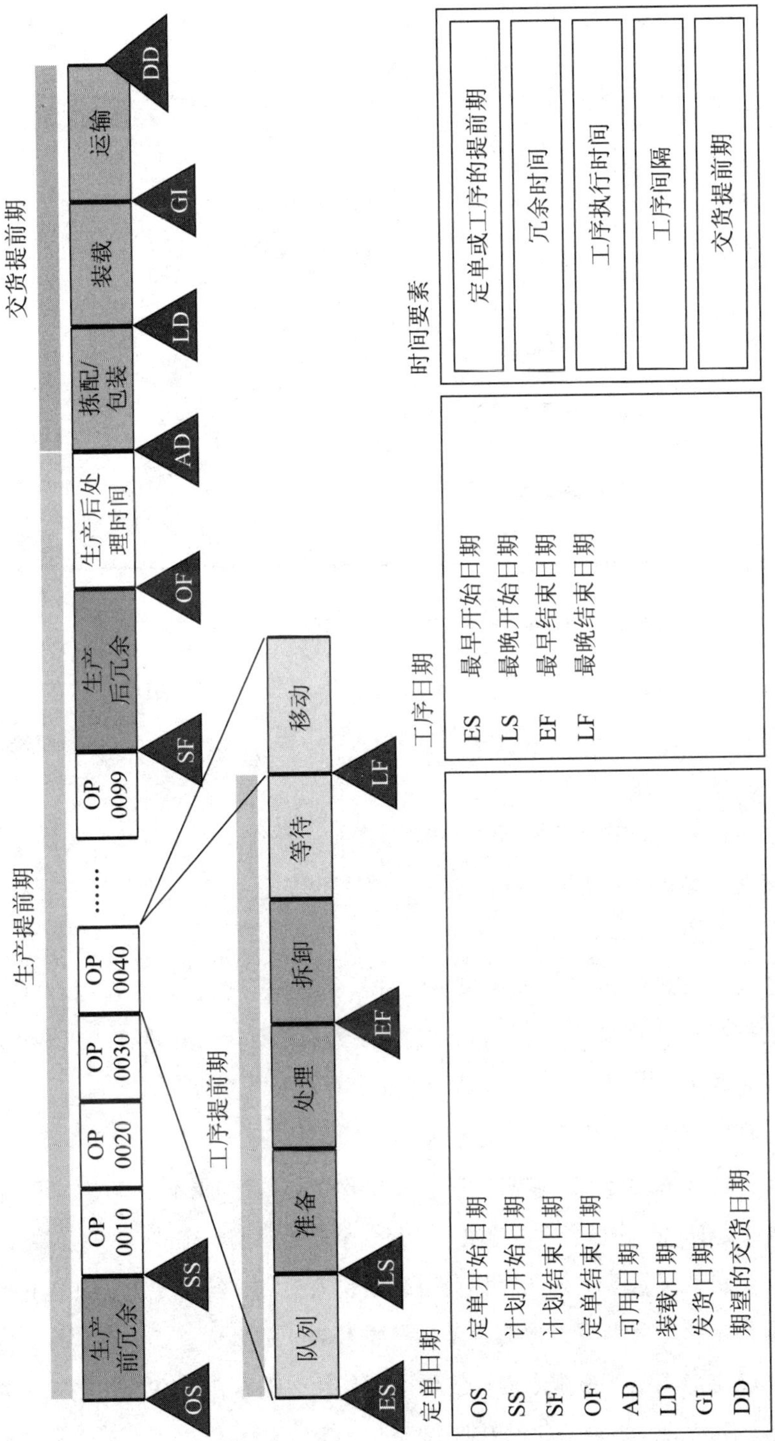

图12-6 MRP II 中的产能陷阱(二)——时间要素问题

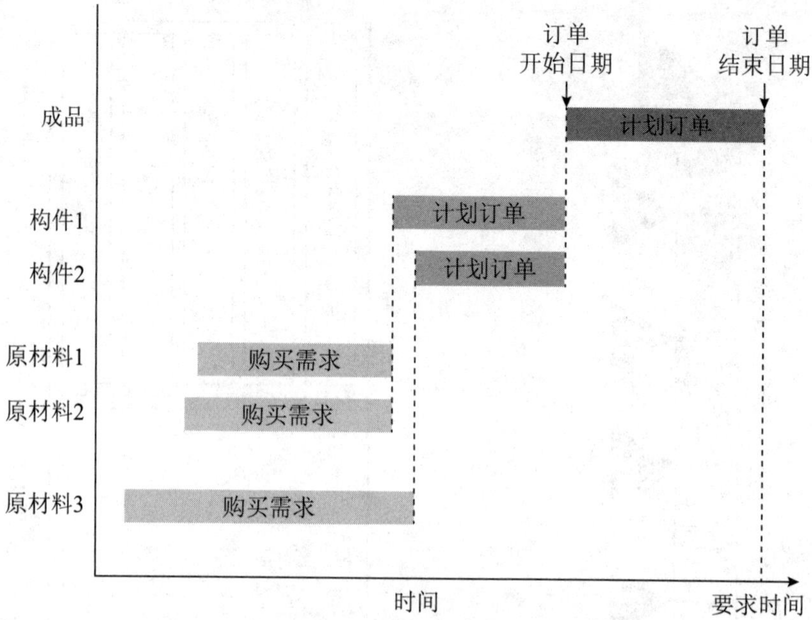

图12-7　MRP II 中的产能陷阱(三)——倒排程问题

ERP咨询顾问总会先宽宏大量地说："系统既支持正排程(从现在往将来推)，也支持倒排程。"然后再说："但是，建议采用倒排程，而且是先倒排，如果开始日期早于现在，就再正排。"

但是，理由呢？你在哪家企业上MRP II之前，看到过如此古怪的实操方法？实操中，的确是有按照交货期的早晚，决定开工排队的优先次序的，但绝对不是这种"赶晚不赶早"的做法。

实际上，真实的原因是，如果采用"赶早不赶晚"的正排产，因为MRP II是"无限产能排产"(不用排队)，所以必然会出现所有的订单都扎堆拥堵在最开始，你明天的产能必然就"爆掉"了。倒排程至少把有些订单往后挪了。

而且，订单交货日期是个外部约定的日期，算是给排产找到了一个还算靠谱的依据(锚点)。天哪！原来刚才在"陷阱一"中的神秘问号："如果不是产能，那时间究竟是什么东西决定的呢"的答案就在这里：就是订单交货日期！靠谱吗？更不靠谱！

订单交货日期又是哪里来的？你会说是销售人员和客户约定的。那销售人员凭什么和客户约定这个日期呢？你会说是客户要求的。那么你总归需要估算一下，这个日期能不能交得成吧？那这个估算的依据又是什么呢？在MRP II中，答案再次让你抓狂：还是不考虑产能约束的提前期了！

NOTE 至此，我们完成了一次MRP II带给我们的逻辑烧脑之旅！

很多企业在实施ERP的过程中，正是因为MRP II而经历了一次“期待—学习—费解—焦虑—挣扎—抓狂—自责—放弃—妥协”的精神之旅的。希望本章解答了很多同道多年来的困惑，也希望能帮助后来者节省宝贵的时间。下面我们就来谈谈有限产能排产的正确解决方式。

有限产能排产(基于TOC，瓶颈理论)

NOTE TOC(Theory of constraints)，中文译为“瓶颈理论”，也被称为制约理论或约束理论，由以色列物理学家高德拉特(Eliyahu M. Goldratt)博士创立，与精益生产、六西格玛并称为全球三大管理理论；其核心观点为立足于企业系统，通过聚焦于瓶颈的改善，达到系统各环节同步、整体改善的目标。(百度百科)

我们的方案是基于TOC(瓶颈理论)的。关于TOC理论的详细内容，大家可以查找相关的其他资料，包括上文提到的《目标》这本书。不过本章所介绍的不是“如何实现TOC理论”，而是“如何用TOC理论实现有限产能排产”。也就是说，只涉及TOC理论的前半部分(而且是一小半)。

实际上，基于TOC(瓶颈理论)实现有限产能排产的思路是非常清晰和直观的。很多企业在上ERP系统之前，车间主管或者计划员手工在EXCEL中排产的时候，用的就是类似的思路。它的核心思想是如下的4个步骤。

第一步：分析生产工艺

首先，需要收集企业生产工艺相关的资料。这些资料往往体现为如图12-8所示的各种形式的产线图、布局图或者工艺流程图中；然后，结合现场实地观察和调研，收集并掌握更详细直观的生产现状情况。现场观察和调研中，要特别留意产线前后在制品库存堆积的工序，因为这往往意味着瓶颈工序，可以和后面量化分析相互比照来保证数据的准确性。

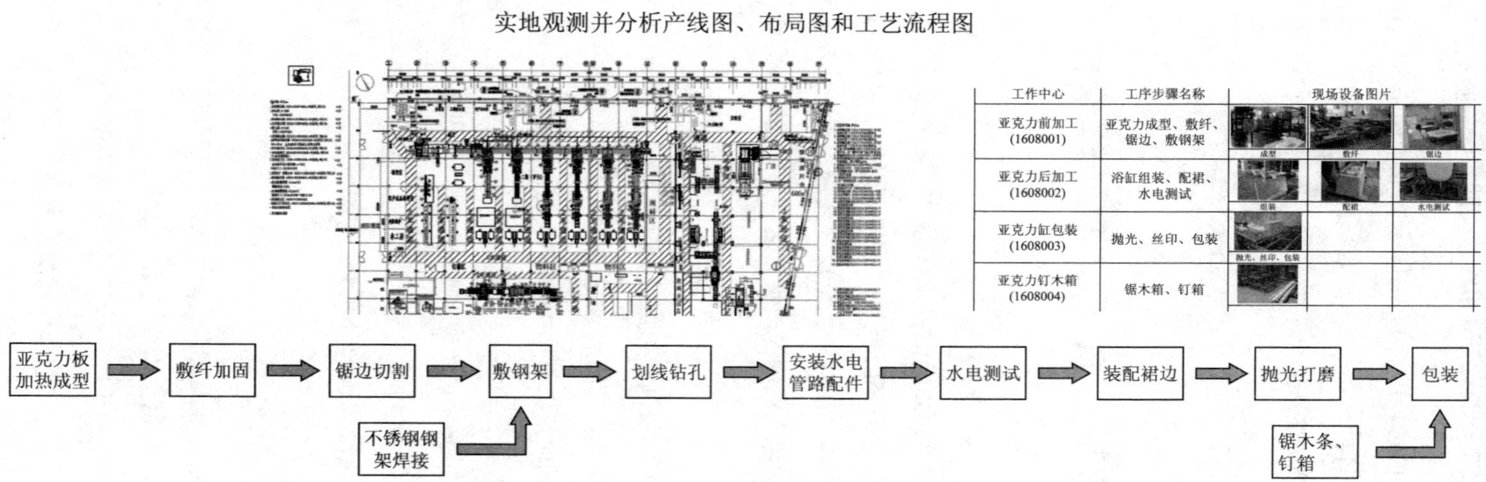

图12-8　第一步：分析生产工艺

第二步：绘制流程图

根据第一步收集到的数据，绘制如图12-9的生产流程图(Process Flow Diagrams)。这是一种特殊的流程图。其图例如图12-10所示，方框代表工序，倒三角代表在制品(WIP)。

同时，我们还需要测量和收集每道工序的关键指标。这些关键绩效指标如下：

- 处理率(processing rate)(产能)，如60片/小时；
- 循环时间(cycle time，CT)，如1分钟/片；
- 处理率和循环时间的关系，处理率 = 1 / 循环时间；

上述指标和关系，既适用于单独任务，也适用于整条产线。

和MRP II不同，这些关键指标中不包含逻辑错乱的“等待时间”，也不需要大量貌似精细化的“时间要素”。在收集和准备这些关键指标的过程中，有如下规则可以帮助分析。

- 规则一：拆分。一次关注一个流程步骤(工序)，计算处理率或者循环时间。
- 规则二：按循环来计算(不管是工序循环，还是产品组合循环等)，如果有同样作用的多设备，则总处理率等于单独处理率的总和。

第三步：找出瓶颈

根据流程图和现场观测相互佐证，就可以找出瓶颈，从而得到整个系统的产能。

- 规则：汇总。瓶颈就是产能最小的工序，系统产能 = 瓶颈产能。

第四步：计算通过时间(生产提前期)

其实每张生产订单(或一个单元)通过整个系统的时间主要就受两个因素影响：一个是在它前面(包括它自身)的在制品(WIP)数量，另一个就是瓶颈产能(当然也就是系统产能)。所以，通过时间(生产提前期)的计算如下所示。

- 通过时间(Throughput Time，TPT)，也称为生产提前期(Manufacturing Lead Time，MLT)，一个单元通过整个系统的时间。
- 在制品(Work-in-process，WIP)。

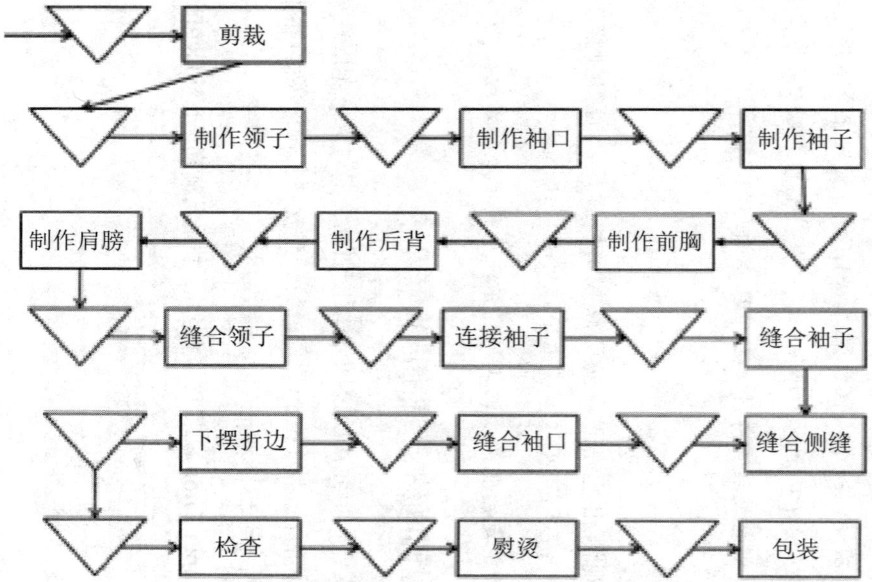

	处理率(衬衫数/每分钟)	工序时间(分钟数/每件衬衫)
剪裁	4	0.25
制作领子	2.05	0.49
制作袖口	2.01	0.5
制作袖子	3.08	0.325
制作前胸	2.4	0.43
制作后背	2.35	0.33
制作肩膀	3.03	0.33
缝合领子	2.42	0.41
连接袖子	2.58	0.39
缝合袖子	3.07	0.33
缝合侧缝	2.22	0.45
缝合袖口	2.58	0.39
下摆折边	2.35	0.43
检查	2.66	0.38
熨烫	2.05	0.49
包装	2.29	0.44

分析并绘制出流程图，用于后续步骤

图12-9　第二步：绘制流程图(Process　Flow　Diagrams)

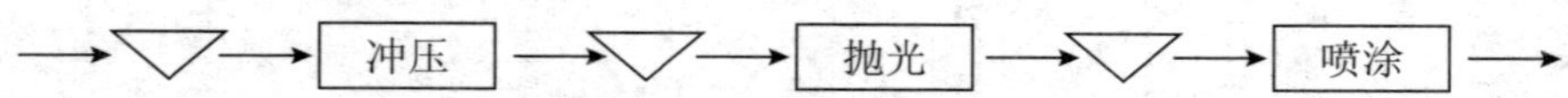

图12-10　流程图例

- TPT、WIP和工作通过整个系统的处理率
  - WIP = TPT × Processing rate
  - TPT = WIP / Processing rate = WIP × CT

优化后的主流程

上一节我们介绍了基于瓶颈理论(TOC)的有限产能排产的核心思路。虽然，实际情况要比上述核心思路复杂很多，但是相信大家已经能够体会：这种方法是“道法自然”的，是有道理的。

不过，这种方法也有一个“缺点”：它无法像MRP II那样，能够基于传统的软件架构，很容易地开发成标准化的软件程序。上述的四个步骤，如果再结合实际生产中的平行、交叉生产过程、多样化产品等情况，就会需要比较智能化的数据分析、建模和判断的过程。在传统软件架构上，这就意味着每个企业和项目中大量的二次开发(不论是在ERP上，还是在MES上)。然而，随着技术的发展，本书所阐述的数据驱动型的平台及其管理思想恰恰能够很好地满足这个长期以来困扰企业信息化的痛点问题。因为数据的分析、加工、建模、判断以及可视化正是数据驱动型平台所擅长的。

所以，优化后的主流程如图12-11所示。MPS(主生产计划)将对于产成品的需求按照BOM表，进行数量上的展开，但是并不负责时间的计算和计划。也就是说，MPS只负责产成品和关键组件(和半成品)的数量准确，而不负责时间准确。各级生产订单的时间计算和计划(排产)交给基于数据驱动型平台的排产模块来完成。而这个排产模块的理论依据就是TOC瓶颈理论。而对于销售订单和报价来说，也可以通过这个模块来进行交货期的估算。

当然，图12-11是基于完全按单生产(Make to Order)模式的，它还需要进一步的优化。而这进一步优化也是数据驱动型管理的一部分。相关内容请参见本书第七章“销售计划和预测”。

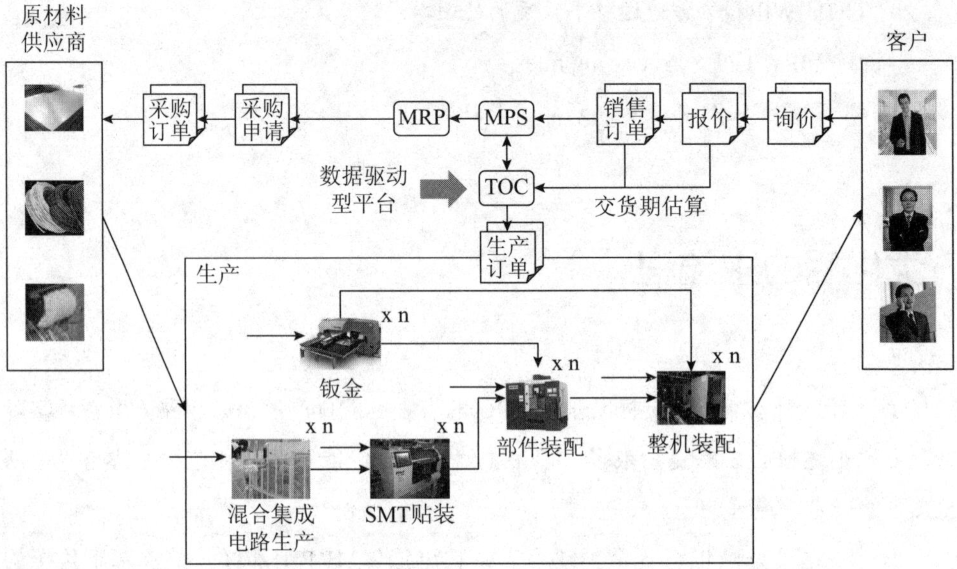

图12-11　优化后的主流程

小结

撰写本章，一方面是对于工业化4.0的热捧，另一方面是一些基本问题长期得不到解决。这固然有各种复杂和深刻的原因，但是软件技术的制约也是很重要的一个因素。因为，在传统的软件架构上解决这一类问题，不是很多企业做得来和做得起的。数据驱动型管理和平台的成熟，将解决这类问题的门槛大大降低了。这真的是个好消息。

THE DATA-DRIVEN MANAGEMENT

第六篇　特定行业

第十三章
保险行业的“偿二代”应用

痛点吐槽

“偿二代”来了，保险公司准备好了吗？在保险行业的偿付能力披露培训会上，有人的回答“随时准备”，也有回答“很难很难”。这个问题其实没有答案。提交保监会季报是必须执行的，外部的监管与内部管理联动却是保险公司一直追求的目标。利润最大化是所有企业的主要管理目标，保险企业也不例外。保险行业监管的现状是，行业监管水平越来越高，监管粒度越来越细，指标披露要求也越来越贴近不同的业务类型。对于监管报告的制作，越来越多的公司在财务报告及管理报告的基础上，不得不第三次重新编制监管报表。有人说编报表如同编故事，希望以数字反映问题和风险点，但由于难以统计数据，以定性结论告终。在做了偿二代系统建设项目后，对于困难的感触更直观了，其实这与我们在做业务经营报表项目的时候感受到的困难点相似，首先是数据散落在企业各处，每个分子公司给出数据格式不一样，数据收集与验证极其耗费时间与精力；再则数据颗粒度不统一，常常对于监管指标、管理指标的计算需要根据不同的数据来源分别来计算，中间的调整、合并、验证工作的纷繁复杂可想而知，外加因子法的计算逻辑与因子设定都是比较复杂的技术工作；综合以上原因，大多数企业在报保监会偿二代报表时一筹莫展，每个季度都是一个巨大的工程，更不用谈如何转化监管体系的要求来优化内部管理体系。

解读中国保险行业“偿二代”的监管要求

作为基础，我们首先了解一下“偿二代”体系的形成的背景。“偿二代”全名

“偿二代 - 风险导向的偿付能力体系”。简单地说，这套保险行业最新的监管体系主要出于三大动因。第一，保险市场发展日趋多元化，复杂程度高，具体为：从产品角度，保险企业从经营传统的寿险及财险，到今天常见的分红险、万能险、投连险及变额年金等构成复杂的产品；从投资资产的角度，传统的资产有现金、国债、存款，而企业债、公募基金、私募基金、各种不动产、股票、境外投资都是常见的金融投资；从保险企业的市场参与角度，也从传统寿险、财险、再保险企业，到如今多元经营的如健康险公司、保险集团、综合金融集团、相互保险组织、自保组织、保险资产管理公司等参与方式。第二，中国保险行业的市场化：自2013年以来，费率市场化，投资市场化，准入机制也逐渐市场化，随着开放程度的提高，在风险控制上原有的管理体系已不够敏感及全面。第三，提升国际竞争力：欧洲的Solvency II，美国的风险资本现代化，新加坡的RBC II，这些保险行业的监管体系都发展迅速。而对于新兴市场，针对自己的模式和国情，“偿二代”借鉴了一些国际上的监管经验以帮助中国保险企业提高国际竞争力，但也不完全与国外的体系与方法一致，如国际上特别是发达市场通常采用内部模型和情景法模拟法，而在偿二代下还是要求以因子法为主、情景法为辅的风险计算及压力测试。

偿二代的监管框架

偿二代是一套非常复杂的监管体系，如图13-1所示，分为了三个支柱的监管框架，主要思路是通过对资产的价值计量及其风险计量模型来评估保险企业的最低偿付能力。如图13-1列出的监管要素及涉及的监管法规，监管内容从风险监管框架上分为三大支柱。第一支柱是定量资本要求，着眼于可量化的固有风险的监控，如保险风险、信用风险、市场风险。在监管手段上，需要企业提供量化资本信息，对实际资本进行评估，对资本进行分级管理，通过压力测试来评估综合偿付能力的充足率及核心偿付能力的充足率。第二支柱是定性监管要求，主要针对难以量化的风险，如操作风险、战略风险、声誉风险及流动性风险。通过风险综合评级(IRR)、风险管理要求与评估(SARMRA)、流动性风险管理、分析与自测检查等一系列要求措施来实现监管目标。第三支柱的市场约束机制则是为难以监管的风险的监管而设计，通过公司信息披露、监管信息披露、信用评级等措施来督促企业风险管控的建设。从偿二代设计思路上不难看出，对于不同类别的风险，监管机构构建了不同程度的控制要求，监管的业务之全面，风险价值计量过程之复杂，披露之频繁，让保险企业无法不从日常经营着手，把风险监管纳入日常运营管理之中。

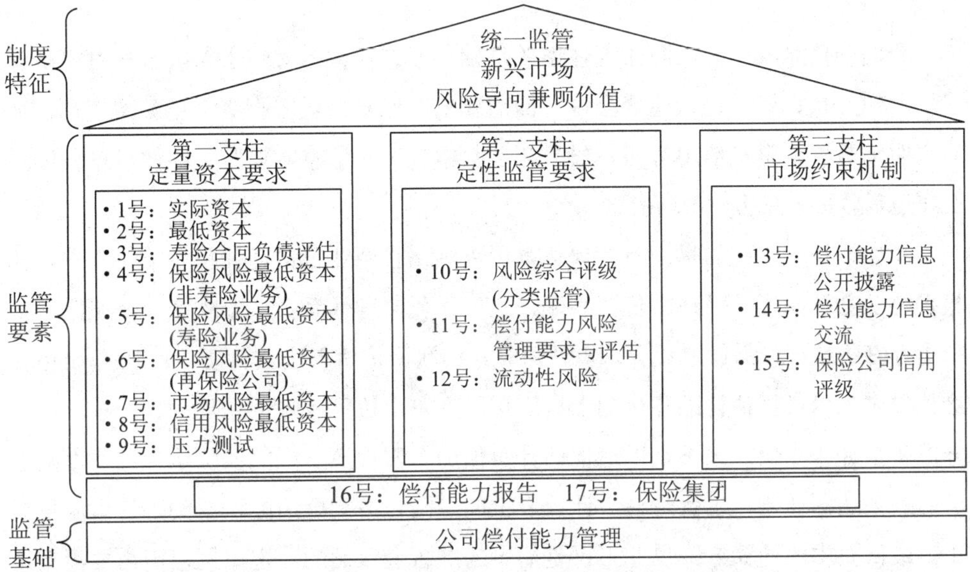

图13-1　“偿二代”的三个支柱监管框架概览

拍案惊奇

如果说满足“偿二代”的监管要求是一个开端，那么能借助企业偿二代系统去发现问题、改善问题、提升合规能力，则是引进企业偿二代系统的终极目标。在本章节中，我们将介绍的这套服务于保险企业的“偿二代”解决方案的设计思路，定位于支持企业从日常运营中构建一套数据收集、验证、模型化、测试、模拟、压力预测，并按“偿二代”监管的要求自动披露偿二代合规信息的完整的解决方案。保险企业构建偿二代体系的点点滴滴，其实也是真正把监管融入内部管理的直接有效的途径。

面临的挑战

挑战一

全面的信息收集是风险监控体系的基础。偿二代体系规定了保险公司对资产计量、负债计量、资本、风险聚合等方面的要求，保险公司需收集大量新增信息，如资产明细数据、资产信用等级、投资相关数据、风险信息数据等。在建模过程中，公司还需收集大量历史市场信息。

我们以第一支柱的资产负债评估框架为例，在企业日常会计报表上，资产项目根据企业会计制度，以账面价值入账，在偿一代监管体系下，要求企业按照账面价值进行打折认可，而偿二代要求以认可资产的账面价值入账。负债项目-保单负债在会计报表上以最优估计准备金加上风险边际、剩余边际入账，在偿一代下按法定保守准备金计入，偿二代下则以最优估计负债加上假设上下限的风险边际及非寿险业务的剩余边际计入，也就是说会计报表上的寿险业务剩余边际释放到了资本溢价额中。最低资本的计算方式也并不再是简单的准备金保额的一定比例，而需要根据不同资产分类的不同风险分别计算再累计得到，也并非会计报表上的资产项目与负债的差额。所以，要进行偿二代要求下的资产负债评估，仅仅通过日常会计报表上的信息是不足够的，必须通过资产与负债的明细数据的收集，梳理出监管重新分类规则，从而建立资产负债评估模型。

如果深入体会偿付能力的管理手段，我们发现对于资本吸收损失的性质与能力进行管理也是偿付能力充足率管理的核心之一。偿二代的监管要求是“综合偿付能力充足率”不低于100%。“综合偿付能力充足率”是实际资本与最低资本的比率，所以实际资本必须大于最低资本才能达到合规。“核心偿付能力充足率”是核心资本与最低资本的比率，要求不低于50%。这两个指标的管理，充分反映了偿二代中对于资本的分级监管的要求。事实上也只有对资产明细按监管要求依其性质特征(存在性、永续性、次级性、非强制性)判断，才能将其分级为核心一级资本、核心二级资本、附属一级资本、附属二级资本，以反映资本吸收损失能力。这种分级方式通常与会计系统、投资管理系统或其他业务系统中的分类方式不一致。在有些情况下，还会出现一些比例的限制，如核心二级资本不得超过核心资本的30%。所以这种分级模型的搭建有一定的复杂性，在原有资产属性上也需要以不同的视角来定义其监管的属性，同时根据监管的限制条件，又需要有足够的灵活性，使业务管理人员可以进行调整。

NOTE 偿二代监管基础信息收集的难点和重要在于：(1)资产负债数据并非等同于会计报表中的分类，所以数据的来源除了财务系统外，大量的数据信息是业务系统，如投资管理系统、保险业务系统、精算等系统的业务明细数据，其颗粒度是相对财务会计报表中更加细的层面，但与会计报表在资产总数账面价值上可以通过调和达到一致；(2)由于监管视角的不同，资产负债分级、量化风险的计量需要不同视角的信息，所以按监管要求定义重新分类或调整项目的输入是必不可少的。

挑战二

当我们透过监管要求分析需求的本质时，会发现偿二代第一支柱其实是以量化需求为主要纽带的，要求对于不同业务类别及不同风险组合计算出最低资本。如果监管内容是风向标，那我们看到的需求趋势是对于业务及风险分类是有细化的需求，同时在不同业务上的风险及最低资本管理也有差异化及精细化的趋势。不难理解，今天的保险企业与其他企业一样，发展的趋势大多是多元化、集约化的，所以对于每一种业务的管理必然会有差异化，而这种业务流程差异化对于数据管理的需要和依靠会越来越大，流程必定不会完全一致，但是数据确实可以在差异中建立不同模型，在更高层面汇集及模型化管理来找到协同性。这种模型化必然会随业务和管理及监管需求的变化而随时变化。

偿二代第一支柱中的重点之一是最低资本的计量管理。对于金融行业，资本是计量风险的最合适的载体，最低资本是直接反应对风险的量化指标。偿二代要求保险公司具有资本的数额，是可以应对各类可量化的资本要求的风险对偿付能力的不利影响，也称为最低资本。最低资本的整体框架包括可量化的固有风险(如市场、信用、保险风险、控制风险)和附加资本的最低资本汇总。对于每种风险的最低资本，偿二代中也规定了科学的计量方法，基于中国市场的数据，匹配概率分布得出计算公式。采用综合因子法计量的标准公式为：

$$\text{MC(最低资本)} = \text{EX(风险暴露)} \times \text{RF(风险因子)}$$

$$RF(风险因子)= RF0(基础因子)\times(1+K特征系数)$$

特征因子是基于公司特征或特定风险来设定的。考虑到风险分散性，各类风险的最低资本采用相关性系数矩阵进行加总。在公司层面、行业层面以及宏观经济层面，其也考虑了逆周期监管，如上市普通股票和投资性房地产的特征因子K反映了逆周期因素影响。偿二代较偿一代的进步也在于，对于多种风险的最低资本计量的模型更全面地反映了保险企业的实际状况，不同风险和不同情况选择不同因子和特征系数，多种风险也考虑了分散控制，随之而来的是对于企业实际操作中数据收集的粒度必须要与风险特征因子的规定粒度对等或者更细，特征因子和不同风险的计算也需要根据业务实际来配置和收集，这也是数据模型在设计中必须要考虑的可配置模型，将各类因子、特征系数、风险系数作为可配置的参数，根据监管要求按不同业务风险种类作配置，日后在法规更新时通过参数的更新以适应计量规则。

NOTE 偿二代以数据为基础的计量模型搭建的难点和要点，首先针对不同的特征及风险因子，做到在标准因子法计算逻辑上需要保障灵活性和可适应性，所以在模型设计和算法架构上必须考虑到配置层面，诸如特征因子、风险系数等作为模型的可配置参数；其次，按分子机构或各业务类型不同需要分类管理，所以存在维度多、颗粒度细的特点；再次，风险的计量逻辑复杂，同时需要考虑分散效应，所以引入业务精算模型中的算法是保障监管还原业务的有效途径。

挑战三

从监管目的出发，偿二代被赋予预测、预警、预防的作用，希望用科学的方法更精确地预测未来的偿付能力状况，识别导致偿付能力不足的主要风险因素，提前采取相应的管理和监管措施，并且要求企业对未来经营的状况按规定进行模拟压力测试，以达到监管目标。

如同企业的财务或业绩预测，偿二代的压力测试环节要求企业必须向保监会提交完整的测试报告，其中包括测试所采用的预测方法，主要的测试假设，压力测试的结果，各情景下的风险状况分析及公司拟采取的管理应对措施和计划。根据这样的要求，通常的测试实施整体思路是基于对财务状况的预测，得到收入的预测，同时对于会计利润进行预测，在实际经营管理的指导标准下预测实际资本、资产明细，同时按照偿付能力监管规则转化为认可资产及认可负债，并就预测资本分级预测，最终得到偿付能力充足率的预测。

在预测层面的难点在于，应包含保险企业所有的设计业务对象(有效业务+新业务)，这当中通常有十几种保险及非保险业务，必须对每一种做细化的测试模型，同时对于不同种类的资产，也需要在存量资产的基础上，增加考虑新业务或资产满期的现金流变化影响。

NOTE 对于偿二代规定的偿付能力充足率的预测，必须是基于企业会计与经营基础之上的，并在业务范围种类和情景假设上满足监管的复杂性及全面性的要求，同时在情景上需要满足基本假设及压力假设的多版本预测。所以偿二代系统必须落实预测功能，在多个情景版本下，通过不同的规则设定及预测基础数据，以计量不同情景下的预测数据。

挑战四

偿二代系统需要满足整体操作流程上的管理与控制。相比偿一代“以业务规模为导向”的偿付能力计算，“以风险特征为导向”的偿二代下偿付能力计算更加复杂精细，前面挑战中提到对基础数据的要求也更高，除了需要一套标准的数据需求，同时需要控制流程来保证第一支柱量化分析的准确计量，第二支柱的定性分析的缜密性及第三支柱的及时合规的信息披露。与企业其他管理流程的关键点一致，落实流程控制必须明确哪些责任人，在什么时间点，完成的职责是什么？

偿二代监管体系涉及的部门有精算部门、投资管理机构、风险管理部门、财务部门及各相关的业务系统。

精算部门在业务上对保险产品、条款准备金结果负责，所以在偿二代监管体系中负责与保险风险计量、负债分析相关的信息及经验和模拟测试，具体包括：

- 保险产品信息(条款、明细及汇总)；
- 再保险信息；
- 评估最优估计假设；
- 精算系统准备金计算结果；
- 历史经验分析明细。

投资管理部则负责与投资资产分析及其他资产相关的风险计量管理，以及模拟测试，具体包括：

- 提供投资资产明细数据；
- 账户的分拆及管理方案；
- 各类资产收益数据；
- 持有债权股票基金等信息；
- 目标资产配置等。

风险管理部在第一支柱监管中主要负责风险定义及分类，在第二支柱中主要负责内控管理制度。财务部负责提供实际资本的整合与会计报表资产账面数据的调和以及收益类数据。

偿二代的披露时间点上有周期短、频率快的特点，要求以季度为周期进行季报披露。每个季度在后12日内提交季度快报，25日内提交季度报告。通常企业完成偿二代监管披露的准备时间是相当短的，从基础数据的收集、模型计算，到审核必须按天为单位推进。

NOTE 对于流程管理与控制，偿二代涉及的部门多，需要填报的信息繁多、明细程度高、复杂度高，披露准备时间短。在系统建设中必须充分考虑到协同工作的管理，定岗定责，做到以流程控制进度，确保系统可以对任务落实、执行、验证及审核的全过程有效管控，降低操作风险。

保险企业的应对思路

对于保险企业来说，如果“偿一代”的时代我们还停留在事后监管多过事前洞察的实际操作，那么“偿二代”的监管体系的设计更多的是驱动企业致力于搭建具有前瞻性的偿付能力管控体系，通过对现有数据进行体系化的分析，作为防范风险及提升偿付能力的依据，同时计算最低资本要求，且制定偿付能力充足率的长期计划。这也正是数据驱动的管理系统在企业监管上可以带来的巨大价值点。总结一下“偿二代”系统的建设目标：通过一套科学的方法论去计量潜在的风险，确定合理的资本要求目标，提高企业在行业的竞争力，并在日常运营中通过偿二代体系提高风险管理水平，同时满足法定披露和监管报送要求。

围绕以上目标，在偿二代系统建设的实践中，通常有两种思路，第一种是在保监会给出的模板上填报监管所需要的结果，所有的数据收集工作和验证、计算、测试工作在线下完成。这种做法极为依赖填报的负责人，即使中间环节涉及多部门，但是最后，其是由负责人通过保监会提供的接口上报的。第二种当然是每个保险企业更加期望的做法，也就是建立企业偿二代系统，在线上管理从数据收集、验证、评估到披露的全过程，在这样一套内部系统中，所有与偿二代相关的信息提供人，通过系统和设置的偿二代管理流程组织起来，按标准操作提供数据，并交由系统验证，自动生成结果，并利用系统功能发布报告及生成更多的内部管理报告。

企业"偿二代"管理系统

偿二代企业应用系统介绍

从业务功能模块上看，企业偿二代管理系统(见图13-2)定位于满足如下需求。

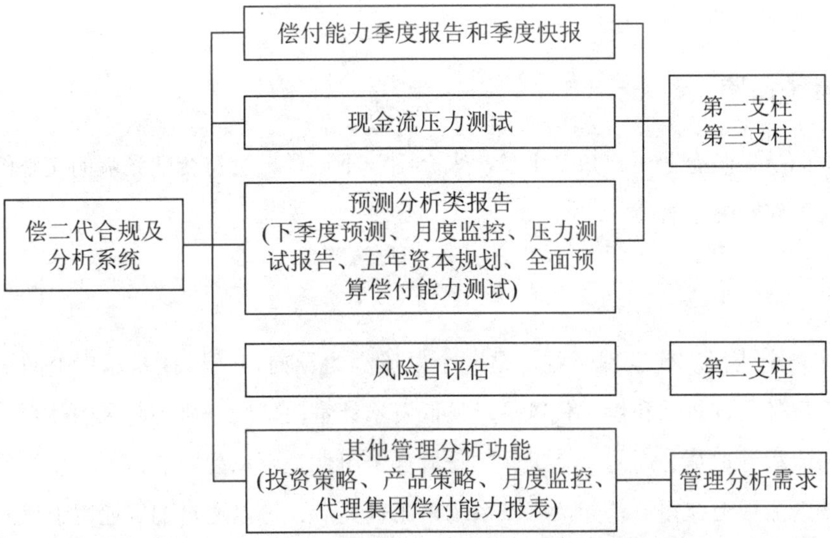

图13-2　偿二代企业应用系统的功能需求概览

- 偿付能力季报和快报需求
- 预测分析类报告需求(下季度预测、月度监控、压力测试报告、五年资本规划、全面预算偿付能力测试)
- 现金流压力测试

- 净现金流的计算
- 综合流动比率的计算
- 流动性覆盖率的计算

● 其他管理分析功能(投资策略、产品策略、月度监控、代理集团偿付能力报表)

● 风险自评估需求

- 各个部门根据自身情况进行打分
- 系统自动汇总打分结果，内控和风险部能从各个角度对打分结果进行分析

从功能点上看，企业偿二代管理系统需满足以下功能点：

● 数据收集及验证
● 资本计算
● 风险计算
● 压力测试
● 分析与内部评估
● 保监会偿二代披露报表的生成
● XBRL自动转换及提交

系统概览

下面从保险企业用户角度出发，来介绍一下这样一套符合端到端的完整的企业偿二代管理解决方案。

流程管理

首先企业偿二代管理系统，是一个以流程为导向，通过披露流程中的操作环节，把责任人、数据和偿二代风险及最低资本计量模型统一协同起来的体系。所以系统的流程管理是必需的一个组件，一般这个组件是可以配置的，不同规模的企业可能披露流程上存在着差异，所以系统是比较灵活、可以通过配置通用于保险企业的偿二代管理流程。以下面这个较为典型的流程作为示例。

第一步任务下达：偿二代管理员下达季报\快报开始任务。

第二步数据收集：各业务单位上传基础数据，并在系统中做初始校验。

第三步数据校验：偿二代管理员集中校验数据的正确性和合理性。

第四步数据计算：系统计算偿二代相关运算逻辑。

第五步数据披露：系统自动生成披露报告。

第六步数据分析：系统出具相关分析报告(如结构化分析、时间性对比等)。

当各个业务环节在偿二代中的职责和任务明晰后，各个业务部门在流程驾驶舱中(见图13-3企业偿二代流程管理驾驶舱示例)可以找到相应工作项目，可以做到统一、清晰的流程管理，并用可视化效果较强的 Traffic Lights 来显示任务完成的状态，如需要层层审批的，也可以显示各环节的审批状态。

图13-3　企业偿二代流程管理驾驶舱示例

数据收集

系统的数据收集根据数据的使用目的和数据源分为几个部分，可以从账务系统中抽取部分账务数据及相关明细，也可以运用与Excel 集成的输入功能，在线上填报数据信息，也可批量导入，如下面的示例。

第一部分：对于财务账务数据收集，系统可以直接从账务系统中抽取，由于前面介绍的粒度不同，也可以批量手工上载。如需要手工填报，可以在系统中提供类似Excel的业务人员熟悉的界面，按权限进行数据填报，并自动验证(见图13-4)。

第二部分：基础数据收集，灵活上传形式进行。

按不同的账套、资产类别以及各资产种类明细信息等，收集明细的数据，其可以批量地上传(见图13-5)。

由于基础数据提供对象众多，在收集过程中很难统一格式，所以需要支持实时客户端的验证，以确保不同的数据可以达到因子法计算标准，如图13-6(1)所示单击上传之后，再单击校验，校验结果返回，并提示错误信息单元格。

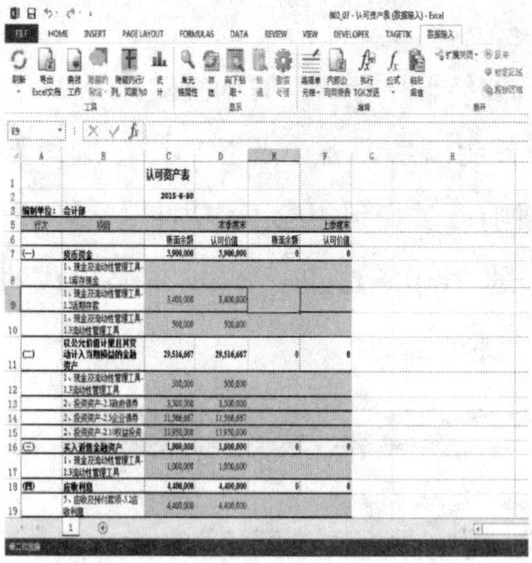

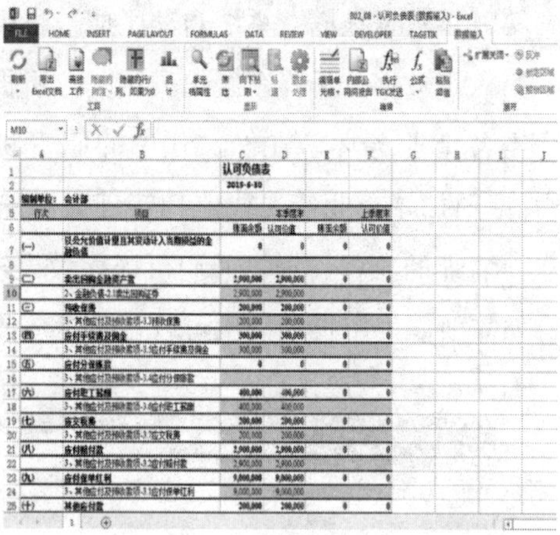

图13-4　信息手工填报界面

账套代码	账套名称	资产分类	基金类型	币种	交易场所	证券代码	证券名称	数量	成本	账面价值	按投资对象明细分类	基金分级
K1	账套1	AFS	一般开放式基金	CNY	场外			69	60	77	债券基金	NA
K2	账套2	AFS	一般开放式基金	CNY	场外			9,806	9,806	11,453	债券基金	优先级
K3	账套3	AFS	一般开放式基金	CNY	场外			9,917	9,917	18,822	债券基金	劣后级
K4	账套4	AFV	ETF基金	CNY	深交所			1,000,000	1,049,807	1,150,000	股票基金	3
K5	账套5	AFS	LOF基金	CNY	深交所			1,271,500	1,398,129	1,429,166	股票基金	优先级
K6	账套6	AFS	LOF基金	CNY	深交所			2,597,941	3,259,795	3,281,199	股票基金	劣后级
K7	账套7	AFS	封闭式基金	CNY	上交所			192,653,995	150,809,957	193,424,611	混合基金	NA
K8	账套8	AFV	货币市场基金	CNY	上交所			33,000	330	a	货币市场基金	NA

图13-5　数据批量收集示例

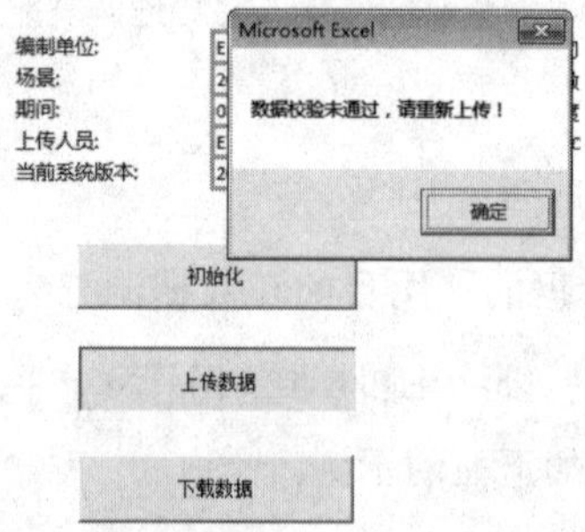

(1) 数据批量上传及验证界面

账套代码	账套名称	资产分类	基金类型	币种	交易场所	证券代码	证券名称	数量	成本	账面价值	按投资对象明细分类	基金分级
K1	账套1	AFS	一般开放式基金	CNY	场外			69	60	77	债券基金	NA
K2	账套2	AFS	一般开放式基金	CNY	场外			9,806	9,806	11,453	债券基金	优先级
K3	账套3	AFS	一般开放式基金	CNY	场外			9,917	9,917	18,822	债券基金	劣后级
K4	账套4	AFV	ETF基金	CNY	深交所			1,000,000	1,049,807	1,150,000	股票基金	3
K5	账套5	AFS	LOF基金	CNY	深交所			1,271,500	1,398,129	1,429,166	股票基金	优先级
K6	账套6	AFS	LOF基金	CNY	深交所			2,597,941	3,259,795	3,281,199	股票基金	劣后级
K7	账套7	AFS	封闭式基金	CNY	上交所			192,653,995	150,809,957	193,424,611	混合基金	NA
K8	账套8	AFV	货币市场基金	CNY	上交所			33,000	330	a	货币市场基金	NA

(2) 验证未通过处数据显示高亮

图13-6　客户端验证

用户可直接在界面更改后再单击上传按钮，直到通过验证规则，说明数据已符合计算的颗粒度及参数要求。单击未通过校验链接，可下站到基础数据表，并可一日了然错误原因及解释(见图13-7)。

明细输入表	明细表校验结果
1 存款	未通过
2 债券	已通过
3 其他固定收益类资产	已通过
4 可转债	已通过
5 股票	已通过
6 基金	已通过

(1) 校验结果有清晰的展示

错误提示:
1. 不在下拉范围内

错误提示:
1. 不在下拉范围内

被穿透资产填写，否则请填“不适用”

									基础信息		
序号	资产类型	核算主体	账户		计报表项目	币种			票面利率%	起息日	到期日
	定期存款	财务管理部	TEST	不适用	定期存款	美元	中国	招商银行	1.00%	2015/10/8	2015/10/8
	定期存款	财务管理部	传统账户	不适用	货币资金	美元	中国	招商银行	1.00%	2015/10/8	2015/10/8
	定期存款	财务管理部	分红账户	不适用	定期存款	美元	中国	招商银行	1.00%	2015/10/8	2015/10/8
	定期存款	财务管理部	传统账户	不适用	定期存款	美元	中国	招商银行	1.00%	2015/10/8	2015/10/8
	定期存款	财务管理部	传统账户	不适用	定期存款	美刀	中国	招商银行	1.00%	2015/10/8	2015/10/8
	定期存款	财务管理部	传统账户	不适用	存出资本保	人民币	中国	招商银行	1.00%	2014/5/6	2014/5/6
	定期存款	财务管理部	万能账户	不适用	存出资本保	人民币	中国	招商银行	1.00%	2011/5/18	2011/5/18
	定期存款	财务管理部	分红账户	不适用	存出资本保	人民币	中国	招商银行	1.00%	2012/7/20	2012/7/20
	定期存款	财务管理部	传统账户	不适用	存出资本保	人民币	中国	招商银行	1.00%	2012/7/20	2012/7/20
	定期存款	财务管理部	传统账户	不适用	存出资本保	人民币	中国	招商银行	1.00%	2013/6/3	2013/6/3

(2) 错误提示清晰显示

图13-7 显示校验结果

这里也提一下：图13-7显示的校验结果可以通过配置实现，包括校验列表及报错提示都可以根据偿二代监管及内部管理要求进行配置(见图13-8)。

								基础信息
序号	资产类型	核算主体	账户	会计报表项目	币种	资国别/地	存款机构	票面利率%
CONFIGCOM	ASSETTYP	ENTITY	PRODUCT	ACCOUNTTYP	WAERS	REGION	ASSETDE	COM81
COLNUM1	2	3	4	6	7	8	9	10
COLABC1	B	C	D	F	G	H	I	J
COLNUM2								
COLABC2								
COLDESC								
FORMULA		ENTITY	PRODUCT		WAERS			
RULE_TYPE	CHAR	CHAR	CHAR	CHAR	CHAR	CHAR	CHAR	NUMBER
RULE_RANGE	定期存款,协议存款,结	#ENTITY	#PRODUCT	定期存款,存出资本	#WAERS	#REGIO	#BANK	(COM81>0)
RULE_RANGE_DESC	不在下拉范围内	不在下拉范围	不在下拉范围内	不在下拉范围内	不在下拉范	不在下	不在下拉	数值应该大于0小于等于10%,若大于
RULE_CUS1								
RULE_CUS1_DESC								
RULE_CUS2								
RULE_CUS2_DESC								
WARN								(COM81<=0.1)
WARN_DESC								票面利率大于0.1需要给出解释
	与下拉菜单一致	与下拉菜单一	与下拉菜单一致	与下拉菜单一致	与下拉菜单	与下拉	与下拉菜	大于0小于等于10%,若大于10%,需要

图13-8 系统校验规则配置表

第三部分：季报非结构化的信息收集，如董事会声明注释等。通常报告人员使用Word文档作为报告的载体。在企业偿二代系统中，有协同披露功能，这个功能可以满足多业务管理人员在系统中通过Word软件线上编辑报告，当报告保存提交后会自动插入主题报告中。由于这是线上工具每个期间的披露工作，其实只需要主管人员复制上个周期的报告并制定新的时间选项，报告便可自动生成。

例如：董事会声明撰写负责人只需要在偿二代系统中打开本人需要编写的对象，如在Word文档中编写，如图13-9所示。

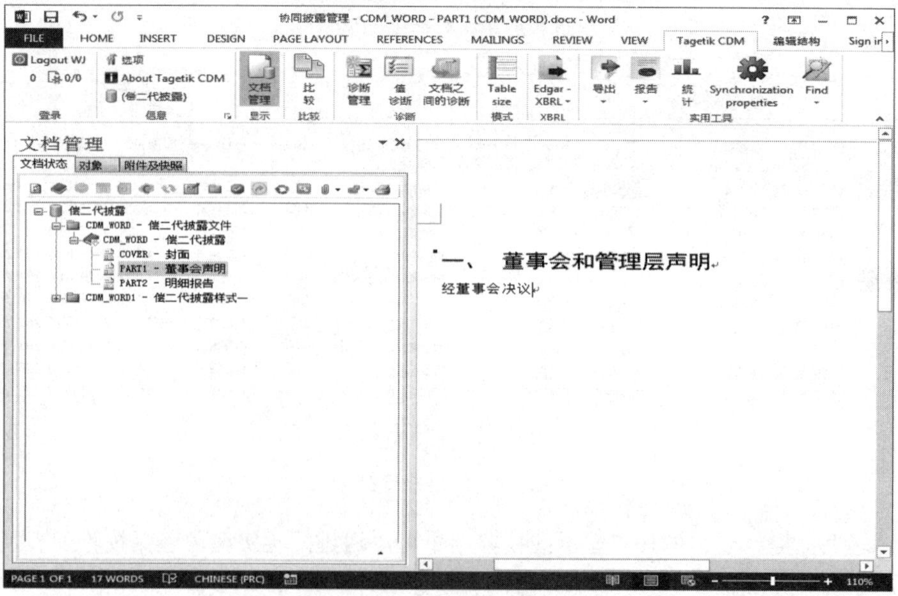

图13-9　董事会声明编制界面

编写完成保存后，主题报告包中不同负责人的编写内容会被自动更新，同时数据内容也可与其他系统做自动抽取，减少了手工数字输入的错误风险(见图13-10)。

图13-10　主要指标情况披露

模块化数据计算

系统中对于法规要求的不同计算逻辑都模块化，可选择任何一个模块单独计算，也可以批量计算。图13-11为计算逻辑模块的示例。

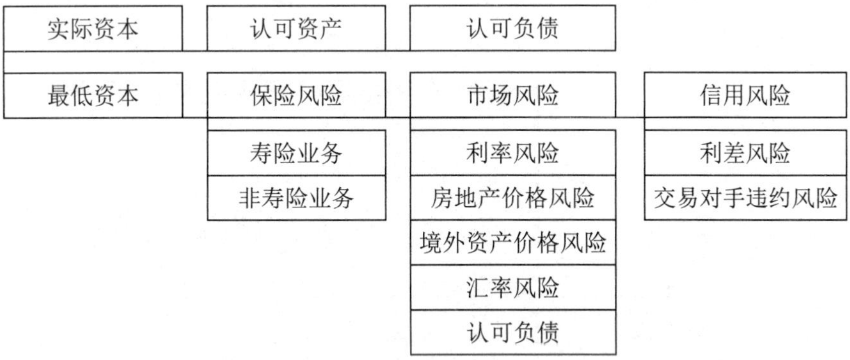

图13-11　偿付能力系统计算分类一览表

系统自动计算风险和最低资本后，数据便储存在系统内，为快速报告服务。

数据披露

披露报告也是第三支柱的关键需求，保监会的报表保存在固有格式中，企业偿二代系统按照保监会报表包的要求格式(Excel、Word、TXT、CSV等)，一般可以做到自动生成一套相对应的Excel文件，同时根据对不同数据的收集自动合并生成一套Word形式的季报，同时在保监会的XBRL分类标准颁布后，如以往生成财政部要求的以中国财务会计准则为基础的分类标准，也可自动生成保监会要求的XBRL实例文档进行提交。

(1) 以数据类型的披露信息为主的Excel报表包，由于偿二代的披露要求中规定了数据披露的格式及填报的颗粒度，按照保监会颁布的基于Excel的填报模板，企业偿二代系统可以模拟完整的填报模板，从而自动关联数据源生成最终的披露报表，图13-12为披露报表目录，所有需要披露的报表在企业偿二代系统中都可以统一管理，自动生成，如图13-13所示，明细的披露信息也可以按照格式要求自动生成，这其实减少了人为填报的出错可能性，也提高了效率。

(2) 偿付能力季报(Word格式披露)，偿二代的披露要求不仅仅是数据的提交，对于公司偿付能力评估及监控信息，需要以多种维度和要求由各个业务及管理部门提交，所以在Word季报中，企业系统也可以管理披露的协同工作，同时通过披露流程把系统中可以获取的数据与解释性的语言也汇总，并可自动获得。如图13-14所示，每一部分的披露信息可由不同负责人单独编制，系统可以管理统一汇总及更新，包括添加审核、校验及版本比较。

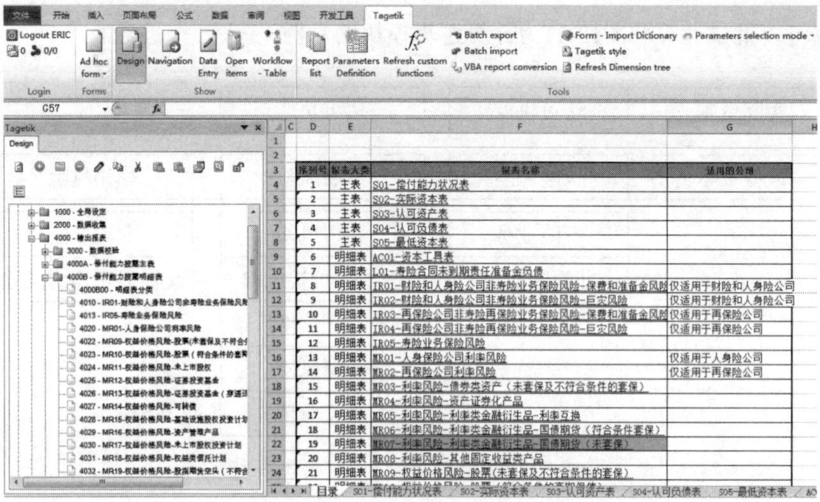

图13-12　偿二代披露报表的目录

图13-13　可生成的明细数据披露报表

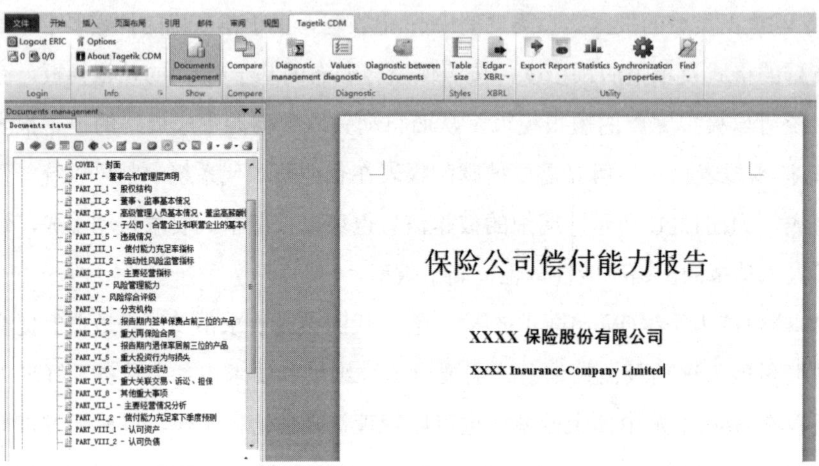

图13-14　偿付能力报告——季报披露文档

(3) 根据披露信息，同时为了在剔除格式要求的情况下，保存数据可比性和统一的提交形式，保监会也制定了针对偿二代管理的XBRL分类标准，根据标准(Taxonomy)，企业偿二代系统可以管理标签与数据的对应关系，同时将不同格式的季报自动转换生成XBRL的实例文档，企业可按保监会的要求提交或上传实例文档供监管机构获取信息，并进行横向分析及汇总比较。

管理与分析

引入系统化的量化工具可协助管理层的理解和合理预测。

(1) 偿付能力结果的结构分析

对偿付能力充足率进行分解，收集资产、负债和最低资本的细化科目，进行结构分析，比较与前期结果的对比，了解结构变化的重点因素，进行归因分析，如图13-15的分析示例。

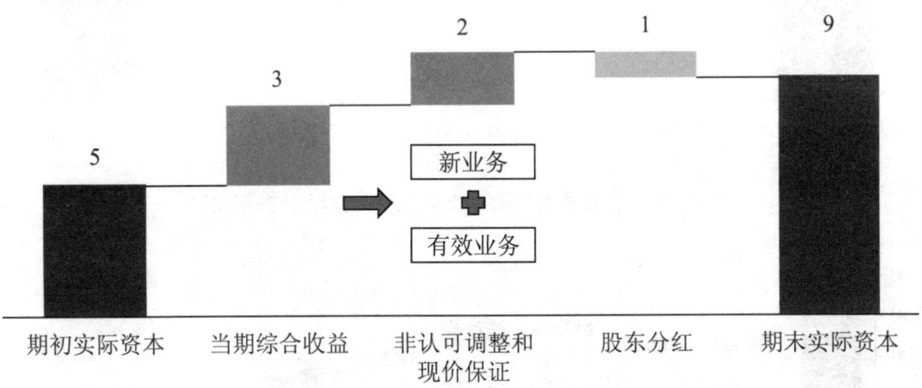

图13-15　实际资本的结构及变化分析

(2) 两期偿付能力结果的变动分析

进行变动分析，区分实际资本与最低资本的变化，可以考虑新业务对资产、负债和最低资本的影响，有效业务的经验和假设的变动影响，公司资产结构的变化对资本要求的影响，公司管理决策对资本要求的影响(见图13-16)。

(3) 实际和预测的分析

对比偿付能力预测结果与实际的差异，包括资产、负债和最低资本，需要分析差异原因，如实际业务规模和结构的差异，净现金流变化导致资产变化，公司实际经验和假设的差异导致的负债和资本的变化(见图13-17)。

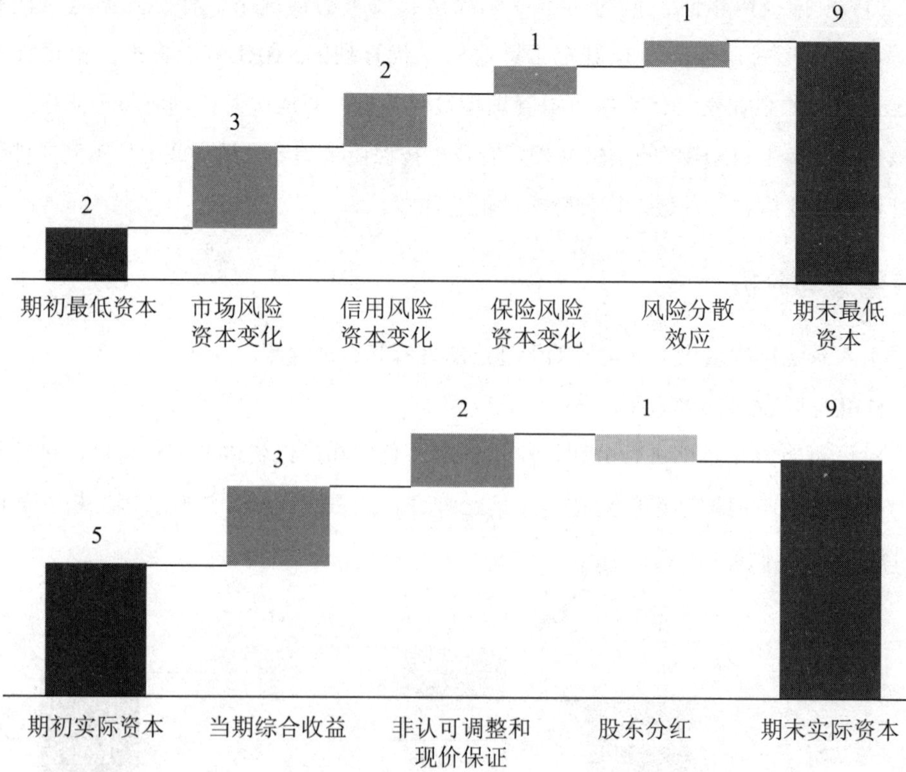

图13-16　最低资本与实际资本的结构变动分析与比较

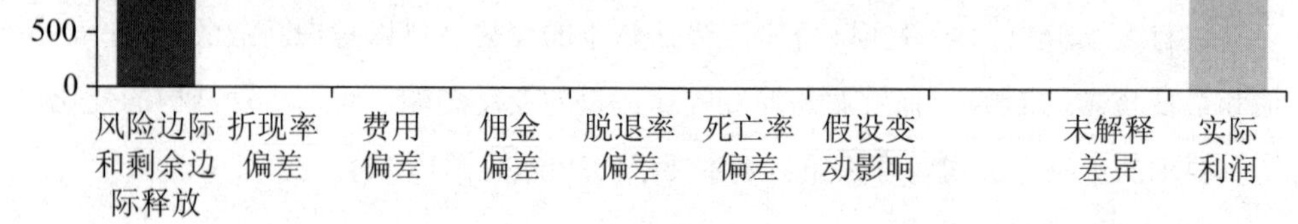

图13-17　综合收益分析示例

系统架构

满足这样一套偿二代整体管理系统，在架构上并不是特别复杂，在不同数据源抽取数据之后放入中间数据集市，并由系统的核心的计量逻辑进行计算并保存计量结果。最终用户可以通过Word、Excel或BI客户端生成或读取信息。这种清晰、简单的系统架构对于数据管理流程的整体效率非常高，同时也提升了系统可靠性管理的效率(见图13-18)。

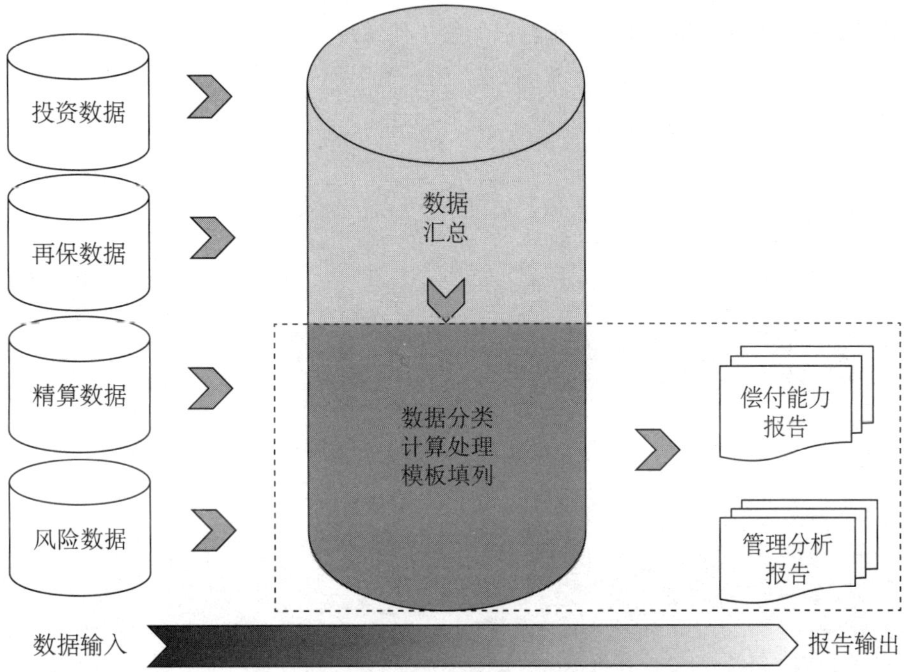

图13-18　偿二代系统架构

NOTE 在偿二代下，基础数据涉及面宽广，测算计量过程复杂。最理想的状况是，公司应当建立一个统一的数据信息平台，制定数据输入模板，其包含第一支柱量化计算所需收集信息、第二支柱风险评估模板，还包括第三支柱单独要求的信息披露部分线索维护模板；考虑风险计算要求、预测要求以及数据校验要求；为了保证数据源的准确性和完整性，将会在系统中设置规则，对数据进行校验；建立完整的可配置因子的偿付能力自动计算逻辑；以监管要求的偿付能力报表数据为基础，搭建偿二代下量化风险报表体系，并与偿二代偿付能力报告自动衔接；同时搭建自动化的量化分析模板，可以随时进行管理分析，分析业务结构、区域分布、赔付水平、费

用管理、资产组合等不同因素对公司整体经营效益的影响；最后在系统中实现对于压力测试的全流程处理。

有了数据驱动的模型与逻辑及对偿二代需求的梳理，是保证企业偿二代信息化的基础，也是将监管要求深入企业管理的一个可行渠道。祝愿每一个保险企业寻寻觅觅和不断实践中能顺利地建立起自己的偿二代系统。

第十四章 商业银行的管理控制应用

痛点吐槽

这一章我们说说银行业的管理分析应用。今天商业银行的管理分析系统到底需要做些什么？当我们有幸来到银行做管理控制系统优化时，发现了一些共性的问题。

情况一，做了成本分摊系统，终于把成本分摊到了产品，可在会上，领导问：为什么没有基于客户群的盈利能力分析？可是我们成本系统中没有客户信息啊？

情况二，有人说我是FTP专家，有人说我负责收入测算，有人说我被要求进行利润预测，各司其职的我们都很敬业，竭尽所能，可是每当管理会议前夜，计财部同事们难免彻夜加班，各块数字关系在哪？各个系统纽带在哪？谁是对的？

情况三，降息降准来临时，辛苦几个月编制的预算全面泡汤。考核目标怎么调？层层影响怎么评估？

情况四，今天的银行业现状是，其也面临着互联网、各种融资脱媒的威胁，我们需要研究消费者行为，提高中间业务的能力，需要模拟资源产出配比。这些问题难道不是数据说了算？

情况五，海量数据中，如何能直观问题的根源？就算千辛万苦找出了问题，没有跟进没有行动，问题依旧！

情况六，我们明白不落实考核、只分析历史、不计划未来的体系是不完整的，可为过去设计的、固化的系统逻辑如何模拟瞬息万变的未来？

管理分析应用不是一个陌生的课题，管理应用系统提供的是一种辅助信息，帮助管理人员进行计划、控制和决策等管理工作。整个体系中无非就是数据采集、分类、处理、分析和生成面对不同管理层的报表。这似乎不是新话题，那么我们就来看看什么样的应用可以帮助解决管理问题？

拍案惊奇

现代商业银行需要的管理系统不仅仅是传统的类似于管理控制系统(如成本分摊，利润分析等一摊又一摊的单一系统)的管理系统，需求的本质其实更多的是希望用管理的思路去管理数据，从而发挥数据的价值。比如从总行的战略到各条线的目标制定，从各机构的预算分配到业务发展实际情况分析，从汇总的财务利润分析到基于客户、产品的细分钻取，从预实对比，到滚动预测，从业务模拟测算到波动管理及目标、战略调整。在财务业务一体化的基础上，形成闭环的管理、控制与提升的循环闭环，以这样的体系来支撑管理的决策。

纵览国内商业银行的管理，大多数管理者始终在管理中解决的问题是战略与执行的脱节，处于管理金字塔顶端的有效战略与价值管理如何与我们银行各机构的日常业务去衔接，使得战略得以执行，核心价值在运营中落实？很多管理大师提出过诸如PDCA、管理控制体系、闭环式企业绩效管理，乃至平衡计分卡的管理方法论，很多企业试图用这些方法论来管理企业，在商业银行这个独特的体系中，我们如何把管理方法论与金融机构的业务相结合，衔接战略与执行，这也是管理控制体系需要解决的问题。管理控制体系在银行管理的各环节如何发力？

- 在银行战略制定环节(Strategy Formulation)
  - 需要更准确的多维度的收益测算与分析，帮助银行更有效地决策。
  - 通过动态的“what-if”模型，加强对未来业务扩展的可预见性的管理，提高核心竞争力。
  - 战略目标性的资源产出模型，作为资源分配战略的决策支持。
- 在银行战略落地环节(Strategy Alignment)
  - 基于业务驱动因子(如FTP定价模型、业务量因子、资金量等)的计划方法。
  - 条线与机构相结合的数据模型，把总行、条线与机构有机组合并做到可量化衡量。
  - 落实基于战略的行动计划，与分行支行责任人挂钩，并基于行动制定分解业务衡量指标到更小的个体。

- 在战略执行考核环节(Performance Management)
  - 滚动预测(建立发现问题、解决问题的常规流程)。
  - 基于业务的岗位积分卡，随时随地获取业绩指标结果。
  - 鼓励自测体系，自改、自循环的优化流程。

正如图14-1中描述的，这是管理方法论，同时也是管理模型化中数据的价值路径。

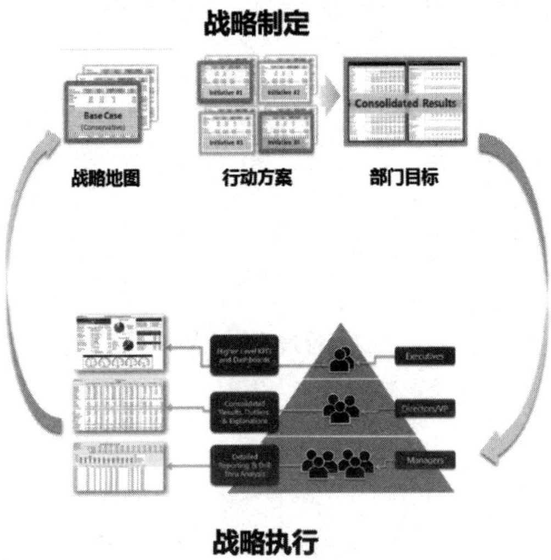

图 14-1　战略与执行的衔接模式

商业银行管理控制体系

从具体业务看，把常见的国内商业银行管理控制的需求点进行分类，基本有这几类：战略管理，全面预算，经营预测，定价管理，成本分摊及盈利能力管理，动态资产负债管理，信贷质量管理，绩效评估与考核。图14-2是某商业银行管理控制模块的示例。这些业务需求点都不是孤立存在的，他们的分析计算源头都是基于业务，模拟与测算都是数据驱动的。

从管理系统的架构看，银行的客户管理、核心业务管理、信贷管理、风险管理、资金管理是银行业务管理的核心系统，战略也正是通过目标及指标设定，计划预算流程，落实到各个业务职能中，同时通过数据的收集汇总分析来监控实际运营。图14-3可以作为我们探讨的基础，商业银行的管理控制体系需要涵盖哪些内容？从业务数据到财务记录是财务核算系统的工作，那么分业务去管理产出实质上是从另一个视角去看问题，应该属于管理体系的范围，考核是有效落实战略的途径，也是管理控制在银行管理框架中的重要组成部分。所以完整的管理控制系统从下而上应当包括从业务系统获取数据，到根据管理方法论建立模型，分析数据，再到披露的全过程；从上而下应当包括战略制定的数据信息，到战略落地的计量监控的全过程。

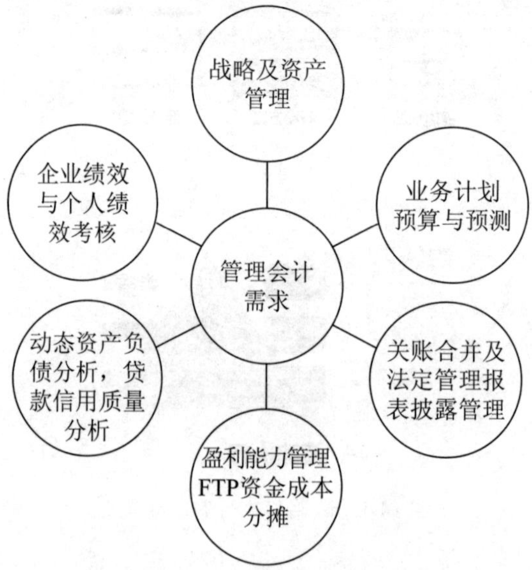

图14-2　某商业银行管理控制体系示例

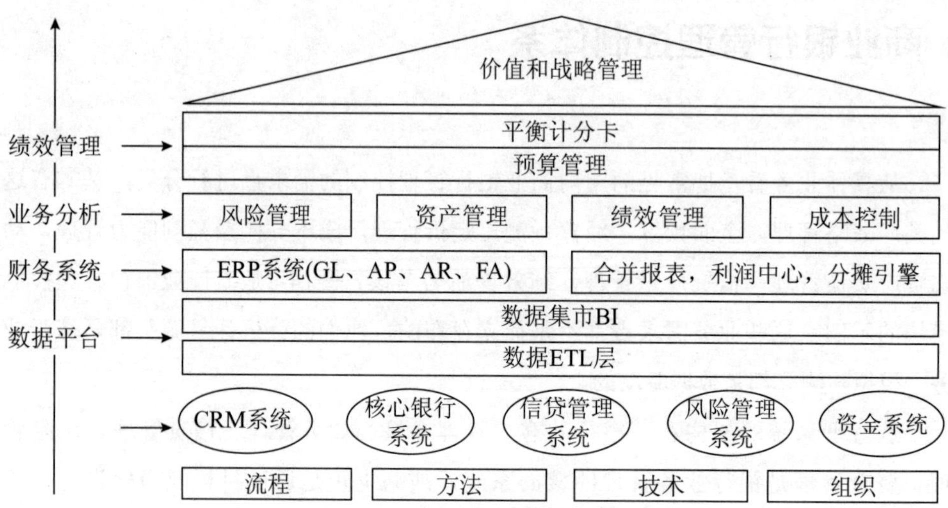

图 14-3　商业银行的管理控制体系的内容探讨

正如前面章节中阐述的两种管理模式，即：第一流程驱动的管理，第二数据驱动的管理。如果说银行的业务处理体系，如核心银行业务系统、信贷系统、风险管理系统、资金系统、财务核算系统中已经解决了业务处理流程，基于流程的管理也通过OA系统或者企业协同系统管理起来了，那么管理控制系统更多的是通过数据的整合，搭建管理模型，通过数据来服务管理，也就是本书讨论的重点数据驱动的管理。在银行数据驱动的管理通常可以覆盖到管理方法论的方方面面，从管理目标出发，通常可以梳理出这样一条管理思路。

第一部分：战略篇(战略管理与目标管理)

综合宏观监管、利率市场化，融资托媒等挑战，抓住零售银行业务机会，提升内部核心竞争力，规划长期发展战略，从产品、服务、客户、渠道、技术创新、品牌、人员发展等多维度出发，制定多元化、纵横结合、差异化的核心战略。通过类似于战略地图的管理工具(见图14-4)，可以把战略按不同视角制定产出期望，同时按组织制定绩效指标。当指标KPI与组织甚至与人挂钩起来时，为达到单元组织的目标，这个单元可以以实际状况出发制定工作行动，也就是达到目标的路径与工作方式。

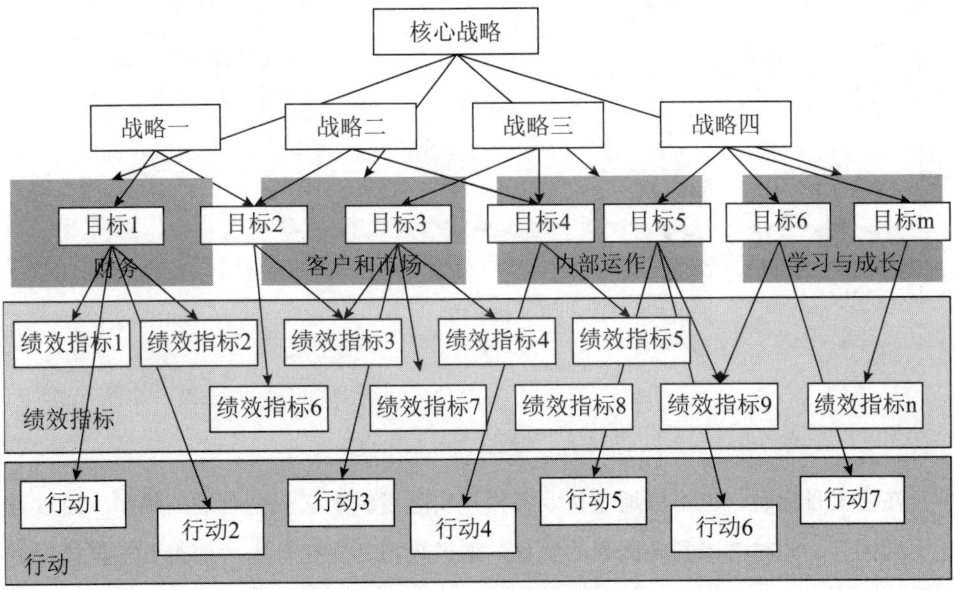

图14-4　典型的战略地图

在大多数银行，管理层对于罗伯特·卡普兰(Robert S. Kaplan)和戴维·诺顿(David P. Norton)提出的战略制定工具“战略地图”及相关术语并不陌生，但大多数机构存在的困难都在如何与在银行服务的员工沟通战略，并使之有效执行。虽然这不是一个单纯的数字问题，但是量化管理与细化管理是可执行的一种必要手段。当我们将战略的描述进行分类，并对期望有量化描述之后，就可以定义目标或者看到异常，可以计划也可以计量，同时评估考核。

战略细化可以根据银行发展的阶段、市场份额、宏观经济状况的不同，制定业务发展规模、定价策略、网点计划，进行产品及服务差异化设计等。从战略出发，制定目标，完善指标体系，分解落实到分行及条线基层，并可通过绩效考核传导到责任人，激励与约束并行。战略体系模型化包括了细分战略主题，如市场、财务、人员发展等(见图14-5)，每个主题包括了可衡量的目标定义、目标细化及细化目标之间的相关性，执行标准定义等，同时把分析路径模型化，试图把管理思路在模型中通过数据的关联关系以视觉化的形式展现。

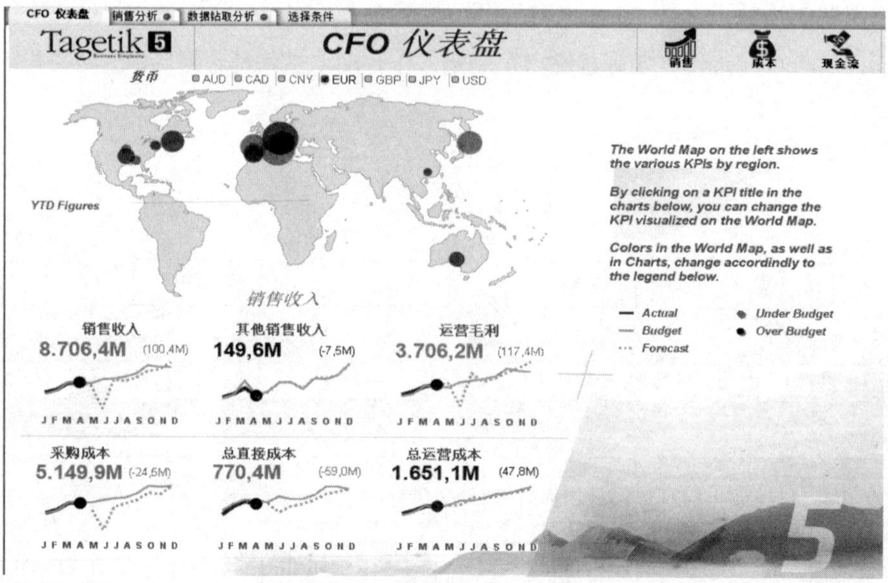

图14-5　战略主题及相关指标

在定义目标时，也可以通过按业务模型实际逻辑定义模型管理的模型，通过设定不同因素，同时考虑到各因素的变化，通过模拟其变化范围，而得到根据模型逻辑计算出来的合理的模拟目标，针对各变化因素的变化组合也可以产生不同情景版本的目标测算结果(见图14-6)。

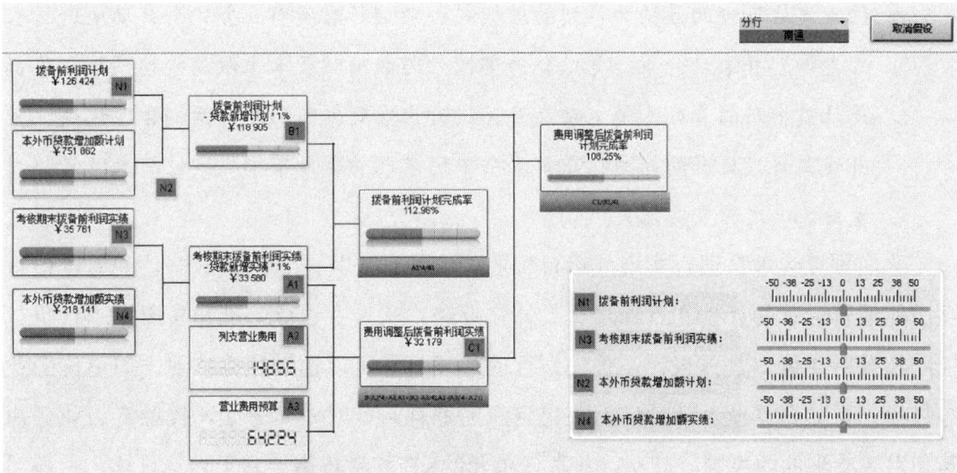

图14-6　因子驱动的目标模拟

总结一下，银行的战略是可以模型化管理的，主要步骤包括定义战略目标(如定义战略地图的方法)，实现战略的关键主题，建立战略目标之间的关系，决定度量目标的指标，选择行动项目，并执行战略下达计划。

第二部分：规划篇——计划与预算

前面的章节中谈到了全面预算，商业银行的计划与预算是把战略有效分解与运营协同的手段。万事需要计划，策略如何在实际宏观环境与企业内部资源现状下执行？通常战略计划较为粗线条，但是覆盖对未来展望的时间段也较长，一般跨越财政年度，有些商业银行有5年计划，甚至多个5年计划；即便有了长期战略规划，对未来一个财政年度的计划，无论粒度，假设都与实际情况较为接近，所以年度预算的工作也是商业银行的有效管理控制经营的手段；随着商业银行发展成熟，基于业务运营的滚动财务预测也在越来越多的商业银行中以季度为单位，在预算基础上，结合当季实际发展情况，动态调整更新预算执行及目标完成情况。

- 值得注意的是，金融机构预算管理是动态发展的，计划与预算管理体系是一个不断优化和完善的建设过程。
- 基础阶段能够解决的更多的是预算编制收集工作，完成建立贴近实际业务预算的模型，达到的目标是用于在每一环节达到目标的考核。
- 而在提升阶段，更多的是演化预算的模型，引入前瞻性的假设和情景的模拟，以帮助银行洞察未来，达到的目标在考核的基础上如何引入激励机制。

- 稳定发展阶段的最佳的计划管理模式，应该针对现有业务完全自动地进行长短期计划并滚动分析，并结合外部情景与数据对于未来做到持续预测，目标是让更中层的管理人员主动在业务提升上做到发现问题，找到合理化建议，并建立自我提升的能力，正如本书中阿米巴管理章节中提到的阿米巴考核对于业务单元的重要意义。

全面预算管理是银行实现战略目标的一项管理工具，它衔接战略，并通过银行全面的经营活动的计划和目标将其具体化反映出来，并以此基准和参照，进行执行控制和及时纠偏。具体来说，首先银行的战略目标可以通过预算体现，如量化的业务目标，再如根据业务活动动因决定资源的消耗，或对资本分配、投融资、业务决策和重大支出的约束等；其次，各责任单元的KPI和考核需要基于预算目标，财务考核指标与预算目标一致，业绩评估的基础是对预测目标的实现程度，应当将各类管理指标尽可能整合进预算管理流程中；最后我们也必须考虑过程管理，需建立预算的约束机制，预算制定、执行监测和修正的过程是内部咨询沟通的过程，值得注意的是，基于全面预算管理的管理物件是动因而非结果，这也是我们反复强调模型的重要性，及动因梳理和业务梳理是预算至关重要的环节的原因。

商业银行预算管理模型三要素

预算责任中心是指具有一定的管理许可权并承担相应的经济责任的内部组织，是将预算与经营管理人员责任匹配的控制领域。根据所承担的经济责任不同，一般预算责任中心包括利润中心、收入中心、费用中心、项目中心等(见图14-7)。

组织部门	责任中心类别	预算责任	预算项目内容
总行零售业务部	准利润中心 费用中心	对收入或成本有部分控制权，对收入和受其控制的成本负有预算编制和控制的责任 对各项费用的预算编制以及实际执行情况负有责任	利息/中间业务净收入 FTP净收入预 总行零售业务营销费用 风险成本、税务成本 业务条线毛利润 部门管理费用
分行公司业务部	收入中心 费用中心	对其相关的收入有控制权，对收入负有预算编制和控制的责任 对各项费用的预算编制以及实际执行情况负有责任	利息/中间业务净收入预算 FTP净收入预算 分行公司业务营销费用 部门管理费用
总行计财部	费用中心	对各项费用的预算编制以及实际执行情况负有责任	管理费用

图14-7　预算组织及责任中心划分示例

通过对责任中心及管理的业务细分，最终基于数据形成预算模型。图14-8形象地展示了预算模型的业务意义。

预算模型是组织、数据和流程的结合。需要确定的组织单元通过合理的流程，及模型化的数据来实现，同时也是提高预算管理的效率及准确度的手段。

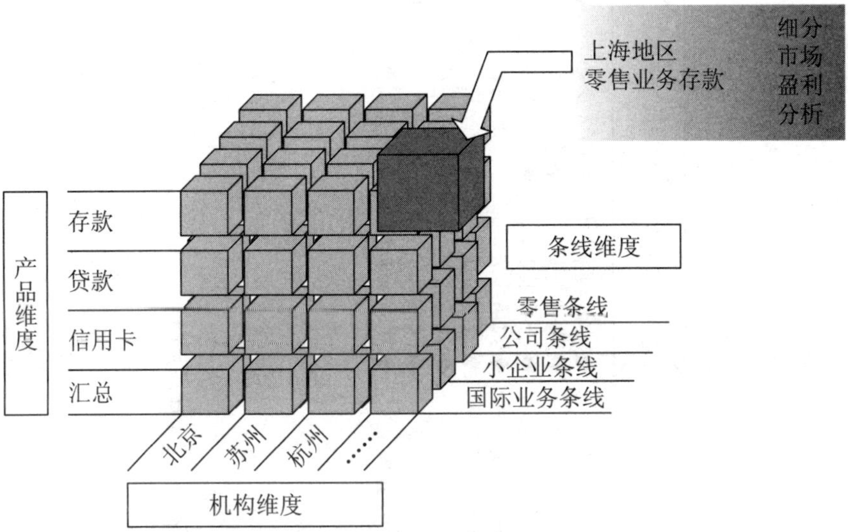

图14-8　预算模型

预算流程，在模型的基础上，由于计划预算是业务导向的数据收集过程，特别是数据收集设计面广人多，在逻辑上又存在相互依赖关系，所以合理的预算数据收集流程也是银行预算是否得以执行的关键因素之一。

预算流程真正把预算任务、责任中心、预算模型串联起来，在预算执行过程中，也给执行者最友好的系统交互方式(见图14-9)。

第三部分：决策篇(预测，经营决策，投资决策)

经营与管理决策中通常管理人员会问一系列问题：

- 哪些领域是我们正在赚钱的？
- 我们的哪笔业务为我们带来收益？收益是多少？
- 我们的分支机构网络的收益和成本分别是多少？
- 哪些是最有价值的顾客？
- 哪些投资是为企业盈利，还有哪些给企业带来亏损？
- 我们的业务流程是否有效？

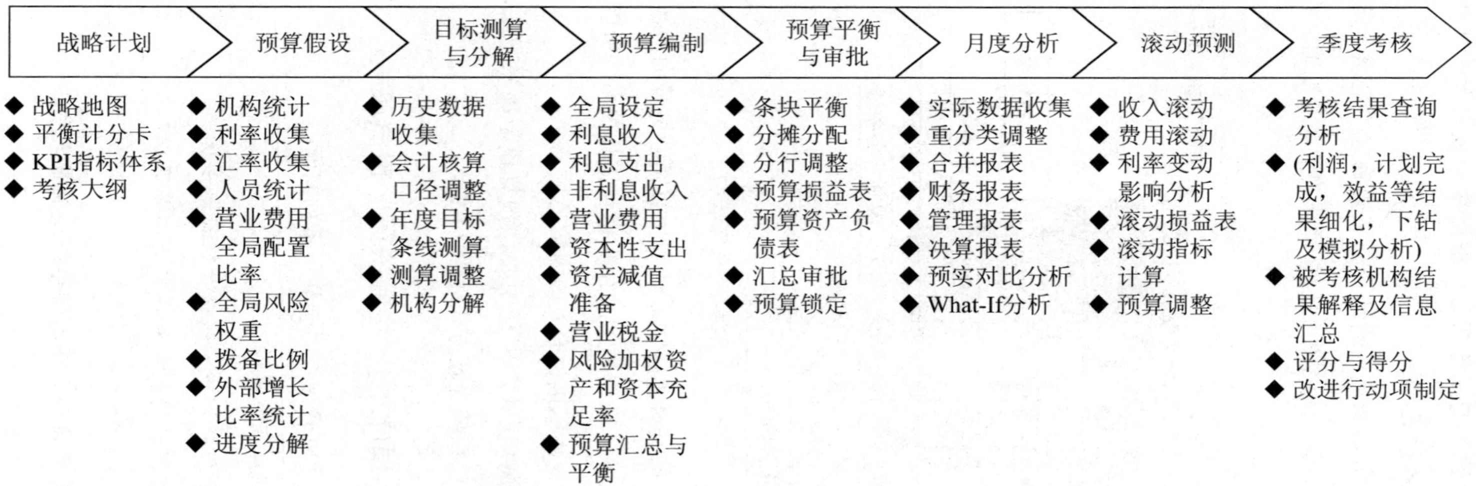

图14-9　商业银行的预算流程及任务示例

● 新的业务是否能够盈利?

这些问题最终都指向了银行的盈利能力分析，其中两大要素为：收入与成本。所以理解收入的来源及影响因素，成本的组成及变动因素是决策的核心。将成本和收入综合，正确的成本和收入模型是推动最终盈利能力分析的关键点。

我们首先介绍收入分析模型。

存贷款、中间业务、投资业务等是银行主要的收入来源。战略决策往往是建立在对收入细分，基于不同层次的账户信息进行盈利能力分析的基础上。具体地说，就是把收入明细维度化，按不同维度进行明细分析，这当然取决于是否有足够明细的收入数据。在不同的维度上，还可以用成员的属性去做一些分类，这也让收入的分析可以有更多的视角。

从不同的视角针对收入进行分析后，不同机构通常需要下钻基于存量的明细信息分析来寻求决策支持，如某一产品或客户的存贷合同明细，便于由粗到细发现问题。这时候分析的粒度需要非常细，最好是可以集成业务系统中的最小颗粒度，在不牺牲时间的情况下，越明细分析的信息越是丰富。图14-10 提供了一个报表的下钻分析的实例。

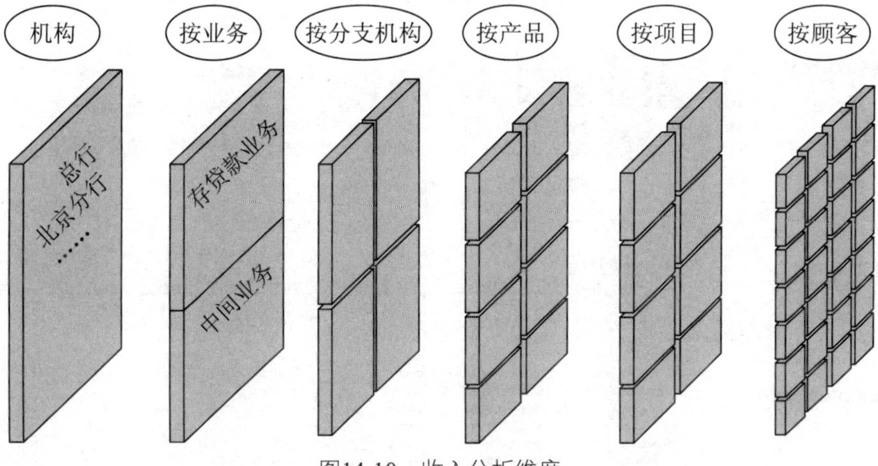

图14-10　收入分析维度

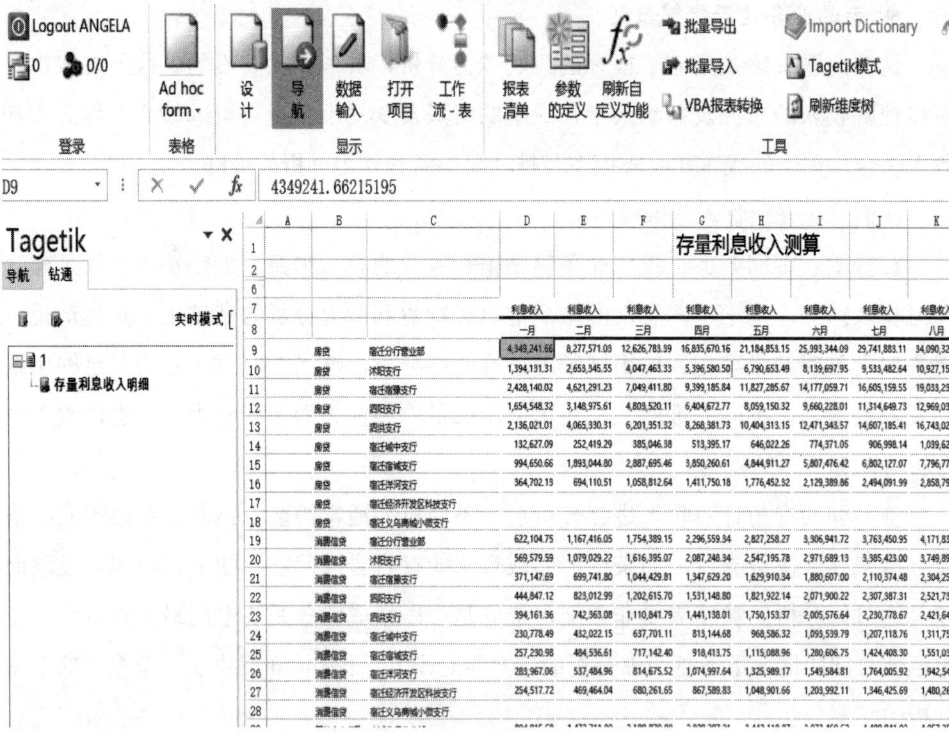

图14-10-1　按机构产品查询收入

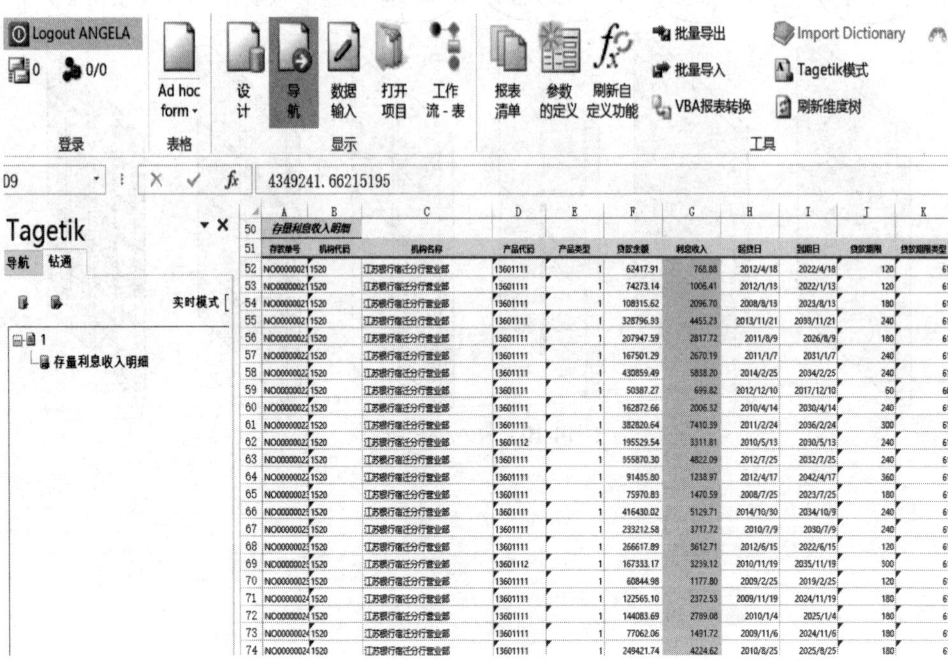

图14-10-2　下钻后可以看到存贷合同明细

基于因子变动法进行存量收入测算，如利息变动，可根据现在存量的存贷合同进行精准收入测算。当分析收入时，需要同时考虑业务量的因素和基于利息变动的浮动比率。在银行存贷款合同中，当利息发生变化时，存量合同的收入波动是可以通过收入模型进行精准测算的。

其次，我们介绍成本管理部分。

银行的成本管理中的重要环节之一是成本计量问题，传统的成本中心会计就是用来解决成本计量问题的。成本中心会计的主要目的是对发生在某组织机构内的成本与费用进行识别和归集，同时也以成本中心来追踪，也就是说成本中心也是控制的责任单位。除了实际成本的计量，对成本中心未来费用成本进行计划，以此作为基础，通过计划费与实际之间的比较，对成本中心的业绩进行考核也是重要的成本管理内容。

从商业银行的业务及成本控制管理特性上分析，我们也发现了在成本管理的方法上，银行较传统成本管理而言也应用了一些具有些显著行业特征的成本管理工具，如FTP 资金转移定价，基于活动成本法(ABC)，动态多维产品成本分摊等，这些成本管理的工具对于管理控制系统的灵活性要求非常高，同时成本数据的数据量是非常庞大的，所以通常在模型搭建的过程中，银行也往往会被要求作出一些艰难的决定，如牺牲了分析精确度来换取一些效率，同时平衡投入产出比。

所以在传统的管理控制体系之外，银行的管理控制系统搭建时，也需要考虑纳入行业性的成本管理模型，下面介绍的这几个模型都是数据驱动的模型。

模型一：资金转移计价模型

战略意义：支持资产负债管理并提高资金的配置效率，分辨不同资金的机会成本以在控制风险的前提下降低筹资成本；

其主要业务目标如下：

- 建立公平、合理的、与市场接轨的内部资金市场价格；
- 分析不同产品的盈利水平，支持银行对不同产品进行正确定价；
- 作为部门的绩效考核的合理依据，激励良好的业绩，增大存放款利差。

图14-11为FTP内部资金定价的设计原则。

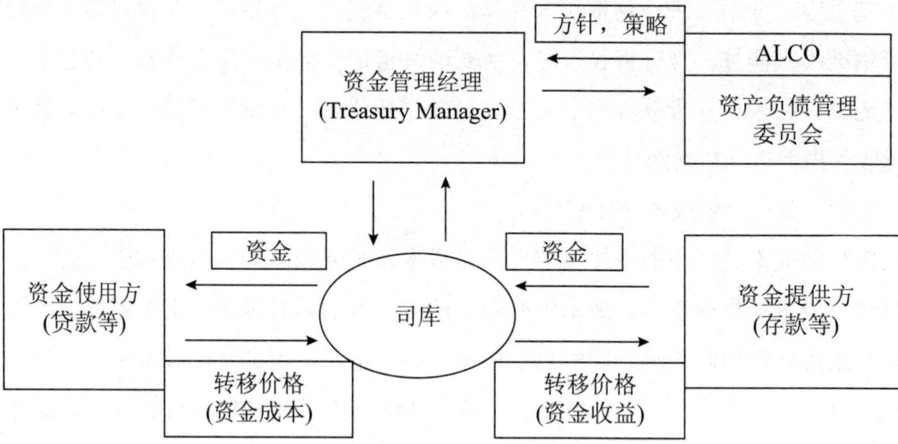

图14-11　FTP内部资金定价的设计原则

FTP数据源为业务数据及外部市场利率数据，业务数据来源于银行业务系统如存贷款票据等数据，外部数据主要是利率市场的数据统计数据等。FTP计算模型定义需要考虑产品科目定义，提前支付模拟方法定义，转移价格计算方法的逻辑定义，这包括在定价单元的设计中；然后按市场利率风险因素计算处理运行FTP定价，同时需要加上按非市场风险的各种计算因素(如地区风险调整、行业风险调整、政策性调整等)，最终计算出FTP收益及费用。图14-12为FTP系统的逻辑架构。

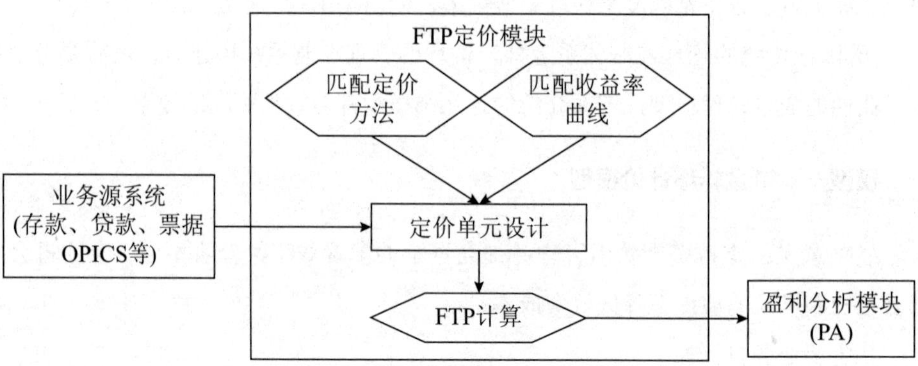

图14-12　FTP系统的逻辑架构

FTP模型数据处理的特点具体如下：

(1) 细节层面，FTP的计算大多设计账户合同级别的明细数据的计算；

(2) 对于现金流计算的要求是明细级别的，而且精确性要求相当高；

(3) 数据完整性，一般通过平衡对账，确保计算结果的逻辑合理，账户余额的平衡；

(4) 性能要求，转移定价的计算大多针对明细交易数据直接计算，所以数据量非常大，逻辑也较为复杂，所以模型设计时需要考虑性能，不应架构在过于复杂厚重的系统进行计算。

模型二：基于作业的成本法(ABC)的成本计量模型

成本分摊方式是可以基于多种模型的，目标是将间接成本、人员成本按照实际应承担的组织人员、产品进行合理的分摊。无论哪一种分摊方法，都需要确认分摊的动因、源成本计量目的地及将要接受的机构成本中心。基于活动成本法(ABC)分摊是按照各业务处理对资源的占有情况，将产生的费用分配到各作业中，同时在业务处理中产生的费用按照各费用对象(如产品、服务、客户、订单等)对作业的利用情况，被分摊到费用对象上。作业成本法的关键是需要收集业务流程及业务活动分配情况，能建立分摊模型。

通常在固化的管会系统中，分摊逻辑比较单一，一般在系统上线前定义好，在未来的一段时间内，分摊逻辑、要素、比重等都不会变化，但是我们看到在今天的银行，管理人员希望在数据平台的基础上，更大程度地利用数据及模型结果进行分析与管理，所以随着管理需求和方法论或有变动，传统的管会很难应对这时候发生变化的情景，所以数据驱动的分摊的灵活性是可想而知的，有了数据，可以根据不同的管理指标深入挖掘业务问题，同时不需要惧怕业务流程发生改变，业务架构发生改变，数据模型可以做到及时调整，灵活适应。

模型三：多维盈利性分析模型

多维盈利分析模型目标是通过不同維度、不同细度的计划及执行分析数据为不同的管理层级提供管理决策支援。盈利分析模型是把市场获利分析与收入成本归集分析综合的分析模型，图14-13通过不同的分析视角服务于管理决策。

商业银行的盈利分析模型也在逐步提升中，基于机构、产品与客户等维度的成本信息趋于透明化与精细化，为各级管理层进行资源配置提供数据基础，也为各层级的成本控制提供决策支持，同时以历史成本作为预算，对历史信息纵向分析，以中长期预测为基础进行预实比较，反映预算执行的实施动态更新。

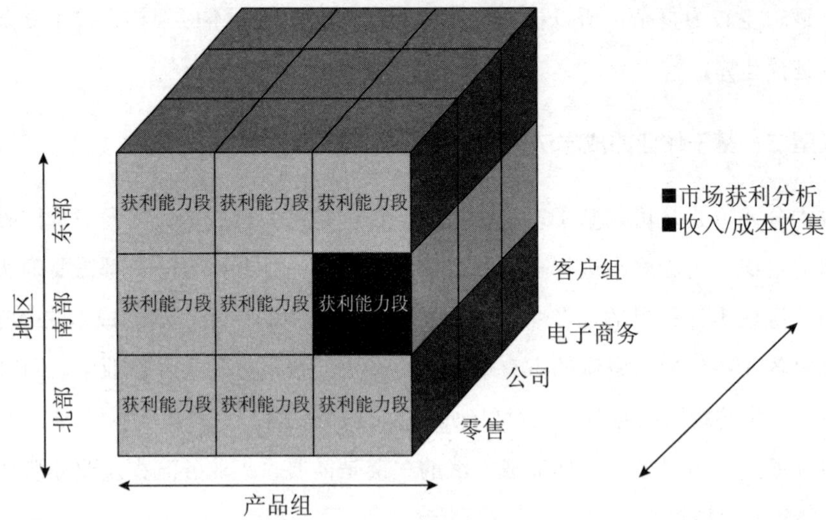

图14-13 典型的获利分析抽象模型

第四部分：责任篇 （监控与绩效考核）

主题一：有效的执行监控

首先谈一下监控，日常管理中是比较普遍的手段是通过预算和实际数的比较得出差异，可以按照不同的维度，满足不同的管理者的需求。同时可以整合实际、计划、预测、预算等信息，整合实际、计划、预测和预算做到一体化，最终生成各种模型与分析报表，以服务于管理。行业的最佳实践显示，滚动预测分析是可以使财务预算的流程更加有效的途径。但我们了解到，很多银行没有办法做到滚动预测的主要原因是成本太高。每个季度甚至每个月，需要花大量人力物力去准备滚动数据，当数据准备好，大半个月已经过去，时间成本高，预测的时效性也失去了。

滚动预测的烦琐是因为数据没有模型化。借助图14-14分析一下滚动预测的意义，本质上是通过预算在执行年度根据实际业务发生进行调整后更新的一个预测版本。有了预测数据的版本后，所有的指标计算可以结合已发生实际动态更新反映最新的全年计划情况。其实预测数据的初始化收集是完全可以自动化的，实际数据收集可以通过对业务系统的数据集成(ETL)完成，当年预算的数据扣除了实际数据后，在预测模型中也可以根据原有预算逻辑自动生成本年预测数据作为初始版本。这种自动化的过程，其实节省了预测管理员的预测数据的准备过程，让系统把可以模型

主要财务指标分解
US$000s @ 2006 PFX

	Q1				Q2			Q3	Q3	Q4	FY08		
	Act	Fcst	Plan	VF	Fcst	Plan	VP	Fcst	Plan	Fcst =Plan	Fcst	Plan	Adj.
	实际数	预测数	预算数	同预测差异	预测数	预算数	预测与预算差异	预测数	预算数	预测数	预测数	预算数	预算调整数
国内销售	350	350	400	–	450	400	50	400	400	400	1600	1600	–
国际销售	110	125	100	(15)	80	100	(20)	110	100	100	400	400	–
总销售收入	460	475	500	(15)	530	500	30	510	500	500	2000	2000	–
销售成本	380	375	400	(5)	425	400	(25)	410	400	400	1615	1600	(15)
实际毛利	80	100	100	(10)	105	100	5	100	100	100	385	400	(15)
存货管理成本	4	5	6	1	6	5	1	4	5	5	19	21	2
研发费用	5	5	5	–	4	5	(1)	4	5	5	18	20	2
销售费用	7	9	10	2	12	10	2	10	10	10	39	40	1
管理费用	37	36	40	(1)	36	40	(4)	37	40	40	150	160	10
息税前利润	27	45	39	(18)	47	40	7	45	40	40	159	159	–
现金流	280	250	300	30	320	300	20	300	300	300	1200	1200	–
销售回报率	5.9%	9.5%	7.8%	−3.6%	8.9%	8.0%	0.9%	8.8%	8.0%	8.0%	8.0%	8.0%	0.0%

制定预测资料考虑要点：
• 前期影音
• 未来实现可能性

预算调整弹性化：
基本保证主要指标的固定性
弹性合理调整内部各细化指标预算

指标的分解实施：
注重对各指标进行有效细化分解
将各指标落实到相关职能部门
合理利用各指标之间的相互牵制关系

实际与预测之间的差异分析：
对前期工作进行回顾和监控
对未来预测部署工作任务

图14-14　滚动预测表示例

化的数据进行自动工作，另外当业务人员填写预测时，自动的初始版本也已经分解到月份，只需要对未发生月份的业务作出判断，如需更新再在系统中更新。事实上，这样大大降低了操作成本，让业务人员不再抵制预测工作。

主题二：银行绩效考核体系

银行绩效考核体系的建设，首先要保证绩效考核体系的设计与贯彻方案与银行的战略保持高度一致；在此基础上，需要明确一个符合战略需求的管理范围和对象，从价值分析和银行战略分解双向思路进行核心价值的设计和定义，也可借助类似平衡计分卡的科学工具，实现全行机构考核指标的一体化。根据机构和条线部门的不同职能和特点制定考核方案，并在此基础上设计资源配置方案，联动考核结果与资源配置。在此基础上构建以多维数据为核心的考核模型及灵活查询报表，考虑不同层级的管理需要，结合多种展现形式的业务绩效报告体系。

绩效考核同时也是一个流程化的体系，在数据模型的基础上需要构建考核流程，

- 考核流程是构建绩效考核系统的重要基础，要求相关的流程设计、规则设计，特别是资源配置联动规则，务必要以合理、准确、全面为目标；
- 考核方案的制定可以以全行年度目标和机构指标分解为起始点；
- 考核结果管理中需充分考虑考核机构的特殊事项审批及考核数据的手工打分及后续调整。

构建并优化指标体系也是绩效考核另一个关键点，绩效指标是考核的核心，也是直接反应战略下达的指标体系。KPI是考核体系的落脚点，绩效指标需要至上而下地，根据管理思路，制定管理路径，来对接全行的战略(见图14-15)。

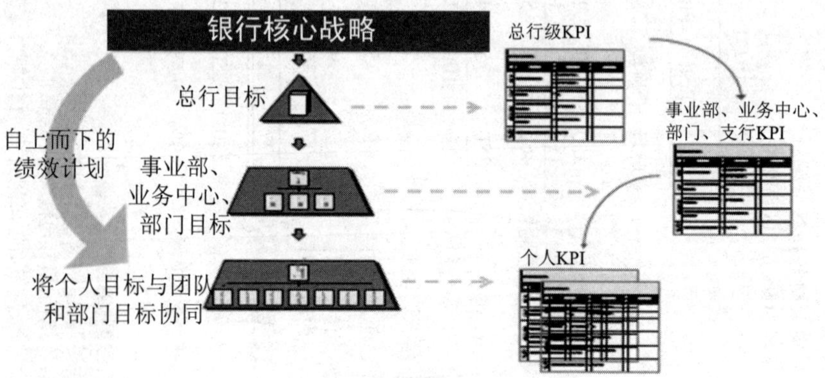

图14-15　绩效指标分解的路径

绩效指标体系的梳理与构建思路

结合银行现有的管理报表和其需求梳理，业务考核需求以及监管需求，从价值分析和银行战略分解进行指标的设计与定义，图14-16为指标梳理的路径。其实指标库是反映银行管理内容的巨大财富，指标库也非一蹴而就，随着银行日积月累的发展，标准越来越完善，可监控指标必然会越来越丰富。对于不同业务发展期的条线及机构，也可以制定或选取不同的指标进行考核管理。

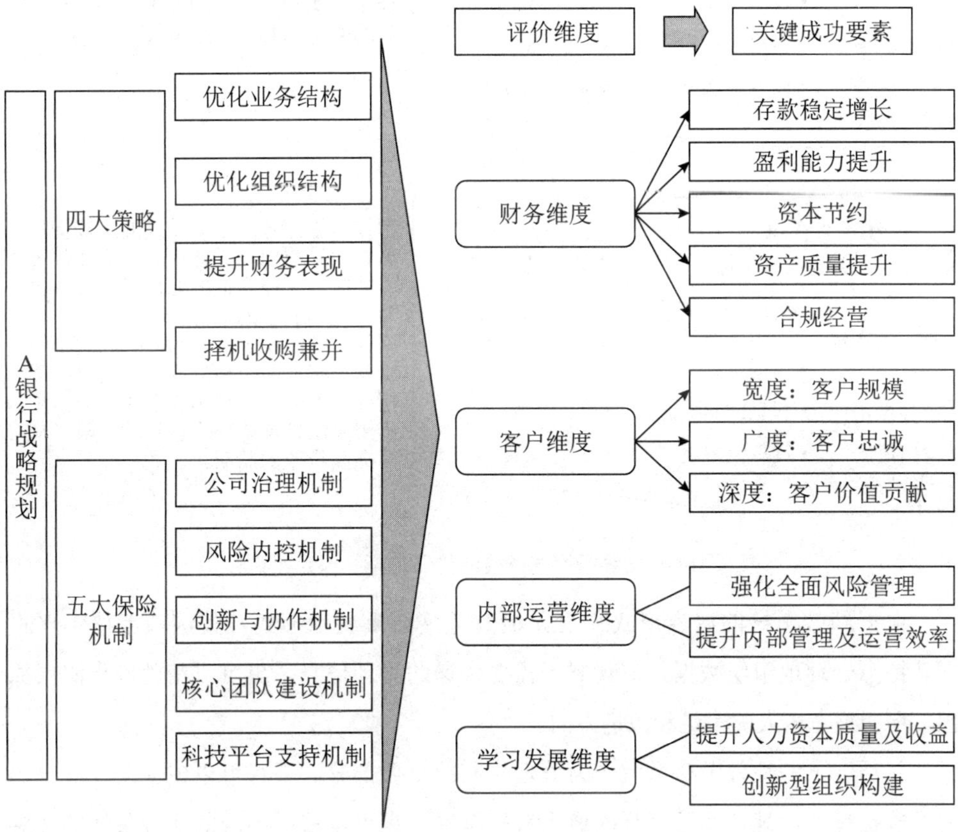

图14-16　绩效指标与战略指标挂钩方式

考核方案制定

为了满足总行对分行、条线、网点、团队及客户经理多层面的考核需求，建立统一的框架，保证与战略的协同和全行的指导思路一致性，根据年度预算目标各条线、机构、岗位排列优先顺序设计计分方法和计分规则。

例如：对于不同的岗位职能，通过指标的权重系数不同，可得出各指标的不同权重，通过每一个领域的权重反过来指导该条线或者员工在工作中的侧重点(见图14-17)。

员工A绩效合同

	关键业绩指标	权重	量化目标
财务类指标	• 投资回报率	x%	x%
	• 利润	x%	x亿元
	• 收入	x%	x亿元
市场类指标	• 客户渗透率	x%	x%
操作风险	• 输入错误率	x%	x%

多维度考核目标归类：将多维度考核全部细化到员工个人，按权重数进行考核目标加权得到每个人的考核内容权重，例如：员工A(财务类指标50%，市场类指标40%，操作风险10%)。

条线B绩效合同

	关键业绩指标	权重	量化目标
业务类指标	• 大型企业贷款	x%	X亿元
	• 中小企业贷款	x%	x亿元
	• 按揭贷款	x%	x亿元
财务类指标	• 利息FTP收益率	x%	x%
信用风险	• 贷款集中度	x%	x%

考核引导业务：不同角度的考核指标可以引导部门和职能在完成主要任务的同时，兼顾其他方面，以全方位的角度观察业务的进行。
例如：条线B与主要贷款业务部门，给其设置业务目标的同时，用财务类指标与财务部门分担收益率压力，用信用风险指标降低不良贷款风险，从而提高贷款的品质。

图14-17　银行不同条线的员工的指标设定示例

根据绩效考核的内容形式，设计绩效考核结果展示形式，使绩效考核不仅根据其特点合理地组织数据，直观展示需要传递的管理信息，更可以帮助剖析深层原因，指明被考核人的不足和改进方向。

总结一下，绩效考核系统作为管理控制的重要部分，银行可以建立及发展自己的考核指标库，规定适用全行的通用考核指标，也可以根据不同的业务条线的发展策略制定个性的考核KPI；在运营中，当实际数据输出后，KPI模型会自动根据关联的实际数据进行KPI汇总及计算，同时考核模型按照数据计算结果依据打分标准原则和参数设定，自动计算分值。同时，线下定性KPI也可以在系统中统一打分，最终按分数考核排名。

小结

纵观商业银行面临的挑战与机遇，管理者需要依赖一套动态的决策支持体系帮助其对银行的利润业绩、信贷质量，对资本控制，对风险的应对及成本的压力一目了然。同时，商业银行的快速发展步伐，也需要财务及管理职能通过绩效管理及控制体系对战略进行分解，对业务进行计划，从而降低风险，提高盈利能力，建立更有效的绩效激励机制。

第十五章
经济体数据造影和微创干预

NOTE 这一章是畅想性和预见性的。

痛点吐槽

对于宏观经济学的诟病由来已久。记得很早的时候看过一部美剧《白宫风云》(*The West Wing*)。里面有一个桥段是讲经济学家出身的总统自己拿经济学家开玩笑——连问两个总统经济顾问同一个经济预测的问题，结果得到两个截然相反的答案。宏观经济学一直被称为微观经济学的“丑陋的姐妹”(ugly sister)，不是没有道理的。

在美国读MBA的时候，我的金融学教授是位大咖。他是我们商学院的前任院长，后来自己出去开银行搞投资做得非常成功。可惜没有躲过2008年金融危机，损失惨重，于是回到学校重拾教职。国内最近的几场高规格的金融峰会还邀请他来做过主题演讲。他很喜欢我们几个上他的高级金融课的中国同学，一方面他的太太就是华人，另一方面也因为中国同学数学好，跟得上。

他有时候半开玩笑半认真地对我们说，他这辈子还有一个心愿就是诺贝尔经济学奖。他之前有一些比较有分量的研究成果，现在他的新的研究方向是群体性心理对金融市场的影响——这和他自己2008年的经历绝对有关系。于是我问他具体是怎么研究的。他说，就是收集很多数据(这点在美国还比较容易)；然后对这些数据进行分析；过程中做出种种假设，并建立各种数学模型来推演。如果有一种模型能很好地解释这些数据，并能够建立一种预测关系，那就是有价值的研究成果了。而模型解释和预测的问题，在现实中越重要，这个研究成果就越有价值。就拿他现在研究的方向来说，大的方向是很有潜力的，但是，拿什么来测量群体性心理，怎么做出漂亮的模型，而且现实中有没有干预的可能，这些都是具体研究中的难点。

他讲的这种研究方法，仍然是经济学理论目前主流的研究方法。虽然这种方法能发现一些经济体中重要的关联关系，但是这些关系统统都是“局部”的。经济体是一个异常复杂的“系统”，在某个特定的时间和空间，到底是这对“关系”、这条“路径”发挥决定性的影响，还是那对“关系”、那条“路径”发挥决定性的影响，是一个摆在各国施政者面前更现实的问题。而对于这个问题的理解，轻易就能造成最顶尖的经济学家极大的分歧。

此外，对于我们国家，在经济管理上还有一个更棘手的问题：我们的市场经济的比重比西方国家低。市场经济的“看不见的手”就好比一个自然人的正常身体机能。而西方经济学的政府干预手段其实是比较少的。基本上干预手段就是这么几种：要么是“多喝水”，要么是“来根人参”，要么是“来点泻药”，然后就是等身体机能自己恢复。但是，我们的经济体更像是半人半机器的“机器战警”。我们灌下去的水很有可能没有流到我们希望它去的地方，我们身体里植入的机器设备很容易出问题，需要经常维修。可以说，当今中国经济治理所面对的挑战是人类历史上前所未有的。幸运的是，当今的信息技术的发展也是前所未有的。这给我们创新性地解决经济治理问题带来了绝佳机会。

拍案惊奇

信息化和大数据将带来人类社会经济治理能力的一次重大进化，而我们有可能在这次进化中逆袭发达国家。

NOTE 我们将预想中的这种经济治理能力称为“经济体数据造影和微创干预”，是指将来我们看我们这个庞大经济体，就像用现代医学的各种造影技术一样，可以看得全面而细微。而且，基于这种数据造影技术，我们能够用更科学和深入的方法持续观察和研究整个经济体内部运行的规律。并且用数据的方式建立一套模拟体系，让我们可以在各种政策和干预手段发布之前，就非常准确地模拟出它们产生影响的路径和最终的效果。更进一步，现在占主导地位的各种非常宏观的干预手段(包括货币政策和财政政

策)，将渐渐让位于更微小、精准的干预手段，我们称之为“微创干预”。

总之，未来的经济学家和施政者看待今天的同行，将像现代医学看待远古巫医一样。而且，这个未来应该不会太远。因为，信息化和大数据技术已经逐步成熟，现在的关键是哪个国家能更快地意识到这个方向，并马上采取行动。

总体方案

图15-1所描述的总体技术方案，是我们基于以下三个条件设计的。

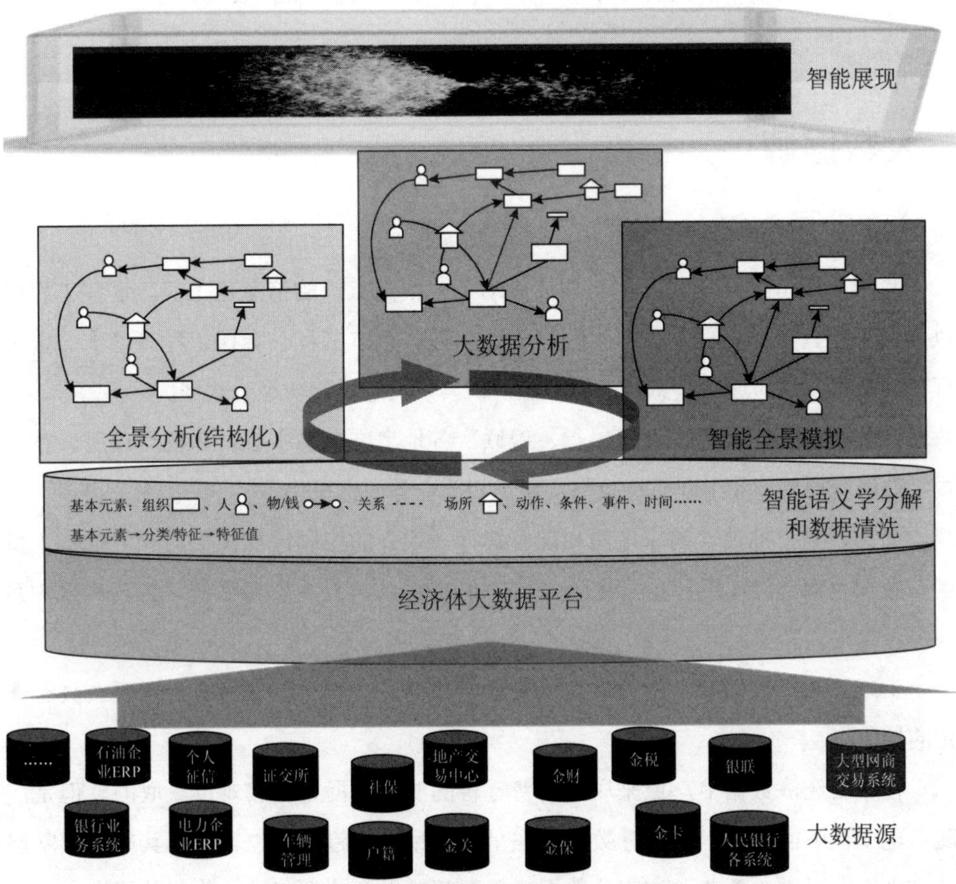

图15-1　经济体数据造影和微创干预的总体方案

- 我国目前的信息化水平和现状。这一点特别反应在数据源的可获取性和质量上。
- 当前的信息化和大数据技术水平。这几年信息产业在大数据、内存计算、数据驱动型软件方面相继取得了不小的突破。这些突破使得对于“国家级”和“社会级”的海量数据的处理从幻想走向现实。
- 适当的技术超前。这个方案中的某些部分，比如智能语义学分解、数据清洗、智能全景模拟、智能展现等，还需要一定的研发。但是，一方面，有些“智能”环节用相对传统的技术手段也能暂时替代；另一方面，很多人工智能的技术已经存在，只是还没有应用到这些专门领域中，所以其很有可能快速实现。

在下面的篇幅中，我们将对总体方案中的每一个部分做简要的描述。

大数据源

我国从20世纪90年代开始，陆续启动了一批国家级的信息化工程。这些工程中以金税工程、金财工程、金卡工程、金关工程、金审工程、金保工程等“十二金工程”最具代表性。这些信息化工程中已经积累了大量的社会经济数据。

此外，包括证交所、人民银行、银联、各地房产交易中心、车辆管理所、社保局等政府管理机构和中介机构也都实现了相关业务的电子化。

另外，以三桶油、国家电网和国有银行为代表的控制国计民生的一大批特大型国有企业也都已经实现了信息化(包括各种ERP系统、人力资源系统、销售和采购系统等)。

上述三大类数据源，国家本身就对这些数据资产要么存在所有权，要么具有一定的控制权。

在社会经济数据中，原来居民消费零售的明细数据是比较难以获取的。但是，随着电子商务的发展，这部分数据现在呈现出集中的趋势，也就是说其越来越掌握在个别企业手中。要获取这部分数据，需要解决很多法理问题，比如数据资产的资产属性和归属问题、公共利益和私有产权问题、隐私保护问题等。但是，考虑到一个国家的社会经济治理能力关系整个社会的公共利益，而且如果未来出现国家的数据能力弱于个别企业甚至个人的数据能力的情况，那将是非常危险的。所以，个人认为，在处理好隐私保护等基础上，国家应该对这部分数据具有受限的使用权。

经济体大数据平台

将上述的这些数据源持续抽取到一个“经济体大数据平台”中。这套方案中的数据源基本都是各种结构化的数据，而且对于数据源还是有所选择的。所以，虽然数据量也是惊人的，但以现在的大数据技术，仍然是可行的。

纽约证券交易所每个交易周期所捕获的交易信息(主要是结构化的数据)大约是1TB；而作为比较，Google每天处理的数据(包括大量非结构化的数据)却超过了24PB。Google作为一家企业，拥有以太级别的数据。它在全球有36个数据中心：美国19个、欧洲12个、俄罗斯1个、南美1个、亚洲3个。仅在美国爱荷华州康瑟尔布拉夫斯的谷歌数据中心，占地就超过1万平方米。所以，相比较而言，以结构化数据为主的“经济体大数据平台”在技术上应该是可行的。

智能语义学分解和数据清洗

上述的各种数据源，在数据结构和数据定义上是五花八门的。要让这些数据变得有意义，并能够进行后续的处理，就需要进行数据的清洗和转换。在传统的企业级信息化环境中，这个问题一般是通过带人工匹配的ETL工具解决的。但是，在国家级的大数据环境下，这种方式的效率就过于低下了。在这种情况下，就需要用人工智能和机器学习的方式，将各种数据结构和数据定义自动转换成统一的语义学结构。在这种结构下，数据被分解成少量但统一的基本元素。这些基本元素包括：组织、人、物(包括钱)、关系、场所、动作、条件、事件、时间等。而每种基本元素又存在各种分类和特征。经过语义学分解之后，不同数据源的数据就具备了初步的一致性和相似性。

这个环节的另一个步骤是建立不同数据源间的联系。比如在金税系统中的某个企业和银行存贷款系统中的某个企业其实是同一个企业。但是怎么才能识别出来呢？在传统的企业级信息化环境中，这个问题一般是通过像MDM(主数据管理)工具来解决的。在国家级大数据环境下，这种方式的效率同样太低了，同样需要人工智能和机器学习的方式来自动判断。当然，作为过渡方案，也可以通过某些人为设定的规则体系来实现。就拿企业的例子来说，倘若企业的特征中有数字类的，而且超过一定的长度，而且在同数据源中极少重码，如果这个特征匹配，就得分(其实这个规则就是去找企业税码)。再加上其他的一些规则得分，超过多少分就认为两个数据源中的两个企业是同一个企业。

经过这样两个主要步骤，海量的异构的结构化数据就达到初步可分析的状态了。

全景分析(结构化)

基于上述加工过的经济体大数据，我们就终于可以全面而细致地分析整个经济体的运行情况了。比如，其中最重要的分析之一是关于货币流向的分析。我们可以分析出，历史上的某一次央行降准，在1周、2周、1个月、2个月、3个月、6个月之内是如何影响整个经济体的；这次降准所释放的流动性是通过什么路径最终流向了哪里，以及这些流动性在实体经济、房地产、资本市场都产生了哪些连锁反应，这些反应是不是施政者所期望的，等等。

类似这样的分析是没有止境的。我们既可以观察和分析经济体自发的运行情况，更重要的是，我们还可以分析各种“事件”所造成的影响。这些事件可以是国家的货币政策和财政政策，可以是其他国家的汇率、利率政策，可以是放开二胎、房地产限购、八项规定、淘汰产能、股市注册制等其他方面的国家和地方性的政策，也可以是股市救市、养老金入市、IPO开闸、汽油调价、水电煤调价、药品调价、海外中标大型合同等政府参与的经济活动，等等。

全景分析最重要的一个课题是“维度和颗粒度”的问题。和传统的国家统计方法不同，大数据下的全景分析并不预设数据的口径、维度和汇总路径。而经济体大数据仅基本元素就达到10个左右，而每个元素的分类和特征更是变化无穷。如果将所有基本元素及它们的所有特征进行交叉组合，各种可能性将是一个天文数字。所以，针对某一个分析主题，选取哪些维度；以怎样的颗粒度、怎样的汇总和分解路径来进行分析，就成为一个关键问题。我们在本书第三章“如何分析”中所描述的“分析路径法”和“六类分析法”，虽然仍然能发挥一定的作用和解决部分问题，但是这些方法毕竟都是企业级的。在国家级和社会级的大数据环境下，这些方法的效率就跟不上了。所以，这里将存在大量的人工智能和机器学习的机会，主要就是根据数据本身，能够智能化和自适应地寻找合适的维度、颗粒度以及分析路径。

大数据分析

全景分析的作用是尽可能准确地描述经济体的运行情况。我们可以理解为就是对经济体进行“数据造影”。但是，就像医院里的各种造影设备和检验设备生成的图像和报告，还需要医生用专业知识进行解读一样，经济体的“数据造影”也是需要用专业知识进行解读的。经济学理论就类似医学理论，而经济学家就类似医生。而宏观经济的专业知识和专业理论的关键就是寻找“规律”。

如前文所述，传统的经济学研究是基于“小数据”(和我们正在谈的数据量相比是微不足道的)、若干基本假设、人为选择的数学模型、一系列数理和逻辑推演、一系列常识性分析糅合在一起产生的，而且这些理论和规律还不少。这样，在面对现实世界和现实数据的情况时，经济学家和施政者还存在“套用”哪个理论和用哪组规律来解读的问题。所有这一切，让经济分析和经济管理从过程到结果都像极了“瞎子摸象”的故事。

不过，大数据时代的到来，将使情况最终发生根本性的改变。因为大数据的基本课题之一就是寻找数据中的“规律”。而且在大数据环境下，我们并不期望找到一个或几个主导性的“大咖规律”。相反，我们主要是去寻找和发掘出成千上万条非常局部的、但又相当可靠的(统计学意义上的)规律。比如，在人口密度低于某值的地区，当本地收入超过某值时，就会产生一定的购车需求。这些“屌丝规律”不会让哪个经济学家获得诺贝尔奖，以前也没有靠谱的手段能将它们发掘出来。但是在经济体大数据平台上，这样的规律将不断地被发掘出来，也将被不断地更新和修正(见图15-1中的粗箭头)。

但是，计算并发掘这些数量众多的“屌丝规律”的目的是什么呢？

智能全景模拟

经济体是一个极其复杂的系统。之前的经济学只能在微观和宏观两个层面进行研究。然而，这两个层面是割裂而无法统一的。宏观经济学就像一个“黑盒子”，虽然也建立了很多数学模型来解释一些“大咖规律”，但是这些规律究竟是如何在经济体中运行、产生，以及受到哪些因素的牵制却不得而知。一句话，经济学缺乏一个能把经济体这个黑盒子打开看清楚的“中观”层面。

回到上面的问题，我们将全景分析和大量的“屌丝规律”结合在一起，就能够建立一个“中观”层面的经济体“智能全景模拟器”了。这个模拟器可以帮助我们模拟各种政策和事件对整个经济体及其各个局部的影响，从而帮助施政者进行决策。而且，这样的模拟器，还能够帮助我们逐步进入“微创干预”经济的时代。

智能全景模拟有点类似第十一章“品类管理”所介绍的将结构化数据模型和大数据模型结合起来的“虫草模型”。区别在于，智能全景模拟是将两者完全融合在一起的，“虫”和“草”已经分不清了。此外，国家级和社会级的全景模拟将比企业级的模拟更需要人工智能和机器学习的技术来提高效率。

全景分析、大数据分析和智能全景模拟这三者构成一个相互关联的改善循环(见图15-1中的循环箭头)。当然，这个改善循环本身在大数据环境下也应该是智能化的，而不像在企业级应用中，更多的是人工参与的。

智能展现

目前在商务智能(BI)领域已经有很多数据展现工具，但是这些工具大多是为了企业级应用准备的。虽然，在一开始这些工具也可以暂时用于经济体大数据平台，但是从长远来看，数据展现工具本身也是需要增强的。

这种增强主要有两个方面。一个方面是展现能力上的增强。在大数据的环境下，三维展现、虚拟现实(VR)展现以及肢体和语音操控的技术都能够让大数据的展现更清晰方便。另一个方面是智能展现形式上的增强。传统的BI工具的展现形式是人为决定的，比如驾驶舱的设计、用什么图表格式等。在大数据环境下，按照分析主题和数据本身的特点，智能化地选择展现形式和自适应地优化展现形式将是一个非常有趣的课题。

小结

NOTE 这一章虽然是畅想性和预见性的，但是数据技术的发展已经让经济体数据造影和微创干预浮现在非常近的未来。经济治理能力是国与国竞争的关键战场之一。希望这一章能够给读者带来一些启发。